René Guénon

EL REINO DE LA CANTIDAD
Y LOS SIGNOS DE LOS TIEMPOS

OMNIA VERITAS

René Guénon
(1886-1951)

El Reino de la Cantidad
y los Signos de los Tiempos
1945

Título original: "*Le Règne de la Quantité et les Signes des Temps*"
Primera publicación en 1945 - Paris, Gallimard

Publicado por
Omnia Veritas Ltd

www.omnia-veritas.com

PREFACIO

Desde que hemos escrito *La Crisis del Mundo moderno*, los acontecimientos no han confirmado sino muy completamente, y sobre todo muy rápidamente, todas las precisiones que exponíamos entonces sobre este tema, aunque, por lo demás, lo hayamos tratado fuera de toda preocupación de "actualidad" inmediata, así como de toda intención de "crítica" vana y estéril. No hay que decir, en efecto, que las consideraciones de este orden no valen para nos sino en tanto que representan una aplicación de los principios a algunas circunstancias particulares; y, destacámoslo de pasada, si aquellos que han juzgado más justamente los errores y las insuficiencias propias a la mentalidad de nuestra época se han quedado generalmente en una actitud completamente negativa o no han salido de ésta más que para proponer remedios casi insignificantes y muy incapaces de frenar el desorden creciente en todos los dominios, es porque el conocimiento de los verdaderos principios les hacía tanta falta como a los que se obstinaban al contrario en admirar el pretendido "progreso" y en ilusionarse sobre su conclusión fatal.

Por lo demás, incluso desde un punto de vista puramente desinteresado y "teórico", no basta denunciar errores y hacerlos aparecer tales cuales son realmente en sí mismos; por útil que eso pueda ser, es todavía más interesante y más instructivo explicarlos, es decir, buscar cómo y por qué se han producido, ya que todo lo que existe de cualquier manera que sea, incluso el error, tiene necesariamente su razón de ser, y el desorden mismo debe finalmente encontrar su lugar entre los elementos del orden universal. Es así que, si el mundo moderno, considerado en sí mismo, constituye una anomalía e incluso una suerte de monstruosidad, por ello no es menos verdad que, situado en el conjunto del ciclo histórico del que forma parte, corresponde exactamente a las condiciones de una cierta fase de este ciclo, la que la tradición hindú designa como el periodo extremo del *Kali-Yuga*; son estas condiciones, que resultan de la marcha misma de la manifestación cíclica, las que han determinado sus caracteres propios, y se puede decir, a este respecto, que la época actual no podía ser otra que la que es efectivamente. Solamente, entiéndase bien que, para ver el desorden como un elemento del orden, o para reducir el error a la visión parcial y deformada de alguna verdad, es menester elevarse por encima del nivel de las contingencias a cuyo dominio pertenecen ese desorden y ese error como tales; y del mismo modo, para aprehender la verdadera significación del mundo moderno conformemente a las leyes cíclicas que rigen el desarrollo de la presente humanidad terrestre, es menester estar enteramente liberado de la mentalidad que le caracteriza especialmente y no estar afectado por ella a ningún grado; eso es incluso tanto más evidente cuanto que esta mentalidad implica forzosamente, y en cierto modo por definición, una total ignorancia de las leyes de que se trata, así como de todas las demás verdades que, al derivar más o menos directamente de los principios transcendentes, forman parte esencialmente de ese conocimiento tradicional del que todas las concepciones propiamente modernas no son, consciente o inconscientemente, más que la negación pura y simple.

Nos habíamos propuesto desde hace mucho tiempo dar a *La Crisis del Mundo moderno* una continuación de una naturaleza más estrictamente "doctrinal", a fin de mostrar precisamente algunos aspectos de esa explicación de la época actual según el punto de vista tradicional al cual entendemos atenernos siempre exclusivamente, y que, por lo demás, por las razones mismas que acabamos de indicar, es aquí, no sólo el único válido, sino incluso, podríamos decir, el único posible, puesto que, fuera de él, una tal explicación no podría considerarse siquiera. Circunstancias diversas nos han obligado a aplazar hasta ahora la realización de este proyecto, pero eso importa poco para quien está seguro de que todo lo que debe llegar llega necesariamente en su tiempo, y eso, muy frecuentemente, por medios imprevistos y completamente independientes de nuestra voluntad; la prisa febril que nuestros contemporáneos aportan a todo lo que hacen nada puede contra eso, y no podría producir más que agitación y desorden, es decir, efectos completamente negativos; pero, ¿serían todavía "modernos" si fueran capaces de comprender la ventaja que hay en seguir las indicaciones dadas por las circunstancias, que, muy lejos de ser "fortuitas" como imagina su ignorancia, no son en el fondo más que expresiones más o menos particularizadas del orden general, humano y cósmico a la vez, en el que debemos integrarnos voluntaria o involuntariamente?

Entre los rasgos característicos de la mentalidad moderna, tomaremos aquí primero, como punto central de nuestro estudio, la tendencia a reducirlo todo únicamente al punto de vista cuantitativo, tendencia muy marcada en las concepciones "científicas" de estos últimos siglos, y que, por lo demás, se destaca también claramente en otros dominios, concretamente en el de la organización social, de suerte que, salvo una restricción cuya naturaleza y cuya necesidad aparecerán después, nuestra época casi se podría definir como siendo esencialmente y ante todo el "reino de la cantidad". Por lo demás, si escogemos así este carácter preferentemente a todo otro, no es únicamente, ni tampoco principalmente, porque es uno de los más visibles y de los menos contestables; es sobre todo porque se presenta a nos como verdaderamente fundamental, por el hecho de que esta reducción a lo cuantitativo traduce rigurosamente las condiciones de la fase cíclica a la que la humanidad ha llegado en los tiempos modernos, y porque la tendencia de que se trata no es otra, en definitiva, que la que conduce lógicamente al término mismo del "descenso" que se efectúa, con una velocidad siempre acelerada, desde el comienzo al fin de un *Manvantara*, es decir, durante toda la duración de manifestación de una humanidad tal como la nuestra. Como ya hemos tenido frecuentemente la ocasión de decirlo, este "descenso" no es en suma más que el alejamiento gradual del principio, necesariamente inherente a todo proceso de manifestación; en nuestro mundo, y en razón de las condiciones especiales de existencia a las que está sometido, el punto más bajo reviste el aspecto de la cantidad pura, desprovista de toda distinción cualitativa; por lo demás, no hay que decir que eso no es propiamente más que un límite, y es por eso por lo que, de hecho, no podemos hablar más que de "tendencia", ya que, en el recorrido mismo del ciclo, el límite no puede alcanzarse nunca, y, en cierto modo, está fuera y por debajo de toda existencia realizada e incluso realizable.

Ahora, lo que importa notar muy particularmente y desde el comienzo, tanto para evitar todo equívoco como para darse cuenta de lo que puede dar lugar a algunas ilusiones, es que, en virtud de la ley de la analogía, el punto más bajo es como un reflejo obscuro o una imagen invertida del punto más alto, de donde resulta esta consecuencia, paradójica en apariencia solamente, de que la ausencia más completa de todo principio implica una suerte de "contrahechura" del principio mismo, lo que algunos han expresado, bajo una forma "teológica", diciendo que "Satán es el mono de Dios". Esta precisión puede ayudar enormemente a comprender algunos de los enigmas más sombríos del mundo moderno, enigmas que, por lo demás, él mismo niega porque no sabe percibirlos, aunque los lleva en él, y porque esta negación es una condición indispensable del mantenimiento de la mentalidad especial por la cual existe: si nuestros contemporáneos, en su conjunto, pudieran ver lo que les dirige y hacia lo que tienden realmente, el mundo moderno cesaría de existir inmediatamente como tal, ya que el "enderezamiento" al que hemos hecho alusión frecuentemente no podría dejar de operarse por eso mismo; pero, como este "enderezamiento" supone por otra parte la llegada al punto de detención donde el "descenso" se cumple enteramente y donde "la rueda cesa de girar", al menos por el instante que marca el paso de un ciclo a otro, es menester concluir de ello que, hasta que ese punto de detención se alcance efectivamente, estas cosas no podrán ser comprendidas por la generalidad, sino solo por el pequeño número de los que estarán destinados a preparar, en una u otra medida, los gérmenes del ciclo futuro. Apenas hay necesidad de decir que, en todo lo que exponemos, es a éstos últimos a quienes siempre hemos entendido dirigirnos exclusivamente, sin preocuparnos de la inevitable incomprehensión de los demás; es verdad que esos otros son y deben ser, por un cierto tiempo todavía, la inmensa mayoría, pero, precisamente, es solo en el "reino de la cantidad" donde la opinión de la mayoría puede pretender ser tomada en consideración.

Sea como sea, queremos sobre todo, por el momento y en primer lugar, aplicar la precedente precisión en un dominio más restringido que el que acabamos de mencionar: a este respecto, ella debe servir para impedir toda confusión entre el punto de vista de la ciencia tradicional y el de la ciencia profana, aunque algunas similitudes exteriores podrían parecer prestarse a ello; estas similitudes, en efecto, no provienen frecuentemente más que de correspondencias invertidas, donde, mientras que la ciencia tradicional considera esencialmente el término superior y no acuerda un valor relativo al término inferior más que en razón de su correspondencia misma con ese término superior, la ciencia profana, al contrario, no tiene en vista más que el término inferior e, incapaz de rebasar el dominio al cual se refiere, pretende reducir a éste toda realidad. Así, para tomar un ejemplo que se refiere directamente a nuestro tema, los números pitagóricos, considerados como los principios de las cosas, no son de ninguna manera los números tales como los entienden los modernos, matemáticos o físicos, como tampoco la inmutabilidad principial es la inmovilidad de una piedra, o como la verdadera unidad no es la uniformidad de los seres desprovistos de todas las cualidades propias; ¡y sin embargo, porque se trata de números en los dos casos, los partidarios de una ciencia exclusivamente cuantitativa no se han privado de querer contar a los Pitagóricos entre sus "predecesores"! Agregaremos solamente, para no anticipar demasiado sobre los desarrollos que van a seguir, que eso muestra también que, como ya lo hemos dicho en otra parte, las ciencias profanas de las que el mundo moderno está tan orgulloso no son realmente más que "residuos" degenerados de las antiguas ciencias tradicionales, como, por lo demás, la cantidad misma, a la que se esfuerzan en reducirlo todo, no es por así decir, desde el punto de vista en que esas ciencias la consideran, más que el "residuo" de una existencia vaciada de todo lo que constituía su esencia; y es así como esas pretendidas ciencias, al dejar escapar o incluso eliminar deliberadamente todo lo que es verdaderamente esencial, se revelan en definitiva incapaces de proporcionar la explicación real de nada.

Del mismo modo que la ciencia tradicional de los números es algo muy diferente de la aritmética profana de los modernos, incluso agregando a ésta todas las extensiones algebraicas u otras de las que es susceptible, del mismo modo también hay una "geometría sagrada", no menos profundamente diferente de la ciencia "escolar" que se designa hoy día por este mismo nombre de geometría. No tenemos necesidad de insistir largamente sobre esto, ya que todos los que han leído nuestras precedentes obras saben que hemos expuesto en ellas, y concretamente en *El Simbolismo de la Cruz*, muchas consideraciones que dependen de esta geometría simbólica de que se trata, y han podido darse cuenta hasta qué punto se presta a la representación de las realidades de orden superior, al menos en toda la medida en que éstas son susceptibles de ser representadas en modo sensible; y por lo demás, en el fondo, ¿no son las formas geométricas necesariamente la base misma de todo simbolismo figurado o "gráfico", desde el de los caracteres alfabéticos y numéricos de todas las lenguas hasta el de los *yantras* iniciáticos más complejos y más extraños en apariencia? Es fácil comprender que este simbolismo pueda dar lugar a una multiplicidad indefinida de aplicaciones; pero, al mismo tiempo, se debe ver muy fácilmente también que una tal geometría, muy lejos de no referirse más que a la pura cantidad, es al contrario esencialmente "cualitativa"; y diremos otro tanto de la verdadera ciencia de los números, ya que los números principiales, aunque deban llamarse así por analogía, están por así decir, en relación a nuestro mundo, en el polo opuesto de aquél donde se sitúan los números de la aritmética vulgar, los únicos que conocen los modernos y sobre los cuales llevan exclusivamente su atención, tomando así la sombra por la realidad misma, como los prisioneros de la caverna de Platón.

En el presente estudio, nos esforzaremos en mostrar más completamente todavía, y de una manera más general, cuál es la verdadera naturaleza de esas ciencias tradicionales, y también, por eso mismo, qué abismo las separa de las ciencias profanas que son como una caricatura o una parodia de ellas, lo que permitirá medir la decadencia sufrida por la mentalidad humana con el paso de las unas a las otras pero también ver, por la situación respectiva de sus objetos, cómo esta decadencia sigue estrictamente la marcha descendente del ciclo mismo recorrido por nuestra humanidad. Bien entendido, estas cuestiones son todavía de aquellas que no se puede pretender nunca tratar completamente, ya que, por su naturaleza, son verdaderamente inagotables; pero al menos trataremos de decir suficiente de ellas como para que cada uno pueda sacar a su respecto las conclusiones que se imponen en lo que concierne a la determinación del "momento cósmico" al que corresponde la época actual. Si hay en esto consideraciones que algunos encontrarán quizás obscuras a pesar de todo, es únicamente porque están demasiado alejadas de sus hábitos mentales, porque son demasiado extrañas a todo lo que les ha sido inculcado por la educación que han recibido y por el medio en el que viven; en eso no podemos nada, ya que hay cosas para las cuales un modo de expresión propiamente simbólico es el único posible, y que, por consiguiente, jamás serán comprendidas por aquellos para quienes el simbolismo es letra muerta. Por lo demás, recordaremos que este modo de expresión es el vehículo indispensable de toda enseñanza de orden iniciático; pero, sin hablar siquiera del mundo profano cuya incomprehensión es evidente y en cierto modo natural, basta con echar un vistazo sobre los vestigios de iniciación que subsisten todavía en Occidente para ver lo que algunos, a falta de "cualificación" intelectual, hacen de los símbolos que se proponen a su meditación, y para estar bien seguros de que esos, sean cuales sean los títulos de que estén revestidos y sean cuales sean los grados iniciáticos que hayan recibido "virtualmente", ¡no llegarán nunca a penetrar el verdadero sentido del menor fragmento de la geometría misteriosa de los "Grandes Arquitectos de Oriente y de Occidente"!

Puesto que acabamos de hacer alusión a Occidente, se impone todavía una precisión: cualquiera que sea la extensión que haya tomado, sobre todo en éstos últimos años, el estado de espíritu que llamamos específicamente "moderno", y cualquiera que sea el dominio que ejerce cada vez más, exteriormente al menos, sobre el mundo entero, este estado de espíritu por ello no permanece menos puramente occidental por su origen: efectivamente, es en Occidente donde ha tenido nacimiento y donde ha tenido mucho tiempo su dominio exclusivo, y, en Oriente, su influencia no será nunca otra cosa que una "occidentalización". Por lejos que pueda ir esta influencia en la sucesión de los acontecimientos que se desarrollarán todavía, nunca se podrá pretender pues oponerla a lo que hemos dicho de la diferencia del espíritu oriental y del espíritu occidental, que, para nos, es en suma la misma cosa que la del espíritu tradicional y del espíritu moderno, ya que es muy evidente que, en la medida en que un hombre se "occidentaliza", cualesquiera que sean su raza y su país, cesa por eso mismo de ser un oriental espiritual e intelectualmente, es decir, desde el único punto de vista que nos importa en realidad. En eso no se trata de una simple cuestión de "geografía", a menos que se la entienda de modo muy diferente a los modernos, ya que hay también una geografía simbólica; y, a este propósito, la actual preponderancia de Occidente presenta por lo demás una correspondencia muy significativa con el fin de un ciclo, puesto que el Occidente es precisamente el punto donde se pone el sol, es decir, donde llega a la extremidad de su curso diurno, y donde, según el simbolismo chino, "el fruto maduro cae al pie del árbol". En cuanto a los medios por los que el Occidente ha llegado a establecer esta dominación de la que la "modernización" de una parte más o menos considerable de los Orientales no es más que la última y la más penosa consecuencia, bastará dirigirse a lo que de ello hemos dicho en otras obras para convencerse de que no se basan en definitiva más que sobre la fuerza material, lo que equivale a decir, en otros términos, que la dominación occidental misma no es todavía más que una expresión del "reino de la cantidad".

Así, desde cualquier lado que se consideren las cosas, uno se ve siempre llevado a las mismas consideraciones y las ve verificarse constantemente en todas las aplicaciones que es posible hacer de ellas; por lo demás, eso no tiene nada que deba sorprender, ya que la verdad es necesariamente coherente, lo que, bien entendido, no quiere decir de ninguna manera que sea "sistemática", contrariamente a lo que podrían suponer de muy buena gana los filósofos y los sabios profanos, encerrados como están en concepciones estrechamente limitadas, que son aquellas a las cuales el nombre de "sistemas" conviene propiamente, y que, en el fondo, no traducen más que la insuficiencia de las mentalidades individuales libradas a sí mismas, aunque esas mentalidades sean las que se han convenido en llamar "hombres de genio", de quienes todas las especulaciones más alabadas no valen ciertamente el conocimiento de la menor verdad tradicional. Sobre esto también, nos hemos explicado suficientemente cuando hemos tenido que denunciar los desmanes del "individualismo", que es también una de las características del espíritu moderno; pero agregaremos aquí que la falsa unidad del individuo a quien se concibe como formando por sí mismo un todo completo corresponde, en el orden humano, a lo que es la del pretendido "átomo" en el orden cósmico: el uno y el otro no son más que elementos que se consideran como "simples" desde un punto de vista completamente cuantitativo, y que, como tales, se les supone susceptibles de una suerte de repetición indefinida que no es propiamente más que una imposibilidad, puesto que es esencialmente incompatible con la naturaleza misma de las cosas; de hecho, esta repetición indefinida no es otra cosa que la multiplicidad pura, hacia la cual tiende el mundo actual con todas sus fuerzas, sin que, no obstante, pueda llegar nunca a perderse enteramente en ella, puesto que esta multiplicidad está a un nivel inferior a toda existencia manifestada, y puesto que representa el extremo opuesto de la unidad principal. Así pues, es menester ver el movimiento de descenso cíclico como efectuándose entre estos dos polos, partiendo de la unidad, o más bien del punto que está más próximo de la unidad en el dominio de la manifestación, relativamente al estado de existencia que se considere, y tendiendo cada vez más hacia la multiplicidad, queremos decir la multiplicidad considerada analíticamente y sin ser referida a ningún principio, ya que no hay que decir que, en el orden principial, toda multiplicidad está comprendida sintéticamente en la unidad misma. En un cierto sentido, puede parecer que haya multiplicidad en los dos puntos extremos, del mismo modo que, según lo que acabamos de decir, hay también correlativamente, la unidad de un lado y las "unidades" del otro; pero la noción de la analogía inversa se aplica también estrictamente aquí, y, mientras que la multiplicidad principial está contenida en la verdadera unidad metafísica, las "unidades" aritméticas o cuantitativas están contenidas al contrario en la otra multiplicidad, la de abajo; y, lo destacamos incidentalmente, el solo hecho de poder hablar de "unidades" en plural, ¿no muestra suficientemente cuán lejos está de la verdadera unidad lo que se considera así? Por definición, la multiplicidad de abajo es puramente cuantitativa, y se podría decir que ella es la cantidad misma, separada de toda cualidad; por el contrario, la multiplicidad de arriba, o lo que llamamos así analógicamente, es en realidad una multiplicidad cualitativa, es decir, el conjunto de las cualidades o de los atributos, que constituyen la esencia de los seres y de las cosas. Así pues, se puede decir también que el descenso de que hemos hablado se efectúa desde la cualidad pura hasta la cantidad pura, donde, por lo demás, la una y la otra son límites exteriores a la manifestación, una más allá y la otra más acá, porque son, en relación a las condiciones especiales de nuestro mundo o de nuestro estado de existencia, una expresión de los dos principios universales que hemos designado en otra parte respectivamente como "esencia" y "substancia", y que son los dos polos entre los que se produce toda manifestación; y éste es el punto que vamos a tener que explicar más completamente en primer lugar, ya que es así sobre todo como se podrán comprender mejor las otras consideraciones que tendremos que desarrollar en la continuación de este estudio.

René Guénon

CAPÍTULO I

CUALIDAD Y CANTIDAD

La cualidad y la cantidad se consideran bastante generalmente como dos términos complementarios, aunque sin duda se esté frecuentemente lejos de comprender la razón profunda de esta relación; esta razón reside en la correspondencia que hemos indicado en último lugar en lo que precede. Así pues, es menester partir aquí de la primera de todas las dualidades cósmicas, de la que está al principio mismo de la existencia o de la manifestación universal, y sin la cual ninguna manifestación sería posible, bajo cualquier modo que sea; esta dualidad es la de *Purusha* y *Prakriti* según la doctrina hindú, o, para emplear otra terminología, la de la "esencia" y la "substancia". Éstas deben considerarse como principios universales, puesto que son los dos polos de toda manifestación; pero, a otro nivel, o más bien a otros niveles múltiples, como los dominios más o menos particularizados que se pueden considerar en el interior de la existencia universal, se pueden emplear también analógicamente éstos mismos términos en un sentido relativo, para designar lo que corresponde a éstos principios o lo que los representa más directamente en relación a un cierto modo más o menos restringido de la manifestación. Es así como se podrá hablar de esencia y de substancia, ya sea para un mundo, es decir, para un estado de existencia determinado por algunas condiciones especiales, ya sea para un ser considerado en particular, o incluso para cada uno de los estados de este ser, es decir, para su manifestación en cada uno de los grados de la existencia; en este último caso, la esencia y la substancia son naturalmente la correspondencia microcósmica de lo que ellas son, desde el punto de vista macrocósmico, para el mundo en el que se sitúa esta manifestación, o, en otros términos, no son más que particularizaciones de los mismos principios relativos, que, ellos mismos, son las determinaciones de la esencia y de la substancia universales en relación a las condiciones del mundo de que se trata.

Entendidas en este sentido relativo, y sobre todo en relación a los seres particulares, la esencia y la substancia son en suma la misma cosa que lo que los filósofos escolásticos han llamado "forma" y "materia"; pero preferimos evitar el empleo de éstos últimos términos, que, a consecuencia sin duda de una imperfección de la lengua latina a este respecto, no traducen sino muy inexactamente las ideas que deben expresar[1], y que han devenido todavía mucho más equívocas en razón del sentido completamente diferente que las mismas palabras han recibido comúnmente en el lenguaje moderno. Sea como sea, decir que todo ser manifestado es un compuesto de "forma" y de "materia" equivale a decir que su existencia procede necesariamente a la vez de la esencia y de la substancia, y, por consiguiente, que hay en él algo que corresponde a cada uno de éstos dos principios, de tal suerte que él es como una resultante de su unión, o, para hablar más precisamente, de la acción ejercida por el principio activo o la esencia sobre el principio

---

[1] Estas palabras traducen de una manera bastante poco afortunada los términos griegos $\varepsilon \tilde{\iota} \delta o \varsigma$ y $\ddot{\upsilon} \lambda \eta$, empleados en el mismo sentido por Aristóteles, y sobre los cuales tendremos que volver después.

pasivo o la substancia; y, en la aplicación que se hace de ellos más especialmente en el caso de los seres individuales, esta "forma" y esta "materia" que los constituyen son respectivamente idénticas a lo que la tradición hindú designa como *nâma* y *rûpa*. Ya que estamos señalando estas concordancias entre diferentes terminologías, que pueden tener la ventaja de permitir a algunos transponer nuestras explicaciones a un lenguaje al que están más habituados, y por consiguiente comprenderlas más fácilmente, agregaremos también que lo que se llama "acto" y "potencia", en el sentido aristotélico, corresponde igualmente a la esencia y a la substancia; por lo demás, éstos dos términos son susceptibles de una aplicación más extensa que los de "forma" y de "materia"; pero, en el fondo, decir que hay en todo ser una mezcla de acto y de potencia equivale también a lo mismo, ya que el acto es en él aquello por lo que participa en la esencia, y la potencia aquello por lo que participa en la substancia; el acto puro y la potencia pura no podrían encontrarse en parte ninguna en la manifestación, puesto que, en definitiva, son los equivalentes de la esencia y de la substancia universales.

Bien comprendido eso, podemos hablar de la esencia y de la substancia de nuestro mundo, es decir del que es el dominio del ser individual humano, y diremos que, conformemente a las condiciones que definen propiamente este mundo, estos dos principios aparecen en él respectivamente bajo los aspectos de la cualidad y de la cantidad. Eso puede ya parecer evidente en lo que concierne a la cualidad, puesto que la esencia es en suma la síntesis principal de todos los atributos que pertenecen a un ser y que hacen que este ser sea lo que es, y puesto que atributos o cualidades son en el fondo sinónimos; y se puede destacar que la cualidad, considerada así como el contenido de la esencia, si es permisible expresarse así, no está restringida exclusivamente a nuestro mundo, sino que es susceptible de una transposición que universaliza su significación, lo que, por lo demás, no tiene nada de sorprendente desde que ella representa aquí el principio superior; pero, en una tal universalización, la cualidad cesa de ser el correlativo de la cantidad, ya que ésta, por el contrario, está estrictamente ligada a las condiciones especiales de nuestro mundo; por lo demás, desde el punto de vista teológico, ¿no se refiere de algún modo la cualidad a Dios mismo al hablar de sus atributos, mientras que sería manifiestamente inconcebible pretender transportar del mismo modo a Él unas determinaciones cuantitativas cualesquiera?[2]. Quizás se podría objetar a eso que Aristóteles coloca la cualidad, así como la cantidad, entre las "categorías", que no son más que modos especiales del ser y que no le son coextensivas; pero es que entonces no efectúa la transposición de que acabamos de hablar, y es que, por otra parte, no tiene que hacerlo, puesto que la enumeración de las "categorías" no se refiere más que a nuestro mundo y a sus condiciones, de suerte que la cualidad no puede y no debe tomarse realmente en él más que en el sentido, más inmediato para nosotros en nuestro estado individual, en el que ella se presenta, así como lo hemos dicho desde el comienzo, como un correlativo de la cantidad.

Por otra parte, es interesante destacar que la "forma" de los escolásticos es lo que Aristóteles llama εἶδος, y que esta última palabra se emplea igualmente para designar la "especie", la cual es propiamente una naturaleza o una esencia común a una multitud indefinida de

---

[2] Se puede hablar de *Brahma saguna* o "cualificado", pero no se podría hablar de ninguna manera de *Brahmâ* "cuantificado".

individuos; ahora bien, esta naturaleza es de orden puramente
cualitativo, ya que es verdaderamente "innumerable", en el sentido
estricto de esta palabra, es decir, independiente de la cantidad, puesto
que es indivisible y ésta toda entera en cada uno de los individuos que
pertenecen a esa especie, de tal suerte que no es afectada o modificada
de ninguna manera por el número de éstos, y que tampoco es susceptible
de "más" o de "menos". Además, εἶδος es etimológicamente la "idea",
no en el sentido psicológico de los modernos, sino en un sentido
ontológico más próximo del de Platón de lo que se piensa
ordinariamente, ya que, cualesquiera que sean las diferencias que existen
realmente a este respecto entre la concepción de Platón y la de
Aristóteles, estas diferencias, como ocurre frecuentemente, han sido
enormemente exageradas por sus discípulos y sus comentadores. Las
ideas platónicas son también esencias; Platón muestra sobre todo su
aspecto transcendente y Aristóteles su aspecto inmanente, lo que no se
excluye forzosamente, digan lo que digan de ello los espíritus
"sistemáticos", sino que se refiere solo a niveles diferentes; en todo caso,
en eso se trata siempre de los "arquetipos" o de los principios esenciales
de las cosas, que representan lo que se podría llamar el lado cualitativo
de la manifestación. Además, éstas mismas ideas platónicas son, bajo
otro nombre, y por una filiación directa, la misma cosa que los números
pitagóricos; y eso muestra bien que esos mismos números pitagóricos,
así como ya lo hemos indicado precedentemente, aunque se les llama
números analógicamente, no son en modo alguno los números en el
sentido cuantitativo y ordinario de esta palabra, sino que, antes al
contrario, son puramente cualitativos, y corresponden inversamente, del

lado de la esencia, a lo que son los números cuantitativos del lado de la substancia.[3]

Por el contrario, cuando Santo Tomás de Aquino dice que *"numerus stat ex parte materiæ"*, es efectivamente del número cuantitativo de lo que se trata, y con eso afirma precisamente que la cantidad tiende inmediatamente al lado substancial de la manifestación; decimos substancial, ya que *materia*, en el sentido escolástico, no es la "materia" tal como la entienden los físicos modernos, sino la substancia, ya sea en su acepción relativa cuando es puesta en correlación con *forma* y referida a los seres particulares, ya sea también, cuando se trata de *materia prima*, como el principio pasivo de la manifestación universal, es decir, la potencialidad pura, que es el equivalente de *Prakriti* en la doctrina hindú. No obstante, desde que se trata de "materia", en cualquier sentido que se quiera entender, todo deviene particularmente obscuro y confuso, y sin duda no sin razón[4]; así, mientras que hemos

---

[3] Se puede destacar también que el nombre de un ser, en tanto que expresión de su esencia, es propiamente un número, entendido en este mismo sentido cualitativo; y esto establece un lazo estrecho entre la concepción de los números pitagóricos, y por consiguiente la de las ideas platónicas, y el empleo del término sánscrito *nâma* para designar el lado esencial de un ser.

[4] A propósito de la esencia y de la substancia, señalamos también que los escolásticos traducen frecuentemente por *substantia* el término griego ⬚⬚⬚⬚, que al contrario es propia y literalmente "esencia", lo que contribuye no poco a aumentar la confusión del lenguaje;

podido mostrar suficientemente la relación de la cualidad con la esencia sin entrar en largos desarrollos, deberemos extendernos más sobre lo que concierne a la relación de la cantidad con la substancia, ya que nos es menester primero llegar a elucidar los diferentes aspectos bajo los cuales se presenta lo que los Occidentales han llamado "materia", incluso antes de la desviación moderna donde esta palabra estaba destinada a desempeñar un papel tan grande; y, por lo demás, eso es tanto más necesario cuanto que esta cuestión se encuentra en cierto modo en la raíz misma del tema principal de nuestro estudio.

---

de ahí expresiones como la de "forma substancial" por ejemplo, que se aplica muy mal a lo que constituye en realidad el lado esencial de un ser, y no su lado substancial.

CAPÍTULO II

"MATERIA SIGNATA QUANTITATE"

De una manera general, los escolásticos llaman *materia* a lo que Aristóteles había llamado ὕλη; esta *materia*, como ya lo hemos dicho, no debe ser identificada de ninguna manera a la "materia" de los modernos, cuya noción compleja, y contradictoria incluso por algunos lados, parece haber sido tan extraña a los antiguos de Occidente como lo es a los Orientales; incluso si se admitiera que pueda devenir esta "materia" en algunos casos particulares, o más bien, para hablar más exactamente, que se pueda hacer entrar en ella a destiempo esta concepción más reciente, ella es también muchas otras cosas al mismo tiempo, y son esas cosas diversas las que nos es menester tener buen cuidado de distinguir primero; pero, para designarlas a todas juntas por una denominación común como las de ὕλη y de *materia*, no tenemos a nuestra disposición, en las lenguas occidentales actuales, un término mejor que el de "substancia". Ante todo, la ὕλη, en tanto que principio universal, es la potencia pura, donde no hay nada de distinguido ni de "actualizado", y que constituye el "soporte" pasivo de toda manifestación; así pues, en este sentido, es *Prakriti* o la substancia universal, y todo lo que hemos dicho en otra parte sobre ésta se aplica igualmente a la ὕλη entendida así[5]. En cuanto a la substancia tomada en un sentido relativo, como lo que representa analógicamente el principio substancial y desempeña su papel en relación a un cierto orden de existencia más o menos estrechamente delimitado, es ella también la que es llamada secundariamente ὕλη, concretamente en la correlación de este término con εἶδος para designar las dos caras esencial y substancial de las existencias particulares.

Los escolásticos, según Aristóteles, distinguen éstos dos sentidos al hablar de *materia prima* y de *materia secunda*; así pues, podemos decir que su *materia prima* es la substancia universal, y que su *materia secunda* es la substancia en el sentido relativo; pero como, desde que se entra en lo relativo, los términos devienen susceptibles de aplicaciones múltiples en grados diferentes, ocurre que lo que es *materia* en un cierto nivel puede devenir *forma* en otro nivel e inversamente, según la jerarquía de los grados más o menos particularizados que se consideren en la existencia manifestada. En todos los casos, una *materia secunda*,

---

[5] Hacemos observar que el sentido primero de la palabra ⬚⬚⬚ se refiere al principio vegetativo; en eso hay una alusión a la "raíz" (en sánscrito *mûla*, término aplicado a *Prakriti*) a partir de la cual se desarrolla la manifestación; y también se puede ver ahí una cierta relación con lo que la tradición hindú llama la naturaleza "asúrica" del vegetal, que se sumerge efectivamente por sus raíces en lo que constituye el soporte obscuro de nuestro mundo; la substancia es en cierto modo el polo tenebroso de la existencia, así como se verá mejor todavía en lo que sigue.

aunque constituye el lado potencial de un mundo o de un ser, no es nunca potencia pura; no hay otra potencia pura que la substancia universal, que no se sitúa solo debajo de nuestro mundo (*substantia*, de *sub stare*, es literalmente "lo que está debajo", lo que traducen también las ideas de "soporte" y de "substratum"), sino debajo del conjunto de todos los mundos o de todos los estados que están comprendidos en la manifestación universal. Agregamos que, por eso mismo que no es más que potencialidad absolutamente "indistinguida" e indiferenciada, la substancia universal es el único principio que puede llamarse propiamente "ininteligible", no porque seamos incapaces de conocerla, sino porque no hay efectivamente nada que conocer en ella; en cuanto a las substancias relativas, en tanto que participan de la potencialidad de la substancia universal, participan también de su "ininteligibilidad" en una medida correspondiente. Así pues, no es del lado substancial donde es menester buscar la explicación de las cosas, sino, al contrario, del lado esencial, lo que se podría traducir en términos de simbolismo espacial diciendo que toda explicación debe proceder de arriba hacia abajo y no de abajo hacia arriba; y esta precisión es particularmente importante para nos, ya que da inmediatamente la razón por la que la ciencia moderna está en realidad desprovista de todo valor explicativo.

Antes de ir más lejos, debemos notar en seguida que la "materia" de los físicos no puede ser en todo caso más que una *materia secunda*, puesto que la suponen dotada de algunas propiedades, sobre las que, por lo demás, no concuerdan enteramente, de suerte que no hay en ella más que potencialidad e "indistinción"; por lo demás, como sus concepciones no se refieren más que al mundo sensible solo, y no van más allá de él, no sabrían qué hacer de la consideración de la *materia prima*. No obstante, por una extraña confusión, hablan a cada instante de "materia inerte", sin apercibirse de que, si fuera verdaderamente inerte, estaría desprovista de toda propiedad y no se manifestaría de ninguna manera, de suerte que no sería absolutamente nada de lo que sus sentidos pueden percibir, mientras que al contrario ellos declaran "materia" a todo lo que cae bajo sus sentidos; en realidad, la inercia solo puede convenir a la *materia prima*, porque ella es sinónimo de pasividad o de potencialidad pura. Hablar de "propiedades de la materia" y afirmar al mismo tiempo que "la materia es inerte", es una contradicción insoluble; ¡y, curiosa ironía de las cosas, el "cientificismo" moderno, que tiene la pretensión de eliminar todo "misterio", hace llamada, en sus vanas tentativas de explicación, a lo que hay de más "misterioso" en el sentido vulgar de esta palabra, es decir, de más obscuro y de menos inteligible!

Uno puede preguntarse ahora si, poniendo a un lado la "pretendida inercia de la materia", que no es en el fondo más que una absurdidad, esta misma "materia", dotada de cualidades más o menos bien definidas que la harían susceptible de manifestarse a nuestros sentidos, es la misma cosa que la *materia secunda* de nuestro mundo tal como la entienden los escolásticos. Ya se puede sospechar que una tal asimilación sería inexacta si se precisa solo que, para desempeñar en relación a nuestro mundo un papel análogo al de la *materia prima* o de la substancia universal en relación a toda manifestación, la *materia secunda* de que se trata no debe estar manifestada de ninguna manera en este mundo mismo, sino que solo debe servir de "soporte" o de "raíz" a lo que se manifiesta en él, y que, por consiguiente, las cualidades sensibles no pueden serle inherentes, sino que proceden al contrario de "formas" recibidas en ella, lo que equivale a decir también que todo lo que es cualidad debe ser referido en definitiva a la esencia. Así pues, se ve aparecer aquí una nueva confusión: los físicos modernos, en su esfuerzo por reducir la cualidad a la cantidad, han llegado, por una suerte de "lógica del error", a confundir la una y la otra, y por consiguiente a atribuir la cualidad misma a su "materia" como tal, en la que acaban por colocar así toda la realidad, o al menos todo lo que ellos son capaces de reconocer como realidad, lo que constituye el "materialismo" propiamente dicho.

La *materia secunda* de nuestro mundo no debe estar desprovista no obstante de toda determinación, ya que, si lo estuviera, se confundiría con la *materia prima* misma en su completa "indistinción"; y, por otra parte, no puede ser una *materia secunda* cualquiera, sino que debe estar determinada de acuerdo con las condiciones especiales de este mundo, y de tal manera que sea efectivamente en relación a éste, y no en relación a ningún otro, apta para desempeñar el papel de substancia. Así pues, es menester precisar la naturaleza de esta determinación, y es lo que hace Santo Tomás de Aquino al definir esta *materia secunda* como *materia signata quantitate*; lo que le es inherente y le hace ser lo que ella es no es pues la cualidad, considerada incluso únicamente en el orden sensible, sino que es, al contrario, la cantidad, que es así *ex parte materiae*. La cantidad es una de las condiciones mismas de la existencia en el mundo sensible o corporal; ella es incluso, entre estas condiciones, una de las que son más exclusivamente propias a éste, y así, como podía esperarse, la definición de la *materia secunda* en cuestión no puede concernir a otra cosa que a este mundo, pero, le concierne toda entera, ya que todo lo que existe en él está necesariamente sometido a la cantidad; está definición es pues plenamente suficiente, sin que haya lugar a atribuir a esta *materia secunda*, como se ha hecho para la "materia" moderna, unas propiedades que no pueden pertenecerle de ninguna manera en realidad. Se puede decir que la cantidad, al constituir propiamente el lado substancial de nuestro mundo, es por así decir su condición "básica" o fundamental; pero es menester guardarse bien de darle por eso una importancia de otro orden que la que tiene realmente, y sobre todo querer sacar de ella la explicación de este mundo, del mismo modo que es menester guardarse de confundir el fundamento de un edificio con su cima: mientras no hay más que el fundamento, no hay todavía edificio, aunque este fundamento le sea indispensable, e igualmente, mientras no hay más que la cantidad, no hay todavía manifestación sensible, aunque ésta tenga en ella su raíz misma. La cantidad, reducida a sí misma, no es más que una "presuposición" necesaria, pero que no explica nada; es efectivamente una base, pero no es nada más, y no debe olvidarse que la base, por definición misma, es lo que está situado en el nivel más inferior; así, la reducción de la cualidad a la cantidad no es otra cosa en el fondo que esa "reducción de lo superior a lo inferior" por lo que algunos han querido caracterizar muy justamente el materialismo: ¡Pretender hacer salir lo "más" de lo "menos", he ahí, en efecto, una de las más típicas de todas las aberraciones modernas!

Otra cuestión se plantea todavía: la cantidad se presenta a nosotros bajo modos diversos, y, concretamente, hay la cantidad discontinua, que es propiamente el número[6], y la cantidad continua, que es representada principalmente por las magnitudes espacial y temporal; ¿cuál es, entre estos modos, el que constituye más precisamente lo que se puede llamar la cantidad pura? Esta cuestión tiene también su importancia, tanto más cuanto que Descartes, que se encuentra en el punto de partida de una buena parte de las concepciones filosóficas y científicas específicamente modernas, ha querido definir la materia por la extensión, y hacer de esta definición misma el principio de una física cuantitativa que, si no era todavía "materialismo", era al menos "mecanicismo"; se podría estar tentado de concluir de eso que es la extensión la que, al ser directamente

---

[6] La noción pura del número es esencialmente la del número entero, y es evidente que la sucesión de los números enteros constituye una serie discontinua; todas las extensiones que esta noción ha recibido, y que han dado lugar a la consideración de los números fraccionarios y de los números inconmensurables, son verdaderas alteraciones de ella, y no representan en realidad más que los esfuerzos que se han hecho para reducir tanto como es posible los intervalos del discontinuo numérico, a fin de hacer menos imperfecta su aplicación a la medida de las magnitudes continuas.

inherente a la materia, representa el modo fundamental de la cantidad. Por el contrario, Santo Tomás de Aquino, al decir que *"numerus stat ex parte materiæ"*, parece sugerir más bien que es el número el que constituye la base substancial de este mundo, y que es él, por consiguiente, el que debe considerarse verdaderamente como la cantidad pura; este carácter "básico" del número concuerda perfectamente con el hecho de que, en la doctrina pitagórica, es el número el que, por analogía inversa, se toma como símbolo de los principios esenciales de las cosas. Por lo demás, es menester destacar que la materia de Descartes ya no es la *materia secunda* de los escolásticos, sino que es ya un ejemplo, y quizás el primero en fecha, de una "materia" de físico moderno, aunque Descartes no haya puesto todavía en esta noción todo lo que sus sucesores debían introducir en ella poco a poco para llegar a sus teorías más recientes sobre la "constitución de la materia". Hay pues lugar a sospechar que, en la definición cartesiana de la materia, puede haber algún error o alguna confusión, y que ya ha debido deslizarse en ella, quizás sin saberlo su autor, un elemento que no es de orden puramente cuantitativo; y en efecto, como lo veremos después, la extensión, aunque tiene evidentemente un carácter cuantitativo, como todo lo que pertenece al mundo sensible, no obstante no podría ser mirada como pura cantidad. Además, se puede destacar también que las teorías que van más lejos en el sentido de la reducción a lo cuantitativo son generalmente "atomistas", bajo una forma o bajo otra, es decir, que introducen en su noción de materia una discontinuidad que la aproxima mucho más a la naturaleza del número que a la de la extensión; e incluso el hecho de que la materia corporal no pueda ser concebida a pesar de todo de otro modo que como extensión no es para todo "atomista" más que una fuente de contradicciones. Otra causa de confusión en todo eso, y sobre la cual tendremos que volver, es el hábito que se ha tomado de considerar "cuerpo" y "materia" casi como sinónimos; en realidad, los cuerpos no son de ninguna manera la *materia secunda*, que no se encuentra en ninguna parte en las existencias manifestadas en este mundo, sino que proceden de ella solo como de su principio substancial. En definitiva, es efectivamente el número, que tampoco nunca es percibido directamente y en el estado puro en el mundo corporal, el que debe ser considerado en primer lugar en el dominio de la cantidad, como constituyendo su modo fundamental; los demás modos no son más que derivados, es decir, que no son en cierto modo cantidad más que por participación en el número, lo que se reconoce por lo demás implícitamente, cuando se considera, como la cosa es siempre de hecho, que todo lo que es cuantitativo debe poder expresarse numéricamente. En estos otros modos, la cantidad, incluso si es el elemento predominante, aparece siempre como más o menos mezclada de cualidad, y es así como las concepciones del espacio y del tiempo, a pesar de todos los esfuerzos de los matemáticos modernos, no podrán ser nunca exclusivamente cuantitativas, a menos que se consienta reducirlas a nociones enteramente vacías, sin ningún contacto con una realidad cualquiera; pero, a decir verdad, ¿no está hecha la ciencia actual en gran parte de estas nociones vacías, que no tienen más carácter que el de "convenciones" sin el menor alcance efectivo? Nos explicaremos más completamente sobre está última cuestión, sobre todo en lo que concierne a la naturaleza del espacio, ya que este punto tiene una relación estrecha con los principios del simbolismo geométrico, y, al mismo tiempo, proporciona un excelente ejemplo de la degeneración que conduce de las concepciones tradicionales a las concepciones profanas; y llegaremos a ello examinando primero cómo la idea de la "medida", sobre la cual se basa la geometría misma, es, tradicionalmente, susceptible de una transposición que le da una significación completamente diferente de la que tiene para los sabios modernos, que no ven en ella en suma más que el medio de acercarse lo más posible a su "ideal" al revés, es decir, de operar poco a poco la reducción de todas las cosas a la cantidad.

CAPÍTULO III

MEDIDA Y MANIFESTACIÓN

Si estimamos preferible evitar el empleo de la palabra "materia" mientras no tengamos que examinar especialmente las concepciones modernas, debe entenderse bien que la razón de ello está en las confusiones que hace nacer inevitablemente, ya que es imposible que no evoque ante todo, y eso incluso en aquellos que conocen el sentido diferente que tenía para los escolásticos, la idea de lo que los físicos modernos designan así, puesto que esta acepción reciente es la única que se asocia a esta palabra en el lenguaje corriente. Ahora bien, esta idea, como ya lo hemos dicho, no se encuentra en ninguna doctrina tradicional, ya sea oriental u occidental; eso muestra al menos que, incluso en la medida en que sería posible admitirla legítimamente desembarazándola de algunos elementos heteróclitos o incluso claramente contradictorios, una tal idea no tiene nada de verdaderamente esencial y no se refiere en realidad más que a una manera muy particular de considerar las cosas. Al mismo tiempo, puesto que en eso no se trata sino de una idea muy reciente, no hay que decir que esa idea no está implícita en la palabra misma, que le es muy anterior, y cuya significación original debe por consiguiente serle enteramente independiente; pero, por lo demás, es menester reconocer que esta palabra es de aquellas cuya verdadera derivación etimológica es muy difícil de determinar exactamente, como si una obscuridad más o menos impenetrable debiera decididamente envolver todo lo que se refiere a la "materia", y apenas es posible, a este respecto, hacer otra cosa que discernir algunas ideas que están asociadas a su raíz, lo que, por lo demás, no deja de presentar un cierto interés, incluso si no puede precisarse cuál es, entre esas ideas, la que está más cerca del sentido primitivo.

La asociación que parece haberse observado más frecuentemente es la que vincula *materia* a *mater*, y eso conviene bien en efecto a la substancia, en tanto que ésta es un principio pasivo, o simbólicamente "femenino": se puede decir que *Prakriti* desempeña el papel "maternal" en relación a la manifestación, del mismo modo que *Purusha* desempeña el papel "paternal"; y ello es igualmente así en todos los grados en los que se puede considerar analógicamente una correlación de esencia y de substancia[7]. Por otra parte, es posible también vincular la misma palabra *materia* al verbo latino *metiri*, "medir" (y vamos a ver que existe en sánscrito una forma que está más próxima de ella aún); pero quien dice "medida" dice por eso mismo determinación, y esto ya no se aplica a la absoluta indeterminación de la substancia universal o de la *materia prima*, sino que debe referirse más bien a alguna otra significación más

---

[7] Esto concuerda también con el sentido original del término ὕλη, que hemos indicado más atrás: el vegetal es por así decir la "madre" del fruto que sale de él y que alimenta con su substancia, pero que no se desarrolla y madura más que bajo la influencia vivificante del sol, el cual es así en cierto modo el "padre"; y, por consiguiente, el fruto mismo se asimila simbólicamente al sol por "coesencialidad", si es permisible expresarse así, como se puede ver en lo que hemos dicho en otra parte sobre el tema del simbolismo de los Âdityas y de otras diversas nociones tradicionales similares.

restringida; ese es precisamente el punto que nos proponemos examinar ahora de una manera particular.

Como dice sobre este tema Ananda K. Coomaraswamy, "para todo lo que puede ser concebido o percibido (en el mundo manifestado), el sánscrito tiene solo la expresión *nâma-rûpa*, cuyos dos términos corresponden a lo "inteligible" y a lo "sensible" (considerados como dos aspectos complementarios que se refieren respectivamente a la esencia y a la substancia de las cosas)[8]. Es verdad que la palabra *mâtrâ*, que significa literalmente "medida", es el equivalente etimológico de *materia*; pero lo que es así "medido", no es la "materia" de los físicos, sino las posibilidades de manifestación que son inherentes al espíritu (*Âtmâ*)"[9]. Esta idea de "medida", puesta así en relación directa con la manifestación misma, es muy importante, y por lo demás está muy lejos de ser exclusivamente propia únicamente a la tradición hindú, que el Sr. Coomaraswamy ha tenido aquí más especialmente en vista; de hecho, se podría decir que se encuentra bajo una forma u otra, en todas las doctrinas tradicionales, y, aunque naturalmente no podamos tener la

---

[8] Éstos dos términos de "inteligible" y de "sensible", empleados así correlativamente, pertenecen propiamente al lenguaje platónico; se sabe que el "mundo inteligible" es, para Platón, el dominio de las "ideas" o de los "arquetipos", que, como ya lo hemos visto, son efectivamente las esencias en el sentido propio de esta palabra; y, en relación a este mundo inteligible, el mundo sensible, que es el dominio de los elementos corporales y de lo que procede de sus combinaciones, está del lado substancial de la manifestación.

[9] Notes on the Katha-Upanishad, 2ª parte.

pretensión de indicar al presente todas las concordancias que se podrían destacar a este respecto, trataremos no obstante de decir suficientes como para justificar esta aserción, aclarando igualmente, tanto como nos sea posible hacerlo, este simbolismo de la "medida" que tiene concretamente un lugar enorme en algunas formas iniciáticas.

Entendida en su sentido literal, la medida se refiere principalmente al dominio de la cantidad continua, es decir, de la manera más directa, a las cosas que poseen un carácter espacial (ya que el tiempo mismo, aunque igualmente continuo, no puede ser medido más que indirectamente, relacionándole en cierto modo al espacio por la intermediación del movimiento que establece una relación entre el uno y el otro); eso equivale a decir que la medida se refiere en suma, ya sea a la extensión misma, o ya sea a lo que se ha convenido en llamar la "materia corporal", en razón del carácter extenso que ésta posee necesariamente, lo que, por lo demás, no quiere decir que su naturaleza, como lo ha pretendido Descartes, se reduzca pura y simplemente a la extensión. En el primer caso, la medida es más propiamente "geométrica"; en el segundo, se la podría llamar más bien "física", en el sentido ordinario de esta palabra, pero, en realidad, este segundo caso se reduce al primero, puesto que es en tanto que se sitúan en la extensión y en tanto que ocupan una cierta porción definida de ella como los cuerpos son inmediatamente mensurables, mientras que sus demás propiedades no son susceptibles de medida sino en tanto que pueden ser referidas de una cierta manera a la extensión. Como lo habíamos previsto, aquí estamos muy lejos de la *materia prima*, que en efecto, en su "indistinción" absoluta, no puede ser medida de ninguna manera ni servir para medir nada; pero debemos preguntarnos si esta noción de la medida no se liga más o menos estrechamente a lo que constituye la *materia secunda* de nuestro mundo, y, efectivamente, este lazo existe por el hecho de que ésta es *signata quantitate*. En efecto, si la medida concierne directamente a la extensión y a lo que está contenido en ella, es por el aspecto cuantitativo de esta extensión como la medida se hace posible; pero la cantidad continua no es, como lo hemos explicado, más que un modo derivado de la cantidad, es decir, que no es propiamente cantidad más que por su participación en la cantidad pura, que, ella sí es inherente a la *materia secunda* del mundo corporal; y, agregaremos, es porque lo continuo no es la cantidad pura por lo que la medida presenta siempre una cierta imperfección en su expresión numérica, ya que la discontinuidad del número hace imposible su aplicación adecuada a la determinación de las magnitudes continuas. En efecto, el número es verdaderamente la base de toda medida, pero, en tanto que no se considera más que el número, no se puede hablar de medida, puesto que ésta es la aplicación del número a alguna otra cosa, aplicación que es siempre posible, en ciertos límites, es decir, teniendo en cuenta la "inadecuación" que acabamos de indicar, para todo lo que está sometido a la condición cuantitativa, o, en otros términos, para todo lo que pertenece al dominio de la manifestación corporal. Solamente, y aquí volvemos a la idea expresada por A. Coomaraswamy, es menester tener cuidado de que, en realidad, y a pesar de algunos abusos del lenguaje ordinario, la cantidad no es lo que se mide, sino, antes al contrario, aquello por lo que las cosas son medidas; y, además, se puede decir que la medida es, en relación al número, en sentido inversamente analógico, lo que es la manifestación en relación a su principio esencial.

Ahora, entiéndase bien que, para extender la idea de la medida más allá del mundo corporal, es necesario transponerla analógicamente: puesto que el espacio es el lugar de la manifestación de las posibilidades de orden corporal, uno podrá servirse de él para representar todo el dominio de la manifestación universal, que de otro modo no sería "representable"; y así, la idea de medida, aplicada a éste, pertenece esencialmente a este simbolismo espacial del que tenemos que señalar ejemplos tan frecuentemente. En el fondo, la medida es entonces una "asignación" o una "determinación", implicada necesariamente por toda manifestación, en cualquier orden y bajo cualquier modo que sea; esta determinación es naturalmente conforme a las condiciones de cada estado de existencia, e incluso, en un cierto sentido, se identifica a esas condiciones mismas; ella no es verdaderamente cuantitativa más que en nuestro mundo, puesto que la cantidad no es en definitiva, así como el espacio y el tiempo, más que una de las condiciones especiales de la existencia corporal. Pero, en todos los mundos, hay una determinación que puede ser simbolizada para nosotros por esta determinación cuantitativa que es la medida, puesto que ella es lo que se le corresponde en ellos teniendo en cuenta la diferencia de las condiciones; y se puede decir que es por esta determinación como esos mundos, con todo lo que contienen, son realizados o "actualizados" como tales, puesto que ella no forma más que uno con el proceso mismo de la manifestación. El Sr. Coomaraswamy destaca que "el concepto platónico y neoplatónico de "medida" ($\mu\acute{\varepsilon}\tau\rho o\nu$) concuerda con el concepto indio: lo "no-medido" es lo que todavía no ha sido definido; lo "medido" es el contenido definido o finito del "cosmos", es decir, del universo "ordenado"; lo "no mensurable" es el Infinito, que es a la vez la fuente de lo indefinido y de lo finito, y que permanece inafectado por la definición de lo que es definible", es decir, por la realización de las posibilidades de manifestación que lleva en él.

Se ve aquí que la idea de medida está en conexión íntima con la de "orden" (en sánscrito *rita*), que se refiere a la producción del universo manifestado, siendo ésta, según el sentido etimológico de la palabra griega $\kappa\acute{o}\sigma\mu o\varsigma$, una producción del "orden" a partir del "caos"; éste último es lo indefinido, en el sentido platónico, y el "cosmos" es lo definido[10]. Esta producción es asimilada también por todas las tradiciones a una "iluminación" (El *Fiat Lux* del Génesis), puesto que el "caos" es identificado simbólicamente a las "tinieblas": el "caos" es la potencialidad a partir de la cual se "actualizará" la manifestación, es decir, en suma el lado substancial del mundo, que se describe así como el polo tenebroso de la existencia, mientras que la esencia es su polo luminoso, puesto que es su influencia la que efectivamente ilumina ese "caos" para sacar de él el "cosmos"; y, por otra parte, esto concuerda con la aproximación de los diferentes significados implicados en sánscrito en la palabra *srishti*, que designa la producción de la manifestación, y que contiene a la vez las ideas de "expresión", de "concepción" y de "irradiación luminosa"[11]. Los rayos solares hacen aparecer las cosas que iluminan, haciéndolas visibles, y, por consiguiente, puede decirse simbólicamente que las "manifiestan"; si se considera un punto central en el espacio y los rayos emanados de ese centro, se podrá decir también que esos rayos "realizan" el espacio, haciéndole pasar de la virtualidad a la actualidad, y que su extensión efectiva es, en cada instante, la medida del espacio realizado. Estos rayos

---

[10] La palabra sánscrita *rita* está emparentada por su raíz misma al latín *ordo*, y apenas hay necesidad de hacer destacar que lo está más estrechamente todavía a la palabra "rito": el "rito" es, etimológicamente, lo que se cumple conformemente al "orden", y que, por consiguiente, imita o reproduce a su nivel el proceso mismo de la manifestación; y es por eso por lo que, en una civilización estrictamente tradicional todo acto, cualquiera que sea, reviste un carácter esencialmente ritual.

[11] Cf. A. K. Coomaraswamy, *ibid.*

corresponden a las direcciones del espacio propiamente dicho (direcciones que se representan frecuentemente por el simbolismo de los "cabellos", el cual se refiere al mismo tiempo a los rayos solares); el espacio es definido y medido por la cruz de tres dimensiones, y, en el simbolismo tradicional de los "siete rayos solares", seis de estos rayos, opuestos dos a dos, forman esta cruz, mientras que el "séptimo rayo", el que pasa a través de la "puerta solar", no puede ser representado gráficamente más que por el centro mismo. Todo eso es pues perfectamente coherente y se encadena de la manera más rigurosa; y agregaremos también que, en la tradición hindú, los "tres pasos" de *Vishnu*, cuyo carácter "solar" es bien conocido, miden los "tres mundos", lo que equivale a decir que "efectúan" la totalidad de la manifestación universal. Se sabe, por otra parte, que los tres elementos que constituyen el monosílabo sagrado *Om* son designados por el término *mâtrâ*, lo que indica que representan también la medida respectiva de los "tres mundos"; y, por la meditación de estos *mâtrâs*, el ser realiza en sí mismo los estados o grados correspondientes de la existencia universal y deviene así él mismo la "medida de todas las cosas"[12].

La palabra sánscrita *mâtrâ* tiene por equivalente exacto en hebreo la palabra *middah*; ahora, en la Kabbala, los *middoth* se asimilan a los atributos divinos, y se dice que es por ellos como Dios ha creado los

---

[12] Cf. El Hombre y su devenir según el Vêdânta, cap. XVII.

mundos, lo que, además, se pone en relación precisamente con el simbolismo del punto central y de las direcciones del espacio[13]. A este propósito, se podría recordar también la palabra bíblica según la cual Dios ha "dispuesto todas las cosas en medida, número y peso"[14]; esta enumeración, que se refiere manifiestamente a modos diversos de la cantidad, no es aplicable literalmente, como tal, más que al mundo corporal solo, pero, por una transposición apropiada, se puede ver en ella también una expresión del "orden" universal. Por lo demás, ocurre lo mismo con los números pitagóricos; pero, entre todos los modos de la cantidad, es aquel al que corresponde propiamente la medida, es decir, la extensión, el que se pone más frecuentemente y más directamente en relación con el proceso mismo de la manifestación, en virtud de una cierta predominancia natural del simbolismo espacial a este respecto, que resulta del hecho de que es el espacio el que constituye el "campo" (en el sentido del sánscrito *kshêtra*) en el que se desarrolla la manifestación corporal, tomada ella misma forzosamente como símbolo de toda la manifestación universal.

La idea de la medida entraña inmediatamente la de la "geometría", ya que no solo toda medida es esencialmente "geométrica" como ya lo hemos visto, sino que se podría decir que la geometría no es otra cosa que la ciencia misma de la medida; pero no hay que decir que aquí se

---

[13] Cf. El Simbolismo de la Cruz, cap. IV.

[14] "Omnia in mensura, numero et pondere disposuisti" (Sabiduría, XI, 20).

trata de una geometría entendida ante todo en el sentido simbólico e iniciático, una geometría de la que la geometría profana no es más que un simple vestigio degenerado, privado de la significación profunda que tenía en el origen y que está enteramente perdida para los matemáticos modernos. Es en esto en lo que se basan esencialmente todas las concepciones que asimilan la actividad divina, en tanto que productora y ordenadora de los mundos, a la "geometría", y también, por consiguiente, a la "arquitectura", que es inseparable de ésta[15]; y se sabe que estas concepciones se han conservado y transmitido, de una manera ininterrumpida, desde el Pitagorismo (que, por lo demás, no fue más que una "adaptación" y no un verdadero "origen") hasta lo que subsiste todavía de las organizaciones iniciáticas occidentales, por poco conscientes que sean actualmente en estas últimas. Es a esto a lo que se refiere concretamente la palabra de Platón: "Dios geometriza siempre" (ἀεὶ ὁ Θεὸς γεωμέτρει: estamos obligados, para traducir exactamente, a recurrir a un neologismo, en ausencia de un verbo usual en francés para designar la operación del geómetra), palabra a la cual respondía la inscripción que había hecho colocar, se dice, sobre la puerta de su escuela: "Que nadie entre aquí si no es geómetra", lo que implicaba que su enseñanza, en su aspecto esotérico al menos, no podía ser comprendida verdadera y efectivamente más que por una "imitación"

---

[15] En árabe, la palabra *hindesah*, cuyo sentido primero es el de "medida", sirve para designar a la vez la geometría y la arquitectura, puesto que la segunda es en suma una aplicación de la primera.

de la actividad divina misma. Se encuentra como un último eco de esto, en la filosofía moderna (en cuanto a la fecha al menos, pero, a decir verdad, en reacción contra las ideas específicamente modernas), en Leibnitz, cuando dice que, "mientras Dios calcula y ejerce su cogitación (es decir, establece planes), el mundo se hace" (*dum Deus calculat et cogitationem exercet, fit mundus*); pero, para los antiguos, había en eso un sentido mucho más preciso, ya que, en la tradición griega, el "Dios geómetra" era propiamente el Apolo hiperbóreo, lo que nos conduce también al simbolismo "solar", y al mismo tiempo a una derivación bastante directa de la tradición primordial; pero eso es otra cuestión, que no podríamos desarrollar aquí sin salir enteramente de nuestro tema, y debemos contentarnos con dar, a medida que se presente la ocasión de ello, algunas apercepciones de estos conocimientos tradicionales tan completamente olvidados por nuestros contemporáneos[16].

---

[16] A. K. Coomaraswamy nos ha señalado un curioso dibujo simbólico de Willian Blake, que representa al "Antiguo de los Días" que aparece en el orbe solar, desde donde extiende hacia el exterior un compás que tiene en la mano, lo que es como una ilustración de esta palabra del *Rig-Vêda* (VIII, 25, 18): "Con su rayo, él ha medido (o determinado) los límites del Cielo y de la Tierra" (y entre los símbolos de algunos grados masónicos se encuentra un compás cuya cabeza está formada por un sol radiante). Aquí, se trata manifiestamente de una figuración de ese aspecto del Principio que las iniciaciones occidentales llaman el "Gran Arquitecto del Universo", que deviene también, en algunos casos, el "Gran Geómetra del Universo", y que es idéntico al *Vishwakarma* de la tradición hindú, el "Espíritu de la Construcción universal"; sus representantes terrestres, es decir, los que "encarnan" en cierto modo este Espíritu al respecto de las diferentes formas tradicionales, son los que hemos

designado más atrás, por esta razón misma, como los "Grandes Arquitectos de Oriente y Occidente".

CAPÍTULO IV

CANTIDAD ESPACIAL Y
ESPACIO CUALIFICADO

Ya hemos visto, en lo que precede, que la extensión no es pura y simplemente un modo de la cantidad, o, en otros términos, que, si se puede hablar ciertamente de cantidad extensa o espacial, la extensión misma no se reduce por eso exclusivamente a la cantidad; pero debemos insistir todavía sobre este punto, tanto más cuanto que es particularmente importante para mostrar la insuficiencia del "mecanismo" cartesiano y de las demás teorías físicas que, en la sucesión de los tiempos modernos, han salido más o menos directamente de él. Primero, a este respecto se puede destacar que, para que el espacio sea puramente cuantitativo, sería menester que fuera enteramente homogéneo, y que sus partes no puedan ser distinguirse entre sí por ningún otro carácter que sus magnitudes respectivas; eso equivaldría a suponer que no es más que un continente sin contenido, es decir, algo que, de hecho, no puede existir aisladamente en la manifestación, donde la relación del continente y del contenido supone necesariamente, por su naturaleza misma de correlación, la presencia simultánea de sus dos términos. No obstante, con alguna apariencia de razón al menos, se puede plantear la cuestión de saber si el espacio geométrico se concibe como presentando una tal homogeneidad, pero, en todo caso, ésta no podría convenir al espacio físico, es decir, al que contiene los cuerpos, cuya presencia solo basta evidentemente para determinar una diferencia cualitativa entre las porciones de ese espacio que ellos ocupan respectivamente; ahora bien, es del espacio físico del que Descartes entiende hablar, o de otro modo su teoría misma no significaría nada, puesto que no sería realmente aplicable al mundo cuya explicación pretende proporcionar[17]. No serviría de nada objetar que lo que está en el punto de partida de esta teoría es un "espacio vacío", ya que, en primer lugar, eso nos conduciría a la concepción de un continente sin contenido, y por lo demás el vacío no podría tener ningún lugar en el mundo manifestado, ya que, él mismo, no es una posibilidad de manifestación[18]; y, en segundo lugar, puesto que Descartes reduce la naturaleza de los cuerpos toda entera a la extensión, desde entonces debe suponer que su presencia no agrega nada efectivamente a lo que la extensión es ya por sí misma, y, en efecto, las propiedades diversas de los cuerpos no son para él más que simples modificaciones de la extensión; pero, ¿de dónde pueden venir entonces esas propiedades si no son inherentes de alguna manera a la extensión misma, y cómo podrían serlo si la naturaleza de ésta estuviera desprovista de elementos cualitativos? En eso habría algo contradictorio,

---

[17] Es verdad que Descartes, en el punto de partida de su física, solo pretende construir un mundo hipotético por medio de algunos datos, que se reducen a la extensión y al movimiento; pero, como se esfuerza después en mostrar que los fenómenos que se producirían en un mundo tal son precisamente esos mismos que se constatan en el nuestro, está claro que, a pesar de esta precaución completamente verbal, quiere concluir de eso que esté último está efectivamente constituido como el que él había supuesto primero.

[18] Esto vale igualmente contra el atomismo, ya que éste, al no admitir por definición ninguna otra existencia positiva que la de los átomos y la de sus combinaciones, es conducido necesariamente por eso mismo a suponer entre ellos un vacío en el cual puedan moverse.

y, a decir verdad, no nos atreveríamos a afirmar que esa contradicción, como muchas otras por lo demás, no se encuentre implícitamente en Descartes; éste, como los materialistas más recientes que, ciertamente, tendrían más de un título para alabarse en él, parece querer sacar en definitiva lo "más" de lo "menos". En el fondo, decir que un cuerpo no es más que extensión, si se entiende cuantitativamente, es decir que su superficie y su volumen, que miden la porción de extensión que ocupa, son el cuerpo mismo con todas sus propiedades, lo que es manifiestamente absurdo; y, si se quiere entenderlo de otro modo, es menester admitir que la extensión misma es algo cualitativo, y entonces ya no puede servir más de base a una teoría exclusivamente "mecanicista".

Ahora bien, si estas consideraciones muestran que la física cartesiana no podría ser válida, no obstante, no bastan todavía para establecer claramente el carácter cualitativo de la extensión; en efecto, se podría decir que, si no es verdad que la naturaleza de los cuerpos se reduzca a la extensión, es porque precisamente no tienen de ésta más que sus elementos cuantitativos. Pero aquí se presenta inmediatamente esta observación: entre las determinaciones corporales que son incontestablemente de orden puramente espacial, y que, por consiguiente, pueden considerarse verdaderamente como modificaciones de la extensión, no hay solo la magnitud de los cuerpos, sino también su situación; ahora bien, ¿es ésta también algo puramente cuantitativo? Los partidarios de la reducción a la cantidad dirán sin duda que la situación de los diversos cuerpos está definida por sus distancias, y que la distancia es en efecto una cantidad: es la cantidad de extensión que los separa, del mismo modo que su magnitud es la cantidad de extensión que ocupan; pero, ¿basta esta distancia para definir verdaderamente la situación de los cuerpos en el espacio? Hay otra cosa que es menester tener en cuenta esencialmente, y es la dirección según la cual debe contarse esta distancia; pero, desde el punto de vista cuantitativo, la dirección debe ser indiferente, puesto que, bajo esta relación, el espacio no puede considerarse sino como homogéneo, lo que implica que las diferentes direcciones no se distinguen en él en nada las unas de las otras; así pues, si la dirección interviene efectivamente en la situación, y si, así como la distancia, es evidentemente un elemento puramente espacial, es porque en la naturaleza misma del espacio hay algo cualitativo.

Para estar todavía más seguros de ello, dejaremos de lado la consideración del espacio físico y la de los cuerpos para no considerar más que el espacio propiamente geométrico, que, ciertamente, es, si puede decirse, el espacio reducido a sí mismo; ¿es que para estudiar este espacio la geometría no hace llamada realmente a nada más que a nociones estrictamente cuantitativas? Bien entendido, esta vez, se trata simplemente de la geometría profana de los modernos, y, digámoslo de inmediato, si hasta en ésta hay algo de irreductible a la cantidad, ¿no resultará de ello inmediatamente que, en el dominio de las ciencias físicas, es aún más imposible y más ilegítimo pretender reducirlo todo a ésta? Aquí no hablaremos siquiera de lo que concierne a la situación, porque ésta no juega un papel suficientemente marcado más que en algunas ramas específicas de la geometría, que, en todo rigor, uno podría quizás negarse a considerar como formando parte integrante de la geometría pura[19]; pero, en la geometría más elemental, no hay que considerar solo la magnitud de las figuras, hay que considerar también

---

[19] Tal es, por ejemplo, la geometría descriptiva, y también lo que algunos geómetras han designado por la denominación de *análisis situs.*

su forma; ahora bien, ¿se atrevería el geómetra más penetrado por las concepciones modernas a sostener que, por ejemplo, un triángulo y un cuadrado cuyas superficies son iguales no son más que una sola y misma cosa? Dirá solo que estas dos figuras son "equivalentes", sobreentendiendo con ello, evidentemente, "bajo la relación de la magnitud"; pero estará obligado a reconocer que, bajo otra relación, que es la de la forma, hay algo que las diferencia, y, si la equivalencia de la magnitud no entraña la similitud de la forma, es porque ésta última no se deja reducir a la cantidad. Iremos aún más lejos: hay toda una parte de la geometría elemental a la que las consideraciones cuantitativas le son extrañas, y es la teoría de las figuras semejantes; en efecto, la similitud se define exclusivamente por la forma y es enteramente independiente de la magnitud de las figuras, lo que equivale a decir que es de orden puramente cualitativo[20]. Si ahora nos preguntamos qué es esencialmente esta forma espacial, destacaremos que puede ser definida por un conjunto de tendencias en dirección: en cada punto de una línea, la tendencia de que se trata está marcada por su tangente, y el conjunto de las tangentes define la forma de esa línea; en la geometría de tres dimensiones, es lo mismo para las superficies, reemplazando la consideración de las rectas tangentes por las de los planos tangentes; y, por lo demás, es evidente que esto es tan válido para los cuerpos mismos como para las simples figuras geométricas, ya que la forma de un cuerpo

----

[20] Es lo que Leibnitz ha expresado por esta fórmula: "Æqualia sunt ejusdem quantitatis; similia sunt ejusdem qualitatis".

no es otra cosa que la de la superficie misma por la que su volumen está delimitado. Así pues, llegamos a esta conclusión, que ya nos permitía prever lo que hemos dicho sobre la situación de los cuerpos: es la noción de la dirección la que representa en definitiva el verdadero elemento cualitativo inherente a la naturaleza misma del espacio, como la noción de la magnitud representa su elemento cuantitativo; y así, el espacio, no homogéneo, sino determinado y diferenciado por sus direcciones, es lo que podemos llamar el espacio "cualificado".

Ahora bien, como acabamos de verlo, no solo desde el punto de vista físico, sino incluso desde el punto de vista geométrico, es este espacio "cualificado" el que es el verdadero espacio; en efecto, hablando propiamente, el espacio homogéneo no tiene existencia, ya que no es nada más que una simple virtualidad. Para poder ser medido, es decir, según lo que hemos explicado precedentemente, para poder ser realizado efectivamente, el espacio debe ser referido necesariamente a un conjunto de direcciones definidas; por lo demás, estas direcciones aparecen como radios emanados desde un centro, a partir del cual forman la cruz de tres dimensiones, y no tenemos necesidad de recordar una vez más el papel considerable que juegan en el simbolismo de todas las doctrinas tradicionales[21]. Quizás se podría sugerir incluso que es restituyendo a la consideración de las direcciones del espacio su importancia real como sería posible devolver a la geometría, en gran

---

[21] Para todo esto, uno deberá remitirse a las consideraciones que hemos expuesto, con todos los desarrollos que conllevan, en *El Simbolismo de la Cruz*.

parte al menos, el sentido profundo que ha perdido; pero es menester no disimular que eso mismo requeriría un trabajo que podría llegar muy lejos, como uno puede convencerse de ello fácilmente si se piensa en la influencia efectiva que esta consideración ejerce, bajo tantos aspectos, sobre todo lo que se refiere a la constitución misma de las sociedades tradicionales[22].

El espacio, así como el tiempo, es una de las condiciones que definen la existencia corporal, pero estas condiciones son diferentes de la "materia" o más bien de la cantidad, aunque se combinan naturalmente con ésta; son menos "substanciales", y por consiguiente, están más próximas de la esencia, y es en efecto lo que implica la existencia en ellas de un aspecto cualitativo; acabamos de verlo para el espacio, y lo veremos también para el tiempo. Antes de llegar a eso, indicaremos también que la inexistencia de un "espacio vacío" basta para mostrar la

---

[22] Sería menester considerar aquí, concretamente, todas las cuestiones de orden ritual que se refieren más o menos directamente a la "orientación"; evidentemente no podemos insistir en ello, y solo mencionaremos que es por eso por lo que, tradicionalmente, no sólo se determinan las condiciones de la construcción de los edificios, ya se trate de templos o de casas, sino también las de la fundación de las ciudades. La orientación de las iglesias es el último vestigio de eso que ha subsistido en Occidente hasta el comienzo de los tiempos modernos, el último al menos desde el punto de vista "exterior", ya que, en lo que concierne a las formas iniciáticas, las consideraciones de este orden, aunque generalmente incomprendidas hoy, han guardado siempre su lugar en su simbolismo, incluso cuando, en el estado presente de degeneración de todas las cosas, se ha creído poder dispensarse de observar la realización efectiva de las condiciones que implican y contentarse a este respecto con una representación simplemente "especulativa".

absurdidad de una de las famosísimas "antinomias" cosmológicas de Kant: preguntarse "si el mundo es infinito o si está limitado en el espacio", es una cuestión que no tiene absolutamente ningún sentido; es imposible que el espacio se extienda más allá del mundo para contenerle, ya que entonces se trataría de un espacio vacío, y el vacío no puede contener nada; al contrario, es el espacio el que está en el mundo, es decir, en la manifestación, y, si uno se restringe a la consideración del dominio de la manifestación corporal solo, se podrá decir que el espacio es coextensivo a este mundo, puesto que es una de sus condiciones; pero este mundo no es más infinito que el espacio mismo, ya que, como éste, no contiene toda la posibilidad, sino que no representa más que un cierto orden de posibilidades particulares, y está limitado por las determinaciones que constituyen su naturaleza misma. Diremos también, para no tener que volver a ello, que es igualmente absurdo preguntarse "si el mundo es eterno o si ha comenzado en el tiempo"; por razones completamente semejantes, es en realidad el tiempo el que ha comenzado en el mundo, si se trata de la manifestación universal, o con el mundo, si no se trata más que de la manifestación corporal; pero el mundo no es de ninguna manera eterno por eso, ya que hay también comienzos intemporales; el mundo no es eterno porque es contingente, o, en otros términos, tiene un comienzo, así como un fin, porque no es para sí mismo su propio principio, o porque no contiene a éste en él mismo, sino que este principio le es necesariamente transcendente. No hay en todo eso ninguna dificultad, y es así como una buena parte de las especulaciones de los filósofos modernos no esta hecha más que de preguntas mal formuladas, y por consiguiente insolubles, y susceptibles de dar lugar a discusiones indefinidas, pero que se desvanecen enteramente desde que, al examinarlas fuera de todo prejuicio, se las reduce a lo que son en realidad, es decir, a simples productos de la confusión que caracteriza a la mentalidad actual. Lo que es más curioso, es que esta confusión parece incluso tener también su "lógica", puesto que, durante varios siglos, y a través de todas las formas diversas que ha revestido, siempre ha tendido constantemente en un mismo sentido;

pero esta "lógica", no es en el fondo más que la conformidad con la marcha misma del ciclo humano, ordenada a su vez por las condiciones cósmicas mismas; y esto nos lleva directamente a las consideraciones que conciernen a la naturaleza del tiempo y a lo que, por oposición a la concepción puramente cuantitativa que se hacen de él los "mecanicistas", podemos llamar sus determinaciones cualitativas.

CAPÍTULO V

LAS DETERMINACIONES CUALITATIVAS DEL
TIEMPO

El tiempo aparece como más alejado todavía que el espacio de la cantidad pura: se puede hablar de magnitudes temporales como de magnitudes espaciales, y tanto las unas como las otras dependen de la cantidad continua (ya que no hay lugar a detenerse en la concepción extravagante de Descartes, según la cual el tiempo estaría constituido por una serie de instantes discontinuos, lo que necesita la suposición de una "creación" constantemente renovada, sin la cual el mundo se desvanecería a cada instante en los intervalos de ese discontinuo); pero, no obstante, hay que hacer una gran distinción entre los dos casos, por el hecho de que, como ya lo hemos indicado, mientras el espacio se puede medir directamente, el tiempo, al contrario, no se puede medir más que reduciéndole por así decir al espacio. Lo que se mide realmente no es nunca una duración, sino el espacio recorrido durante esa duración en un cierto movimiento cuya ley se conoce; al presentarse así esta ley como una relación entre el tiempo y el espacio, se puede, cuando se conoce la magnitud del espacio recorrido, deducir de ello la del tiempo empleado en recorrerle; y, cualesquiera que sean los artificios que se empleen, no hay en definitiva ningún otro medio que ese para determinar las magnitudes temporales.

Otra precisión que tiende también a la misma conclusión es ésta: los fenómenos propiamente corporales son los únicos que se sitúan tanto en el espacio como en el tiempo; los fenómenos de orden mental, los que estudia la "psicología" en el sentido ordinario de esta palabra, no tienen ningún carácter espacial, pero, por el contrario, se desarrollan igualmente en el tiempo; ahora bien, lo mental, que pertenece a la manifestación sutil, está necesariamente, en el dominio individual, más cerca de la esencia que lo corporal; si la naturaleza del tiempo le permite extenderse hasta ahí y condicionar las manifestaciones mentales mismas, es pues porque esta naturaleza debe ser más cualitativa todavía que la del espacio. Puesto que hablamos de los fenómenos mentales, agregaremos que, desde que están del lado de lo que representa la esencia en el individuo, es perfectamente vano buscar en ellos elementos cuantitativos, y con mayor razón, ya que algunos llegan hasta eso, querer reducirlos a la cantidad; lo que los "psicofisiólogos" determinan cuantitativamente, no son en realidad los fenómenos mentales mismos como se imaginan, sino solo algunos de sus concomitantes corporales; y en eso no hay nada que toque de ninguna manera a la naturaleza propia de la mente, ni por consiguiente que pueda servir para explicarla en la menor medida; ¡la idea absurda de una psicología cuantitativa representa verdaderamente el grado más acentuado de la aberración "cientificista" moderna!

Según todo eso, si se puede hablar de espacio "cualificado", se podrá hablar más todavía de tiempo "cualificado"; con esto queremos decir que debe haber en el tiempo menos determinaciones cuantitativas y más determinaciones cualitativas que en el espacio. Por lo demás, el "tiempo vacío" no tiene más existencia efectiva que el "espacio vacío", y a este propósito se podría repetir todo lo que hemos dicho al hablar del espacio; no hay más tiempo que espacio fuera de nuestro mundo, y, en éste, el tiempo realizado contiene siempre acontecimientos, así como el espacio realizado contiene siempre cuerpos. Bajo algunos aspectos, hay como una simetría entre el espacio y el tiempo, de los cuales se puede hablar así frecuentemente de una manera en cierto modo paralela; pero esta simetría, que no se encuentra al respecto de las demás condiciones de la existencia corporal, reside quizás más en su lado cualitativo, que en su lado cuantitativo, como tiende a mostrarlo la diferencia que hemos indicado entre la determinación de las magnitudes espaciales y la de las magnitudes temporales, y también la ausencia, en lo que concierne al tiempo, de una ciencia cuantitativa en el mismo grado que lo es la geometría para el espacio. Por el contrario, en el orden cualitativo, la simetría se traduce de una manera particularmente destacable por la correspondencia que existe entre el simbolismo espacial y el simbolismo temporal, correspondencia de la que, por lo demás, hemos tenido bastante frecuentemente la ocasión de dar ejemplos; en efecto, desde que se trata de simbolismo no hay que decir que es la consideración de la cualidad la que interviene esencialmente, y no la de la cantidad.

Es evidente que las épocas del tiempo están diferenciadas cualitativamente por los acontecimientos que se desarrollan en ellas, del mismo modo que las porciones del espacio lo están por los cuerpos que contienen, y que no se pueden considerar de ninguna manera como realmente equivalentes de las duraciones cuantitativamente iguales, pero llenas de series de acontecimientos completamente diferentes; es incluso de observación corriente que la igualdad cuantitativa, en la apreciación mental de la duración, desaparece completamente ante la diferencia cualitativa. Pero se dirá quizás que esta diferencia no es inherente a la duración misma, sino solo a lo que pasa en ella; es menester pues preguntarse si no hay al contrario, en la determinación cualitativa de los acontecimientos, algo que proviene del tiempo mismo; y, a decir verdad, ¿no se reconoce al menos implícitamente que ello es así cuando se habla por ejemplo, como se hace constantemente incluso en el lenguaje ordinario, de las condiciones particulares de tal o cual época? Eso parece en suma todavía más manifiesto para el tiempo que para el espacio, aunque, como lo hemos explicado, en lo que concierne a la situación de los cuerpos, los elementos cualitativos estén lejos de ser despreciables; e incluso, si se quisiera llegar hasta el fondo de las cosas, se podría decir que un cuerpo cualquiera no puede situarse indiferentemente en no importa cuál lugar en mayor media de la que un acontecimiento cualquiera puede producirse indiferentemente en no importa cuál época; pero, sin embargo, aquí la simetría no es perfecta, porque la situación de un cuerpo en el espacio es susceptible de variar por el hecho del movimiento, mientras que la de un acontecimiento en el tiempo está estrictamente determinada y es propiamente "única", de suerte que la naturaleza esencial de los acontecimientos aparece como mucho más estrictamente ligada al tiempo de lo que lo está la de los cuerpos al espacio, lo que confirma todavía que el tiempo debe tener en sí mismo un carácter más ampliamente cualitativo.

La verdad es que el tiempo no es algo que se desarrolla uniformemente, y, por consiguiente, su representación geométrica por una línea recta, tal como la consideran habitualmente los matemáticos modernos, no da de él más que una idea enteramente falseada por exceso de simplificación; veremos más adelante que la tendencia a la simplificación abusiva es también uno de los caracteres del espíritu moderno, y que, por lo demás, acompaña inevitablemente a la tendencia a reducirlo todo a la cantidad. La verdadera representación del tiempo es la que proporciona la concepción tradicional de los ciclos, concepción que, bien entendido, es esencialmente la de un tiempo "cualificado"; por lo demás, desde que se trata de representación geométrica, ya sea realizada gráficamente o simplemente expresada por la terminología de la que se haga uso, es evidente que se trata de la aplicación del simbolismo espacial, y esto debe dar a pensar que se podrá encontrar en ella la indicación de una cierta correlación entre las determinaciones cualitativas del tiempo y las del espacio. Es lo que ocurre en efecto: para el espacio, estas determinaciones residen esencialmente en las direcciones; ahora bien, la representación cíclica establece precisamente una correspondencia entre las fases de un ciclo temporal y las direcciones del espacio; para convencerse de ello, basta considerar un ejemplo tomado entre los más simples y más inmediatamente accesibles, el del ciclo anual, que juega, como se sabe, un papel muy importante en el simbolismo tradicional[23], y en el cual las cuatro estaciones se ponen en correspondencia respectiva con los cuatro puntos cardinales[24].

No vamos a dar aquí una exposición más o menos completa de la doctrina de los ciclos, aunque ésta esté naturalmente implicada en el fondo mismo del presente estudio; para permanecer en los límites que debemos imponernos, nos contentaremos por el momento con formular algunas precisiones que tengan una relación más inmediata con nuestro tema considerado en su conjunto, reservándonos hacer llamada después a otras consideraciones que dependen de la misma doctrina. La primera de estas precisiones, es que no solo cada fase de un ciclo temporal,

---

[23] Nos limitaremos a recordar aquí, por una parte, el alcance considerable del simbolismo del Zodiaco, sobre todo bajo el punto de vista propiamente iniciático, y, por otra parte, las aplicaciones directas de orden ritual a las que el desarrollo del ciclo anual da lugar en la mayoría de las formas tradicionales.

[24] Sobre el tema de las determinaciones cualitativas del espacio y del tiempo y de sus correspondencias, tenemos que mencionar un testimonio que no es ciertamente sospechoso, ya que es el de un orientalista "oficial", M. Marcel Granet, que ha consagrado a estas nociones tradicionales toda una parte de su obra titulada *La Pensée chinoise*; por lo demás, no hay que decir que él no quiere ver en todo eso más que singularidades de las que se esfuerza en dar una explicación únicamente "psicológica" y "sociológica", pero evidentemente no tenemos que preocuparnos de esa interpretación exigida por los prejuicios modernos en general y universitarios en particular, y es la constatación del hecho mismo lo que nos importa solo aquí; desde este punto de vista, se puede encontrar en el libro de que se trata un cuadro sorprendente de la antítesis que una civilización tradicional (y esto sería igualmente verdad para cualquier otra que la civilización china) presenta con la civilización "cuantitativa" que es la del Occidente moderno.

cualquiera que sea por lo demás, tiene su cualidad propia que influye sobre la determinación de los acontecimientos, sino que incluso la velocidad con la cual se desarrollan estos acontecimientos es algo que depende también de estas fases, y que, por consiguiente, es de orden más cualitativo que realmente cuantitativo. Así, cuando se habla de esta velocidad de los acontecimientos en el tiempo, por analogía con la velocidad de un cuerpo desplazándose en el espacio, es menester efectuar una cierta transposición de esta noción de velocidad, que entonces ya no se deja reducir a una expresión cuantitativa como la que se da de la velocidad propiamente dicha en mecánica. Lo que queremos decir, es que, según las diferentes fases del ciclo, series de acontecimientos comparables entre sí no se cumplen en él en duraciones cuantitativamente iguales; eso aparece sobre todo claramente cuando se trata de los grandes ciclos, de orden a la vez cósmico y humano, y se encuentra uno de los ejemplos más destacables de ello en la proporción decreciente de las duraciones respectivas de los cuatro *Yugas* cuyo conjunto forma el *Manvantara*[25]. Es precisamente por esta razón por lo que los acontecimientos se desarrollan actualmente con una velocidad de la que las épocas anteriores no ofrecen ejemplo, velocidad que va acelerándose sin cesar y que continuará acelerándose así hasta el final del ciclo; en eso hay como una "contracción" progresiva de la duración,

---

[25] Se sabe que esta proporción es la de los números 4, 3, 2, 1, cuyo total suma 10 para el conjunto del ciclo; se sabe también que la duración misma de la vida humana se considera como yendo decreciendo de una edad a otra, lo que equivale a decir que esta vida transcurre con una rapidez siempre creciente desde el comienzo del ciclo hasta su fin.

cuyo límite corresponde al "punto de detención" al que ya hemos hecho alusión; tendremos que volver más tarde especialmente sobre estas consideraciones y explicarlas más completamente.

La segunda precisión incide sobre la dirección descendente de la marcha del ciclo, en tanto que éste es considerado como la expresión cronológica de un proceso de manifestación que implica un alejamiento gradual del principio; pero ya hemos hablado con bastante frecuencia de ello como para dispensarnos de insistir al respecto de nuevo. Si mencionamos todavía este punto aquí, es sobre todo porque, en conexión con lo que acaba de decirse, da lugar a una analogía espacial bastante digna de interés: el acrecentamiento de la velocidad de los acontecimientos, a medida que se acerca el fin del ciclo, puede compararse a la aceleración que existe en el movimiento de caída de los cuerpos pesados; la marcha de la humanidad actual parece verdaderamente la de un móvil lanzado sobre una pendiente y que va tanto más deprisa cuanto más cerca está del fondo; incluso si algunas reacciones en sentido contrario, en la medida en que son posibles, hacen las cosas un poco más complejas, por ello no hay menos en eso una imagen muy exacta del movimiento cíclico tomado en su generalidad.

En fin, una tercera precisión es ésta: puesto que la marcha descendente de la manifestación, y por consiguiente del ciclo que es su expresión, se efectúa desde el polo positivo o esencial de la existencia hacia su polo negativo o substancial, de ello resulta que todas las cosas deben tomar un aspecto cada vez menos cualitativo, y cada vez más cuantitativo; y es por eso por lo que el último periodo del ciclo debe tender muy particularmente a afirmarse como el "reino de la cantidad". Por lo demás, cuando decimos que ello debe ser así de todas las cosas, no lo entendemos solo de la manera en que ellas se consideran desde el punto de vista humano, sino también de una modificación real del "medio" mismo; puesto que cada periodo de la historia de la humanidad responde propiamente a un "momento cósmico" determinado, debe haber en él necesariamente una correlación constante entre el estado mismo del mundo, o de lo que se llama la "naturaleza" en el sentido más usual de esta palabra, y más especialmente del conjunto del medio terrestre, y el de la humanidad cuya existencia está evidentemente condicionada por este medio. Agregaremos que la ignorancia total de estas modificaciones de orden cósmico no es una de las menores causas de la incomprehensión de la ciencia profana frente a todo lo que se encuentra fuera de algunos límites; nacida ella misma de las condiciones muy especiales de la época actual, esta ciencia es muy evidentemente incapaz de concebir otras condiciones diferentes de esas, e incluso de admitir simplemente que ellas puedan existir, y así el punto de vista mismo que la define establece en el tiempo "barreras" que le es imposible franquear como le es imposible a un miope ver claramente más allá de una cierta distancia; y, de hecho, la mentalidad moderna y "cientificista" se caracteriza muy efectivamente, bajo todos los aspectos, por una verdadera "miopía intelectual". Los desarrollos a los cuales seremos llevados en lo que sigue permitirán comprender mejor lo que pueden ser estas modificaciones del medio, a la cuales no podemos hacer ahora más que una alusión de orden completamente general; con eso quizás se dará uno cuenta de que muchas cosas que se consideran hoy como "fabulosas" no lo eran de ningún modo para los antiguos, y que incluso siempre pueden no serlo tampoco para aquellos que han guardado, con el depósito de algunos conocimientos tradicionales, las nociones que permiten reconstituir la figura de un "mundo perdido", así como prever lo que será, al menos en sus rasgos generales, la de un mundo futuro, ya que, en razón misma de las leyes cíclicas que rigen la manifestación, el pasado y el porvenir se corresponden analógicamente, de suerte que, piense de ello lo que piense el vulgo, tales previsiones no tienen en realidad el menor carácter "adivinatorio", sino que se basan enteramente sobre lo que hemos llamado las determinaciones cualitativas del tiempo.

CAPÍTULO VI

EL PRINCIPIO DE INDIVIDUACIÓN

E n vista de lo que nos proponemos, pensamos haber dicho bastante sobre la naturaleza del espacio y del tiempo, pero nos es menester volver todavía a la "materia" para examinar otra cuestión de la que no hemos dicho nada hasta aquí, y que es susceptible de arrojar alguna nueva luz sobre algunos aspectos del mundo moderno. Los escolásticos consideran la *materia* como constituyendo el *principium individuationis*; ¿cuál es la razón de esta manera de considerar las cosas, y hasta qué punto está justificada? Para comprender bien aquello de lo que se trata, basta en suma, sin salir de ninguna manera de los límites de nuestro mundo (ya que aquí no se hace llamada a ningún principio de orden transcendente en relación a éste), con considerar la relación que hay entre los individuos y la especie: en esta relación, la especie está del lado de la "forma" o de la esencia, y los individuos, o más precisamente lo que les distingue en el interior de la especie, está del lado de la "materia" o de la substancia[26]. No hay lugar a sorprenderse de ello, dado lo que hemos dicho más atrás sobre el sentido del término εἶδος, que es a la vez la "forma" y la "especie", y sobre el carácter puramente cualitativo de esta última; pero hay lugar a precisar aún más, y también, en primer lugar, a disipar algunos equívocos que podrían ser causados por la terminología.

Ya hemos dicho por qué la palabra "materia" corre riesgo de dar lugar a equivocaciones; la palabra "forma" puede prestarse a ellas aún más fácilmente, ya que su sentido habitual es totalmente diferente del que tiene en el lenguaje escolástico; en este sentido, que es, por ejemplo, en el que hemos hablado precedentemente de la consideración de la forma en la geometría, sería menester, si uno se sirviera de la terminología escolástica, decir "figura" y no "forma"; pero eso sería demasiado contrario al uso establecido, uso que uno está forzado a tener en cuenta si quiere hacerse comprender, y es por eso por lo que cada vez que empleamos la palabra "forma" sin referencia especial a la escolástica, es en su sentido ordinario como lo entendemos. Ello es así,

---

[26] Conviene señalar que a este propósito se presenta una dificultad al menos aparente: en la jerarquía de los géneros, si se considera la relación de un cierto género con otro género menos general que es una especie del mismo, el primero juega el papel de "materia" y el segundo el de "forma"; así pues, a primera vista, la relación parece aplicarse aquí en sentido contrario, pero, en realidad, no es comparable a la de la especie y de los individuos; por lo demás, aquí se considera solo desde un punto de vista puramente lógico, como la de un sujeto y de un atributo, donde el primero es la designación del género y el segundo la de la "diferencia específica".

concretamente, cuando decimos que, entre las condiciones de un estado de existencia, es la forma la que caracteriza propiamente a ese estado como individual; por lo demás, no hay que decir que esta forma, de una manera general, no debe ser concebida de ninguna manera como revestida de un carácter espacial; lo está solo en nuestro mundo, porque en él se combina con otra condición, el espacio, que no pertenece propiamente más que al dominio de la manifestación corporal solo. Pero entonces la cuestión que se plantea es ésta: entre las condiciones de este mundo, ¿no es la forma entendida así, y no la "materia", o, si se prefiere, la cantidad, la que representa el verdadero "principio de individuación", puesto que los individuos son tales en tanto que están condicionados por ella? Esto sería no comprender lo que los escolásticos quieren decir de hecho cuando hablan de "principio de individuación"; con eso ellos no entienden de ninguna manera lo que define a un estado de existencia como individual, e incluso esto se relaciona con un orden de consideraciones que parecen no haber abordado nunca; por lo demás, desde este punto de vista, la especie misma debe ser considerada como siendo de orden individual, ya que no es transcendente en relación al estado así definido, y podemos agregar incluso que, según la representación geométrica de los estados de existencia que hemos expuesto en otra parte, toda la jerarquía de los géneros debe ser considerada como extendiéndose horizontalmente y no verticalmente.

La cuestión del "principio de individuación" es de un alcance mucho más restringido, y se reduce en suma a esto: los individuos de una misma especie participan todos de una misma naturaleza, que es propiamente la especie misma, y que está igualmente en cada uno de ellos; ¿qué es pues lo que hace que, a pesar de esta comunidad de naturaleza, estos individuos sean seres distintos e incluso, para decirlo mejor, estén separados los unos de los otros? Entiéndase bien que aquí no se trata de los individuos sino en tanto que pertenecen a la especie, independientemente de todo lo que puede haber en ellos bajo otros aspectos, de suerte que la cuestión se podría formular también así: ¿de qué orden es la determinación que se agrega a la naturaleza específica para hacer de los individuos, en la especie misma, seres separados? Es ésta determinación lo que los escolásticos refieren a la "materia", es decir, en el fondo, a la cantidad, según su definición de la *materia secunda* de nuestro mundo; y así "materia" o cantidad aparece propiamente como un principio de "separatividad". Por lo demás, se puede decir en efecto que la cantidad es una determinación que se agrega a la especie, puesto que ésta es exclusivamente cualitativa, y por consiguiente, independiente de la cantidad, lo que no es el caso de los individuos, por el hecho mismo de que éstos están "incorporados"; y, a este propósito, es menester poner el mayor cuidado en destacar que, contrariamente a una opinión errónea que está en extremo extendida en los modernos, la especie no debe ser concebida de ninguna manera como una "colectividad", puesto que ésta es otra cosa que una suma aritmética de individuos, es decir, al contrario de la especie, algo completamente cuantitativo; la confusión de lo general y de lo colectivo es también una consecuencia de la tendencia que lleva a los modernos a no ver en todas las cosas más que la cantidad, tendencia que encontramos así constantemente en el fondo de todas las concepciones características de su mentalidad particular.

Llegamos ahora a esta conclusión: en los individuos, la cantidad predominará tanto más sobre la cualidad cuanto más cerca estén de ser reducidos a no ser, si se puede decir, más que simples individuos, y cuanto, por eso mismo, más separados estén los unos de los otros, lo que, bien entendido, no quiere decir más diferenciados, ya que hay también una diferenciación cualitativa, que es propiamente a la inversa de esta diferenciación completamente cuantitativa que es la separación de que se trata. Esta separación hace solo de los individuos otras tantas "unidades" en el sentido inferior de la palabra, y de su conjunto una pura multiplicidad cuantitativa; en el límite, estos individuos ya no serían más que algo comparable a los pretendidos "átomos" de los físicos, desprovistos de toda determinación cualitativa; y, aunque este límite no pueda alcanzarse nunca de hecho, tal es efectivamente el sentido en el que se dirige el mundo actual. No hay más que echar una mirada alrededor de sí mismo para constatar cómo se esfuerzan por todas partes cada vez más en reducirlo todo a la uniformidad, ya se trate de los hombres mismos o de las cosas en medio de las cuales viven, y es evidente que un tal resultado no puede ser obtenido más que suprimiendo tanto como sea posible toda distinción cualitativa; pero lo que es todavía muy digno de destacar, es que, por una extraña ilusión, algunos toman de buena gana esta "uniformización" por una "unificación", mientras que, en realidad, representa exactamente su inverso, lo que, por lo demás, puede parecer evidente desde que implica una acentuación cada vez más marcada de la "separatividad". La cantidad, insistimos en ello, no puede más que separar y no unir; todo lo que procede de la "materia" no produce, bajo formas diversas, más que antagonismo entre las "unidades" fragmentarias que están en el extremo opuesto de la verdadera unidad, o que al menos tienden a eso con todo el peso de una cantidad que ya no está equilibrada por la cualidad; pero esta "uniformización" constituye un aspecto del mundo moderno demasiado importante, y al mismo tiempo demasiado susceptible de ser falsamente interpretado, como para que no le consagremos todavía algunos otros desarrollos.

CAPÍTULO VII

LA UNIFORMIDAD CONTRA LA UNIDAD

Si consideramos el conjunto de este dominio de manifestación que es nuestro mundo, podemos decir que, a medida que se alejan de la unidad principal, las existencias devienen en él tanto menos cualitativas y tanto más cuantitativas; en efecto, esta unidad, que contiene sintéticamente en sí misma todas las determinaciones cualitativas de las posibilidades de este dominio, es su polo esencial, mientras que su polo substancial, al cual se acercan evidentemente en la medida en que se alejan del otro, está representado por la cantidad pura, con la indefinida multiplicidad "atómica" que ella implica, a exclusión de toda otra distinción que la numérica entre sus elementos. Por lo demás, este alejamiento gradual de la unidad esencial puede ser considerado desde un doble punto de vista, en simultaneidad y en sucesión; queremos decir que se le puede considerar, por una parte, en la constitución de los seres manifestados, donde estos grados determinan, para los elementos que entran en ella o las modalidades que les corresponden, una suerte de jerarquía, y, por otra, en la marcha misma del conjunto de la manifestación desde el comienzo hasta el fin de un ciclo; no hay que decir que, aquí, es al segundo de estos dos puntos de vista al que debemos referirnos más particularmente. En todos los casos, a este respecto, se podría representar geométricamente el dominio de que se trata por un triángulo cuyo vértice es el polo esencial, que es cualidad pura, mientras que la base es el polo substancial, es decir, para lo que concierne a nuestro mundo la cantidad pura, figurada por la multiplicidad de los puntos de esta base, en oposición con el punto único que es el vértice; si se trazan paralelas a la base para representar los diferentes grados del alejamiento de que acabamos de hablar, es evidente que la multiplicidad que simboliza lo cuantitativo estará en ellas tanto más marcada cuanto más se alejen del vértice para aproximarse a la base. Solamente, para que el símbolo sea tan exacto como es posible, sería menester suponer que la base está indefinidamente alejada del vértice, primero porque este dominio de manifestación es él mismo verdaderamente indefinido, y después para que la multiplicidad de los puntos de la base sea llevada por así decir a su máximo; además, con eso se indicaría que esta base, es decir, la cantidad pura, no puede ser alcanzada nunca en el curso del proceso de manifestación, aunque éste tiende sin cesar cada vez más hacia ello, y aunque, a partir de un cierto nivel, el vértice, es decir, la unidad esencial o la cualidad pura, se pierda en cierto modo de vista, lo que corresponde precisamente al estado actual de nuestro mundo.

Decíamos hace un momento que, en la cantidad pura, las "unidades" no se distinguen entre sí más que numéricamente, y en efecto no hay ahí ninguna otra relación bajo la cual puedan distinguirse; pero esto es efectivamente lo que muestra que esta cantidad pura está verdadera y necesariamente por debajo de toda existencia manifestada. Aquí hay lugar a hacer llamada a lo que Leibnitz ha llamado el "principio de los indiscernibles", en virtud del cual no pueden existir en ninguna parte dos seres idénticos, es decir, semejantes entre sí bajo todos los aspectos; como lo hemos mostrado en otra parte, eso es una consecuencia inmediata de la ilimitación de la Posibilidad universal, que entraña la ausencia de toda repetición en las posibilidades particulares; y puede decirse también que dos seres que se suponen idénticos no serían verdaderamente dos, sino que, al coincidir en todo, no serían en realidad más que un solo y mismo ser; pero precisamente, para que los seres no sean idénticos o indiscernibles, es menester que haya siempre entre ellos alguna diferencia cualitativa, y por consiguiente, que sus determinaciones no sean nunca puramente cuantitativas. Es lo que

Leibnitz expresa diciendo que no es nunca verdad que dos seres, cualesquiera que sean, no difieren más que *solo numero*, y esto, aplicado a los cuerpos, vale contra las concepciones "mecanicistas" tales como la de Descartes; y dice también que, si los seres no difirieran cualitativamente, "no serían siquiera seres", sino algo comparable a las porciones, todas semejantes entre sí, del espacio y del tiempo homogéneos, que no tienen ninguna existencial real, sino que son solo lo que los escolásticos llamaban *entia rationis*. Por lo demás, a este propósito, destacamos que Leibnitz mismo, no parece tener una idea suficiente de la verdadera naturaleza del espacio y del tiempo, ya que, cuando define simplemente el primero como un "orden de coexistencia" y el segundo como un "orden de sucesión", no los considera más que desde un punto de vista puramente lógico, que los reduce precisamente a continentes homogéneos sin ninguna cualidad, y por consiguiente sin ninguna existencia efectiva, y ya que así no da ninguna explicación de su naturaleza ontológica, queremos decir de la naturaleza real del espacio y del tiempo manifestados en nuestro mundo, y por consiguiente verdaderamente existentes, en tanto que condiciones determinantes de este modo especial de existencia que es propiamente la existencia corporal.

La conclusión que se desprende claramente de todo eso, es que la uniformidad, para ser posible, supondría seres desprovistos de todas las cualidades y reducidos a no ser más que simples "unidades" numéricas; y es así como una tal uniformidad no es nunca realizable de hecho, sino que todos los esfuerzos hechos para realizarla, concretamente en el dominio humano, no pueden tener como resultado más que despojar más o menos completamente a los seres de sus cualidades propias, y hacer así de ellos algo que se parezca tanto como sea posible a simples máquinas, ya que la máquina, producto típico del mundo moderno, es efectivamente lo que representa, al grado más alto que se haya podido alcanzar todavía, el predominio de la cantidad sobre la cualidad. Es a eso a lo que tienden, desde el punto de vista propiamente social, las concepciones "democráticas" e "igualitarias", para las que todos los individuos son equivalentes entre sí, lo que implica la suposición absurda de que todos deben ser igualmente aptos para no importa qué; esa "igualdad" es una cosa de la que la naturaleza no ofrece ningún ejemplo, por las razones mismas que acabamos de indicar, puesto que no sería nada más que una completa similitud entre los individuos; pero es evidente que, en el nombre de esta pretendida "igualdad", que es uno de los "ideales" al revés más queridos por el mundo moderno, se hace efectivamente a los individuos tan semejantes entre sí como la naturaleza lo permite, y eso primeramente al pretender imponer a todos una educación uniforme. No hay que decir que, como a pesar de todo no se puede suprimir enteramente la diferencia de las aptitudes, esta educación no dará para todos exactamente los mismos resultados; pero, no obstante, es muy cierto que, si es incapaz de dar a algunos individuos cualidades que no tienen, es al contrario muy susceptible de asfixiar en los otros todas las posibilidades que rebasan el nivel común; es así como la "nivelación" se opera siempre por abajo, y, por lo demás, no puede operarse de otro modo, puesto que ella misma no es más que una expresión de la tendencia hacia abajo, es decir, hacia la cantidad pura que se sitúa más abajo de toda manifestación corporal, no solo por debajo del grado ocupado por los seres vivos más rudimentarios, sino también por debajo de lo que nuestros contemporáneos han convenido llamar la "materia bruta", y que, sin embargo, puesto que se manifiesta a los sentidos, está todavía lejos de estar enteramente desprovista de toda cualidad.

Por lo demás, el occidental moderno no se contenta con imponer en su casa un tal género de educación; quiere también imponerla a los demás, con todo el conjunto de sus hábitos mentales y corporales, a fin de uniformizar al mundo entero, del que, al mismo tiempo, uniformiza también hasta su aspecto exterior por la difusión de los productos de su industria. La consecuencia, paradójica solo en apariencia, es que el mundo está tanto menos "unificado", en el sentido real de esta palabra, cuanto más uniformizado deviene así; eso es completamente natural en el fondo, puesto que, como ya lo hemos dicho, el sentido en el que se le arrastra es ese donde la "separatividad" va acentuándose cada vez más; pero vemos aparecer aquí el carácter "paródico" que se encuentra tan frecuentemente en todo lo que es específicamente moderno. En efecto, al ir directamente contra la verdadera unidad, puesto que tiende a realizar lo que está más alejado de ella, esta uniformización presenta como una suerte de caricatura de ella, y eso en razón de la relación analógica por la que, como lo hemos indicado desde el comienzo, la unidad misma se refleja inversamente en las "unidades" que constituyen la cantidad pura. Es esta inversión misma la que nos permitía hablar hace un momento de "ideal" al revés, y se ve que es menester entenderlo efectivamente en un sentido muy preciso; por lo demás, no se trata de que sintamos lo más mínimo la necesidad de rehabilitar esta palabra de "ideal", que sirve casi indiferentemente para todo en los modernos, y sobre todo para encubrir la ausencia de todo principio verdadero, y de la cual se abusa tanto que ha acabado por estar completamente vacía de sentido; pero al menos no podemos impedirnos destacar que, según su derivación misma, debería marcar una cierta tendencia hacia la "idea" entendida en una acepción más o menos platónica, es decir, en suma hacía la esencia y hacía lo cualitativo, por vagamente que se lo conciba, mientras que lo más frecuentemente, como en el caso de que se trata aquí, se toma de hecho para designar lo que es exactamente su contrario.

Decíamos que hay tendencia a uniformizar no solo a los individuos humanos, sino también a las cosas; si los hombres de la época actual se jactan de modificar el mundo en una medida cada vez más amplia, y si efectivamente todo deviene en él cada vez más "artificial", es sobre todo en este sentido como entienden modificarle, al hacer recaer toda su actividad sobre un dominio tan estrictamente cuantitativo como es posible. Por lo demás, desde que se ha querido constituir una ciencia completamente cuantitativa, es inevitable que las aplicaciones prácticas que se sacan de esta ciencia revistan también el mismo carácter; éstas son esas aplicaciones cuyo conjunto, de una manera general, se designa por el nombre de "industria", y se puede decir en efecto que la industria moderna representa, bajo todos los aspectos, el triunfo de la cantidad, no solo porque sus procedimientos no hacen llamada más que a conocimientos de orden cuantitativo, y porque los instrumentos de los que hace uso, es decir, propiamente las máquinas, están establecidas de tal manera que las consideraciones cualitativas intervienen en ellas tan poco como es posible, y porque los hombres que las manejan están reducidos a una actividad completamente mecánica, sino también porque, en las producciones mismas de esa industria, la cualidad se sacrifica enteramente a la cantidad. Algunas precisiones complementarias sobre este tema no serán sin duda inútiles; pero antes de llegar a eso, formularemos todavía una pregunta sobre la que tendremos que volver después: se piense lo que se piense del valor de los resultados de la acción que el hombre moderno ejerce sobre el mundo, es un hecho, independiente de toda apreciación, que esta acción triunfa y que, al menos en una cierta medida, alcanza los fines que se propone; si los hombres de alguna otra época hubieran actuado de la misma manera (suposición por lo demás completamente "teórica" e inverosímil de hecho, dadas las diferencias mentales que existen entre aquellos hombres y los de hoy día), ¿habrían sido los mismos los resultados obtenidos? En otros términos, para que el medio terrestre se preste a una tal acción, ¿no es menester que esté predispuesto a ello de alguna manera por las condiciones cósmicas del periodo cíclico donde nos encontramos al presente, es decir, que, en relación a las épocas anteriores, haya en la naturaleza de este medio algo cambiado? En el punto en que estamos de nuestra exposición, sería todavía demasiado pronto para precisar la naturaleza de ese cambio, y para caracterizarle de otro modo que como debiendo ser una suerte de disminución cualitativa, que da mayor incentivo a todo lo que pertenece a la cantidad; pero lo que hemos dicho sobre las determinaciones cualitativas del tiempo permite ya concebir al menos su posibilidad, y comprender que las modificaciones artificiales del mundo, para poder realizarse, deben presuponer modificaciones naturales a las que no hacen más que corresponder y conformarse de alguna manera, en virtud misma de la correlación que existe constantemente, en la marcha cíclica del tiempo, entre el orden cósmico y el orden humano.

CAPÍTULO VIII

OFICIOS ANTIGUOS E INDUSTRIA MODERNA

En el fondo, la oposición que existe entre lo que eran los oficios antiguos y lo que es la industria moderna es también un caso particular y como una aplicación de la oposición de los dos puntos de vista cualitativo y cuantitativo, respectivamente predominantes en los unos y en la otra. Para darse cuenta de ello, no es inútil notar en primer lugar que la distinción entre las artes y los oficios, o entre el "artista" y el "artesano", es ella misma algo específicamente moderno, como si hubiera nacido de la desviación y de la degeneración que ha substituido, en todas las cosas, la concepción tradicional por la concepción profana. Para los antiguos, el *artifex* es, indiferentemente, el hombre que ejerce un arte o un oficio; pero, a decir verdad, no es ni el artista ni el artesano en el sentido que estas palabras tienen hoy día (y, además, la de "artesano" tiende a desaparecer cada vez más del lenguaje contemporáneo); el *artifex* es algo más que uno y otro, porque originariamente al menos, su actividad está vinculada a unos principios de un orden mucho más profundo. Si los oficios comprendían así de alguna manera a las artes propiamente dichas, que no se distinguían de ellos por ningún carácter esencial, es porque eran de naturaleza verdaderamente cualitativa, ya que nadie podría negarse a reconocer una tal naturaleza al arte, por definición en cierto modo; solamente que, a causa de eso mismo, los modernos, en la concepción disminuida que se hacen del arte, le relegan a una suerte de dominio cerrado, que ya no tiene ninguna relación con el resto de la actividad humana, es decir, con todo lo que consideran como constituyendo lo "real", en el sentido groserísimo que esta palabra tiene para ellos; llegan incluso hasta calificar de buena gana a este arte, despojado así de todo alcance práctico, de "actividad de lujo", expresión que es verdaderamente característica de lo que, sin ninguna exageración, se podría llamar la "necedad" de nuestra época.

En toda civilización tradicional, como ya lo hemos dicho muy frecuentemente, toda actividad del hombre, cualquiera que sea, siempre se considera como derivando esencialmente de los principios; eso, que es concretamente verdad para las ciencias, lo es otro tanto para las artes y los oficios, y por lo demás, hay entonces una estrecha conexión entre éstos y aquellas, ya que, según la fórmula establecida como axioma fundamental por los constructores de la Edad Media, *ars sine scientia nihil,* por lo cual es menester entender naturalmente la ciencia tradicional, y no la ciencia profana, cuya aplicación no puede dar nacimiento a nada más que a la industria moderna. Por este vinculamiento a los principios, la actividad humana, se podría decir, es como "transformada", y, en lugar de ser reducida a lo que es en tanto que simple manifestación exterior (lo que es en suma el punto de vista profano), es integrada en la tradición y, para el que la cumple, constituye un medio de participar efectivamente en ésta, lo que equivale a decir que reviste un carácter propiamente "sagrado" y "ritual". Por eso es por lo que se ha podido decir que, en una tal civilización, "cada ocupación es un sacerdocio"[27]; para evitar dar a este último término una extensión algo impropia, si no completamente abusiva, diríamos más bien que la actividad humana posee en sí misma el carácter que, cuando se ha hecho una distinción de "sagrado" y de "profano", que no existía de ninguna manera en el origen, ya no ha sido conservado más que por las funciones sacerdotales solo.

Para darse cuenta de este carácter "sagrado" de toda la actividad humana entera, incluso desde el simple punto de vista exterior o, si se quiere, exotérico, si se considera, por ejemplo, una civilización tal como la civilización islámica, o la civilización cristiana de la Edad Media, nada es más fácil de constatar que los actos más ordinarios de la existencia siempre tienen en ellas algo de "religioso". En ellas, la religión no es una cosa restringida y estrechamente limitada que ocupa un lugar aparte, sin ninguna influencia efectiva sobre todo el resto, como lo es para los occidentales modernos (para aquellos al menos que todavía consienten en admitir una religión); al contrario, penetra toda la existencia del ser humano, o, para decirlo mejor, todo lo que constituye esta existencia; y en particular la vida social propiamente dicha, se encuentra como englobada en su dominio, de suerte que, en tales condiciones, no puede haber en realidad nada de "profano" en ella, salvo para aquellos que, por una razón o por otra, están fuera de la tradición, y cuyo caso no representa entonces más que una simple anomalía. En otras partes,

---

[27] A. M. Hocart, *Les Castes*, p. 27.

donde el nombre de "religión" ya no puede aplicarse propiamente a la forma de la civilización considerada, por ello no hay menos una legislación tradicional y "sagrada" que, aunque tiene caracteres diferentes, desempeña exactamente la misma función; así pues, estas consideraciones pueden aplicarse a toda civilización tradicional sin excepción. Pero hay todavía algo más: si pasamos del exoterismo al esoterismo (empleamos aquí estas palabras para mayor comodidad, aunque no convienen con igual rigor a todos los casos), constatamos, muy generalmente, la existencia de una iniciación ligada a los oficios y que toma a éstos como base o como "soporte"[28]; es menester pues que estos oficios sean susceptibles también de una significación superior y más profunda, para poder proporcionar efectivamente una vía de acceso al dominio iniciático, y, evidentemente, es también en razón de su carácter esencialmente cualitativo como ello es posible.

Lo que permite comprenderlo mejor, es la noción de lo que la doctrina hindú llama *svadharma*, noción que es ella misma completamente cualitativa, puesto que es la del cumplimiento por cada ser de una actividad conforme a su esencia o a su naturaleza propia, y por eso mismo eminentemente conforme al "orden" (*rita*) en el sentido que ya hemos explicado; y es también por esta misma noción, o más

---

[28] Podemos destacar incluso que todo lo que subsiste todavía de organizaciones auténticamente iniciáticas en Occidente, en cualquier estado de decadencia que estén actualmente, no tiene otro origen que ese; las iniciaciones pertenecientes a otras categorías han desaparecido completamente de Occidente desde hace mucho tiempo.

bien por su ausencia, como se marca claramente el defecto de la concepción profana y moderna. En ésta, en efecto, un hombre puede adoptar una profesión cualquiera, y puede incluso cambiarla a su gusto, como si esta profesión fuera algo puramente exterior a él, sin ningún lazo real con lo que él es verdaderamente, con lo que hace que él sea él mismo y no otro. En la concepción tradicional, al contrario, cada uno debe desempeñar normalmente la función a la que está destinado por su naturaleza misma, con las aptitudes determinadas que ella implica esencialmente[29]; y no puede desempeñar otra sin que haya en ello un grave desorden, que tendrá su repercusión sobre toda la organización social de la que forma parte; es más, si semejante desorden llega a generalizarse, ocurrirá que tendrá efectos sobre el medio cósmico mismo, puesto que todas las cosas están ligadas entre sí por rigurosas correspondencias. Sin insistir más por el momento sobre este último punto, que podría encontrar también su aplicación a las condiciones de la época actual, resumiremos así lo que acaba de ser dicho: en la concepción tradicional, son las cualidades esenciales de los seres las que determinan su actividad; en la concepción profana, al contrario, ya no se tienen en cuenta estas cualidades, puesto que los individuos ya no se consideran más que como "unidades" intercambiables y puramente numéricas. Esta última concepción no puede desembocar lógicamente más que en el ejercicio de una actividad únicamente "mecánica", en la

---

[29] Hay que notar que la palabra misma de "oficio" (*métier* en francés), según su derivación etimológica del latín *ministerium*, significa propiamente "función".

que ya no subsiste nada verdaderamente humano, y eso es, en efecto, lo que podemos constatar en nuestros días; no hay que decir que estos oficios "mecánicos" de los modernos, que constituyen toda la industria propiamente dicha, y que no son más que un producto de la desviación profana, no podrían ofrecer ninguna posibilidad de orden iniciático, y que no pueden ser incluso más que impedimentos al desarrollo de toda espiritualidad; a decir verdad, ni siquiera pueden ser considerados como auténticos oficios, si se quiere guardar a esta palabra el valor que le da su sentido tradicional.

Si el oficio es algo del hombre mismo, y como una manifestación o una expansión de su propia naturaleza, es fácil comprender que pueda servir de base a una iniciación, e incluso que sea, en la generalidad de los casos, lo que hay de mejor adaptado a este fin. En efecto, si la iniciación tiene esencialmente por meta rebasar las posibilidades del individuo humano, por eso no es menos verdad que no puede tomar como punto de partida más que a este individuo tal cual es, pero, bien entendido, tomándole en cierto modo por su lado superior, es decir, apoyándose sobre lo que hay en él de más propiamente cualitativo; de ahí la diversidad de las vías iniciáticas, es decir, en suma, de los medios puestos en obra a título de "soportes", en conformidad con la diferencia de las naturalezas individuales; y esta diferencia interviene tanto menos después, cuanto más avance el ser en su vía y cuanto más se aproxime así a la meta que es la misma para todos. Los medios así empleados no pueden tener eficacia más que si corresponden realmente a la naturaleza misma de los seres a los que se aplican; y, como es menester necesariamente proceder desde lo más accesible a lo menos accesible, desde lo exterior a lo interior, es normal tomarlos en la actividad por la que esta naturaleza se manifiesta al exterior. Pero no hay que decir que esta actividad no puede desempeñar semejante papel más que en tanto que traduce efectivamente la naturaleza interior; así pues, en eso hay una verdadera cuestión de "cualificación", en el sentido iniciático de este término; y, en condiciones normales, esta "cualificación" debería ser requerida para el ejercicio mismo del oficio. Esto toca al mismo tiempo a la diferencia fundamental que separa la enseñanza iniciática, e incluso más generalmente toda enseñanza tradicional, de la enseñanza profana: lo que es simplemente "aprendido" desde el exterior aquí no tiene ningún valor, cualquiera que sea por lo demás la cantidad de las nociones acumuladas así (ya que, en eso también, el carácter cuantitativo aparece claramente en el "saber" profano); de lo que se trata, es de "despertar" las posibilidades latentes que el ser lleva en sí mismo (y eso es, en el fondo, la verdadera significación de la "reminiscencia" platónica)[30].

Por éstas últimas consideraciones, se puede comprender también, cómo la iniciación, al tomar el oficio como "soporte", tendrá al mismo tiempo, e inversamente en cierto modo, una repercusión sobre el ejercicio de ese oficio. En efecto, al haber realizado plenamente las posibilidades de las que su actividad profesional no es más que una expresión exterior, y al poseer así el conocimiento efectivo de lo que es el principio mismo de esa actividad, el ser cumplirá desde entonces conscientemente lo que primero no era más que una consecuencia completamente "instintiva" de su naturaleza; y así, si el conocimiento iniciático, para él, ha nacido del oficio, éste, a su vez, devendrá el campo de aplicación de ese conocimiento, del que ya no podrá ser separado. Habrá entonces correspondencia perfecta entre el interior y el exterior,

---

[30] Ver concretamente, a este respecto, el *Menón* de Platón.

y la obra producida podrá ser, no ya solo su expresión a un grado cualquiera y de una manera más o menos superficial, sino la expresión realmente adecuada de aquel que la haya concebido y ejecutado, lo que constituirá la "obra maestra" en el verdadero sentido de esta palabra.

Con esto, se ve sin esfuerzo cuan lejos está el verdadero oficio de la industria moderna, hasta el punto que son por así decir dos contrarios, y cuan verdad es desgraciadamente que, en el "reino de la cantidad", el oficio es, como lo dicen de buena gana los partidarios del "progreso", que naturalmente se felicitan por ello, una "cosa del pasado". En el trabajo industrial, el obrero no tiene que poner nada de sí mismo, e incluso se pone gran cuidado en impedirle que pueda tener la menor veleidad al respecto; pero eso mismo es imposible, puesto que toda su actividad no consiste más que en hacer que se mueva una máquina, y puesto que, por lo demás, se le hace perfectamente incapaz de iniciativa por la "formación" o más bien la deformación profesional que ha recibido, que es como la antítesis del antiguo aprendizaje, y que no tiene como meta más que enseñarle a ejecutar algunos movimientos "mecánicamente" y siempre de la misma manera, sin que tenga que comprender de ninguna manera su razón de ser ni preocuparse del resultado, ya que no es él, sino la máquina, la que fabricará en realidad el objeto; servidor de la máquina, el hombre debe devenir máquina él mismo, y su trabajo ya no tiene nada de verdaderamente humano, pues ya no implica la puesta en obra de ninguna de las cualidades que constituyen propiamente la naturaleza humana[31]. Todo eso desemboca en lo que se ha convenido llamar, en la jerga actual, la fabricación en "serie", cuya meta no es más que producir la mayor cantidad de objetos posibles, y objetos tan exactamente semejantes entre sí como es posible, y destinados al uso de hombres a los que se supone todos semejantes igualmente; eso es efectivamente el triunfo de la cantidad, como lo decíamos más atrás, y es también, y por eso mismo, el de la uniformidad. A estos hombres reducidos a simples "unidades" numéricas, se les quiere alojar, no diremos en casas, pues esta palabra misma sería impropia, sino en "colmenas" cuyos compartimentos estarán trazados todos sobre el mismo modelo, y amueblados con esos objetos fabricados "en serie", de manera que se haga desaparecer, del medio donde tendrán que vivir, toda diferencia cualitativa; basta examinar los proyectos de algunos arquitectos contemporáneos (que califican ellos mismos a esas casas como "máquinas para habitar") para ver que no exageramos nada; ¿qué han devenido en todo eso el arte y la ciencia tradicionales de los antiguos constructores, y las reglas rituales que presidían el establecimiento de las ciudades y de los edificios en las civilizaciones normales? Sería inútil insistir más en ello, ya que sería menester estar

---

[31] Se puede destacar que, en un cierto sentido, la máquina es lo contrario del útil, y no un útil "perfeccionado" como muchos se lo imaginan, ya que el útil es en cierto modo un "prolongamiento" del hombre mismo, mientras que la máquina reduce a éste a no ser más que su servidor; y, si se ha podido decir que "el útil engendra el oficio", no es menos verdad que la máquina le mata; las reacciones instintivas de los artesanos contra las primeras máquinas se explicarán así por sí solas.

ciego para no darse cuenta del abismo que separa de aquellas a la civilización moderna, y todo el mundo estará de acuerdo sin duda en reconocer cuan grande es la diferencia; únicamente, lo que la inmensa mayoría de los hombres actuales celebra como un "progreso", eso es precisamente lo que nos parece muy al contrario como una profunda decadencia, ya que no son manifiestamente más que los efectos del movimiento de caída, sin cesar acelerado, que arrastra a la humanidad moderna hacia los "bajos fondos" donde reina la cantidad pura.

CAPITULO IX

El doble sentido del anonimato

A propósito de la concepción tradicional de los oficios, que no forma más que una con la de las artes, debemos señalar también otra cuestión importante: las obras de arte tradicional, las de arte medieval por ejemplo, son generalmente anónimas, y no es sino muy recientemente cuando, por un efecto del "individualismo" moderno, se ha buscado vincular los pocos nombres conservados por la historia a obras de arte conocidas, de suerte que esas "atribuciones" son frecuentemente muy hipotéticas. Ese anonimato es completamente opuesto a la preocupación constante que tienen los artistas modernos de afirmar y de hacer conocer ante todo su individualidad; por el contrario, un observador superficial podría pensar que es comparable al carácter igualmente anónimo de los productos de la industria actual, aunque éstos no sean, ciertamente a ningún título unas "obras de arte"; pero la verdad es completamente diferente, ya que, si hay efectivamente anonimato en los dos casos, es por razones exactamente contrarias. Ocurre con el anonimato como con muchas otras cosas que, por el hecho de la analogía inversa, pueden ser tomadas a la vez en un sentido superior y en un sentido inferior: es así, por ejemplo, como, en una organización social tradicional, un ser puede estar fuera de las castas de dos maneras, ya sea porque está por encima de ellas (*ativarna*), o ya sea porque está por debajo (*avarna*), y es evidente que éstos son dos extremos opuestos. De una manera semejante, aquellos de los modernos que se consideran como fuera de toda religión están en el extremo opuesto de los hombres que, al haber penetrado la unidad principial de todas las tradiciones, ya no están ligados exclusivamente a una forma tradicional particular[32]. En relación a las condiciones de la humanidad normal y en cierto modo "media", los primeros están más acá, mientras que los segundos están más allá; se podría decir que los primeros han caído en lo "infrahumano", mientras que los segundos se han elevado a lo "suprahumano". Ahora bien, precisamente, el anonimato puede caracterizar también a la vez lo "infrahumano" y lo "suprahumano": el primer caso es el del anonimato moderno, anonimato que es el de la muchedumbre o de la "masa" en el sentido en que se la entiende hoy (y esta palabra completamente cuantitativa de "masa" es también muy significativa), y el segundo es el del anonimato tradicional en sus diferentes aplicaciones, comprendida la que concierne a las obras de arte.

Para comprender bien esto, es menester hacer llamada a los principios doctrinales que son comunes a todas las tradiciones: el ser que ha alcanzado un estado supraindividual está liberado, por eso mismo, de todas las condiciones limitativas de la individualidad, es decir, está más allá de las determinaciones de "nombre y forma" (nâma-rûpa) que constituyen la esencia y la substancia de esa individualidad

---

[32] Éstos podrían decir como Mohyiddin ibn Arabi: "Mi corazón ha devenido capaz de toda forma: es una pradera para las gacelas y un convento para los monjes cristianos, y un templo para los ídolos, y la Kaabah del peregrino, y la tabla de la Thorah y el libro del Qorân. Yo soy la religión del Amor, cualquiera que sea la ruta que tomen sus camellos; mi religión y mi fe son la verdadera religión".

como tal; así pues, es verdaderamente "anónimo", porque, en él, el "yo" se ha desvanecido y ha desaparecido completamente ante el "Sí mismo"[33]. Aquellos que no han alcanzado efectivamente un tal estado deben al menos, en la medida de sus medios, esforzarse en llegar a él, y por consiguiente, en la misma medida, su actividad deberá imitar este anonimato y, se podría decir, participar en él de alguna manera, lo que proporciona por lo demás un "soporte" a su realización espiritual por venir. Eso es particularmente visible en las instituciones monásticas, ya se trate del Cristianismo o del Budismo, donde lo que se podría llamar la "práctica" del anonimato se mantiene todavía, incluso si su sentido profundo se olvida con demasiada frecuencia; pero sería menester no creer que el reflejo de este anonimato en el orden social se limita sólo a este caso particular, y eso sería dejarse ilusionar por el hábito de hacer una distinción entre "sagrado" y "profano", distinción, que, lo repetimos una vez más, no existe y ni siquiera tiene ningún sentido en las sociedades estrictamente tradicionales. Lo que hemos dicho del carácter "ritual" que reviste en ellas la actividad humana toda entera lo explica suficientemente, y, en lo que concierne concretamente a los oficios, hemos visto que este carácter es en ellas tal que se ha creído poder hablar a este propósito de "sacerdocio"; así pues, no hay nada de sorprendente en que el anonimato sea en ellas la regla, porque

---

[33] Sobre este tema, ver A. K. Coomaraswamy, *Akimchanna: Self-naughting*, en *The New Indian Antiquary*, n° de abril de 1940.

representa la verdadera conformidad al "orden", que el *artifex* debe aplicarse a realizar lo más perfectamente posible en todo lo que hace.

Aquí se podría suscitar una objeción: puesto que el oficio debe ser conforme a la naturaleza propia del que lo ejerce, la obra producida, hemos dicho, expresará necesariamente esta naturaleza, y podrá ser considerada como perfecta en su género, o como constituyendo una "obra maestra", cuando la exprese de una manera adecuada; ahora bien, la naturaleza de que se trata es el aspecto esencial de la individualidad, es decir, lo que es definido por el "nombre"; ¿no hay en eso algo que parece ir directamente contra el anonimato? Para responder a eso, es menester primero hacer destacar que, a pesar de todas las falsas interpretaciones occidentales sobre nociones tales como las de *Moksha* y de *Nirvâna*, la extinción del "yo" no es de ninguna manera una aniquilación del ser, sino que, muy al contrario, implica como una "sublimación" de sus posibilidades (sin lo cual, lo notamos de pasada, la idea misma de "resurrección" no tendría ningún sentido); sin duda, el *artifex* que está todavía en el estado individual humano no puede más que tender hacia una tal "sublimación", pero el hecho de guardar el anonimato será precisamente para él el signo de esta tendencia "transformante". Por otra parte, se puede decir también que, en relación a la sociedad misma, no es en tanto que él es "fulano" como el *artifex* produce su obra, sino en tanto que desempeña una cierta "función", de orden propiamente "orgánico" y no "mecánico" (y esto marca la diferencia fundamental con la industria moderna), función a la que, en su trabajo, debe identificarse tanto como sea posible; y esta identificación, al mismo tiempo que es el medio de su "accesis" propia, marca en cierto modo la medida de su participación efectiva en la organización tradicional, puesto que es por el ejercicio mismo de su oficio como está incorporado a ella y como ocupa en ella el lugar que conviene propiamente a su naturaleza. Así, de cualquier manera que se consideren las cosas, el anonimato se impone en cierto modo normalmente; e, incluso si todo lo que implica en principio no puede ser efectivamente realizado, deberá haber al menos un anonimato relativo, en el sentido de que, sobre todo allí donde haya una iniciación basada sobre el oficio, la individualidad profana o "exterior", designada como "fulano, hijo de mengano" (*nâma-gotra*), desaparecerá en todo lo que se refiere al ejercicio de ese oficio[34].

Si ahora pasamos al otro extremo, el que es representado por la industria moderna, vemos que el obrero también es anónimo en ella, pero porque lo que produce no expresa nada de sí mismo y no es siquiera verdaderamente su obra, puesto que el papel que desempeña en esa producción es puramente "mecánico". En suma, el obrero como tal no tiene realmente "nombre", porque, en su trabajo, no es más que una simple "unidad" numérica sin cualidades propias, que podría ser reemplazada por cualquier otra "unidad" equivalente, es decir, por otro obrero cualquiera, sin que nada haya cambiado en el producto de ese trabajo[35]; y así, como lo decíamos más atrás, su actividad ya no tiene

---

[34] Por esto, se comprenderá fácilmente por qué, en iniciaciones de oficio tales como el Compañerazgo, está prohibido, lo mismo que en las órdenes religiosas, designar a un individuo por su nombre profano; todavía hay un nombre, y, por consiguiente, una individualidad, pero es una individualidad ya "transformada", al menos virtualmente, por el hecho mismo de la iniciación.

[35] Sólo podría haber una diferencia cuantitativa, porque un obrero puede trabajar más o menos rápidamente que otro (y es en esta rapidez en lo que consiste en el fondo toda la "habilidad" que se le pide de él); pero, desde el punto de vista cualitativo, el producto del trabajo será siempre el mismo, puesto que está determinado, no por la concepción mental del obrero, ni por su habilidad manual para dar a ésta una forma exterior, sino únicamente

nada de propiamente humano, sino que, muy lejos de traducir o al menos de reflejar algo de "suprahumano", está reducida al contrario a lo "infrahumano", y tiende incluso hacia el grado más bajo de esto, es decir, hacia una modalidad tan completamente cuantitativa como sea posible realizar en el mundo manifestado. Por lo demás, esta actividad "mecánica" del obrero no representa más que un caso particular (el más típico que se pueda constatar de hecho en el estado actual, porque la industria es el dominio donde las concepciones modernas han logrado expresarse más completamente) de lo que el singular "ideal" de nuestros contemporáneos querría llegar a hacer de todos los individuos humanos, y en todas las circunstancias de su existencia; eso es una consecuencia inmediata de la tendencia llamada "igualitaria", o, en otros términos, de la tendencia a la uniformidad, que exige que estos individuos no sean tratados más que como simples "unidades" numéricas, que realizan así la "igualdad" por abajo, puesto que ese es el único sentido en el que puede ser realizada "al límite", es decir, hasta donde sea posible, si no alcanzarla completamente (ya que es contraria, como lo hemos visto, a las condiciones mismas de toda existencia manifestada), al menos acercarse a ella cada vez más e indefinidamente, hasta que se haya llegado al "punto de detención" que marcará el fin del mundo actual.

Si nos preguntamos lo que deviene el individuo en tales condiciones, vemos que, en razón del predominio siempre más acentuado en él de la

---

por la acción de la máquina, de la cual la función del obrero se limita únicamente a asegurar su funcionamiento.

cantidad sobre la cualidad, él es, por así decir, reducido a su aspecto substancial sólo, al que la doctrina hindú llama *rûpa* (y, de hecho, no puede perder jamás la forma, que es lo que define a la individualidad como tal, sin perder por eso mismo toda existencia), lo que equivale a decir que ya no es apenas más que lo que el lenguaje corriente llamaría un "cuerpo sin alma", y eso en el sentido más literal de esta expresión. En efecto, en un tal individuo el aspecto cualitativo o esencial ha desaparecido casi enteramente (decimos casi, porque el límite no puede ser alcanzado nunca en realidad); y, como este aspecto es precisamente el que es designado como *nâma*, ese individuo ya no tiene verdaderamente "nombre" que le sea propio, porque está como vaciado de las cualidades que ese nombre debe expresar; así pues, él es realmente "anónimo", pero en el sentido inferior de esta palabra. Ese es el anonimato de la "masa" de la que el individuo forma parte y en la cual se pierde, "masa" que no es más que una colección de individuos semejantes, considerados todos como tantas "unidades" aritméticas puras y simples; efectivamente, se pueden contar tales "unidades", evaluando numéricamente la colectividad que componen, y que, por definición, no es ella misma más que una cantidad; pero no se puede dar de ninguna manera a cada una de ellas una denominación que implique que se distingue de las demás por alguna diferencia cualitativa.

Acabamos de decir que el individuo se pierde en la "masa", o que al menos tiende cada vez más a perderse en ella; esta "confusión" en la multiplicidad cuantitativa corresponde también, por inversión, a la "fusión" en la unidad principial. En ésta, el ser posee toda la plenitud de sus posibilidades "transformadas", de suerte que se podría decir que la distinción, entendida en el sentido cualitativo, está llevada en él a su grado supremo, al mismo tiempo que toda separación ha desaparecido[36]; en la cantidad pura, al contrario, la separación está en su máximo, puesto que es ahí donde reside el principio mismo de la "separatividad", y el ser está tanto más "separado" y más cerrado en sí mismo cuanto más estrechamente limitadas están sus posibilidades, es decir, cuanto menos cualidades conlleva su aspecto esencial; pero, al mismo tiempo, puesto que está tanto menos distinguido cualitativamente en el seno de la "masa", tiende muy verdaderamente a confundirse en ella. Esta palabra de "confusión" es aquí tanto más apropiada cuanto que evoca la indistinción completamente potencial del "caos", y es de eso de lo que se trata en efecto, puesto que el individuo tiende a reducirse a su aspecto substancial solo, es decir, a lo que los escolásticos llamarían una "materia sin forma", donde todo está en potencia y donde nada está en acto, de suerte que el término último, si pudiera ser alcanzado, sería una verdadera "disolución" de todo lo que hay de realidad positiva en la individualidad; y en razón misma de la extrema oposición que existe entre la una y la otra, esta confusión de los seres en la uniformidad aparece como una siniestra y "satánica" parodia de su fusión en la unidad.

---

[36] Es el sentido de la expresión de Eckhart, "fundido, pero no confundido", que A. K. Coomaraswamy, en el artículo mencionado más atrás, relaciona muy justamente con el término sánscrito bhêdâ-bhêdâ, "distinción sin diferencia", es decir, sin separación.

CAPÍTULO X

LA ILUSIÓN DE LAS ESTADÍSTICAS

olvamos ahora a la consideración del punto de vista más propiamente "científico", tal como los modernos lo entienden; este punto de vista se caracteriza ante todo por la pretensión de reducir todas las cosas a la cantidad, y por no tener en cuenta de ninguna manera lo que no se deja reducir a ella, por considerarlo en cierto modo como inexistente; se ha llegado a pensar y a decir corrientemente que todo lo que no puede ser "puesto en cifras", es decir, expresado en términos puramente cuantitativos, está por eso mismo desprovisto de todo valor "científico"; y esta pretensión no se aplica solo a la "física" en el sentido ordinario de esta palabra, sino a todo el conjunto de las ciencias admitidas "oficialmente" en nuestros días, y, como ya lo hemos visto, se extiende incluso hasta el dominio psicológico. En lo que precede, hemos explicado suficientemente que eso es dejar escapar todo lo que hay de verdaderamente esencial, en la acepción más estricta de este término, y que ese "residuo" que es el único que cae en las manos de una tal ciencia es completamente incapaz de explicar nada en realidad; pero insistiremos también un poco sobre un aspecto muy característico de esta ciencia, que muestra de una manera particularmente clara cuánto se ilusiona sobre lo que es posible sacar de simples evaluaciones numéricas, y que relaciona directamente con todo lo que hemos expuesto en último lugar.

En efecto, la tendencia a la uniformidad, que se aplica en el dominio "natural" tanto como en el dominio humano, conduce a admitir, e incluso a establecer en cierto modo como principio (deberíamos decir más bien como "pseudoprincipio"), que existen repeticiones de fenómenos idénticos, lo que, en virtud del "principio de los indiscernibles", no es en realidad más que una imposibilidad pura y simple. Esta idea se traduce concretamente por la afirmación corriente de que "las mismas causas producen siempre los mismos efectos", lo que, enunciado bajo esta forma, es propiamente absurdo, ya que, de hecho, no puede haber nunca ni las mismas causas ni los mismos efectos en un orden sucesivo de manifestación; ¿y no se llega incluso hasta decir comúnmente que "la historia se repite", cuando la verdad es que hay solo correspondencias analógicas entre algunos periodos y entre algunos acontecimientos? Lo que sería menester decir, es que causas comparables entre sí bajo algunas relaciones producen efectos igualmente comparables bajo las mismas relaciones; pero, al lado de las semejanzas que son, si se quiere, como una identidad parcial, hay también siempre y necesariamente diferencias, por el hecho mismo de que, por hipótesis, se trata de dos cosas distintas y no de una sola y misma cosa. Es verdad que esas diferencias, por eso mismo de que son distinciones cualitativas, son tanto menores cuanto más bajo sea el grado de manifestación al que pertenezca aquello que se considera, y que, por consiguiente, las semejanzas se acentúan en la misma medida, de suerte que, en algunos casos, una observación superficial e incompleta podrá hacer creer en una suerte de identidad; pero, en realidad, las diferencias no se eliminan nunca completamente, sin lo cual se estaría por debajo mismo de toda manifestación; y, aunque no fueran siquiera más que las que resultan de la influencia de las circunstancias sin cesar cambiantes de tiempo y de lugar, esas diferencias no podrían ser nunca enteramente desdeñables; es verdad que, para comprenderlo, es menester darse cuenta de que el espacio y el tiempo reales, contrariamente a las concepciones modernas, no son solo continentes homogéneos y modos de la cantidad pura y simple, sino que hay también un aspecto cualitativo de las determinaciones temporales y espaciales. Sea como sea, es permisible preguntarse cómo, al desdeñar las diferencias y al negarse en cierto modo a verlas, se puede pretender constituir una ciencia "exacta"; de hecho y rigurosamente, no pueden ser "exactas" más que las matemáticas puras, porque se refieren verdaderamente al dominio de la cantidad, y todo lo demás de la ciencia moderna no es y no puede ser, en tales condiciones, más que un entramado de aproximaciones más o menos groseras, y eso no solo en las aplicaciones, donde todo el mundo está obligado a reconocer la imperfección inevitable de los medios de observación y de medida, sino también en el punto de vista teórico mismo; las suposiciones irrealizables que son casi siempre todo el fondo de la mecánica "clásica", que sirve a su vez de base a toda la física moderna, podrían proporcionar aquí una multitud de ejemplos característicos[37].

La idea de fundar en cierto modo un ciencia sobre la repetición evidencia también otra ilusión de orden cuantitativo, la que consiste en creer que la acumulación de un gran número de hechos puede servir de "prueba" para una teoría; sin embargo, es evidente, por poco que se reflexione en ello, que los hechos de un mismo género son siempre en multitud indefinida, de suerte que nunca se pueden constatar todos, sin contar con que los mismos hechos concuerdan generalmente igualmente bien con varias teorías diferentes. Se dirá que la constatación de un mayor número de hechos da al menos más "probabilidad" a la teoría; pero eso es reconocer que nunca se puede llegar de esta manera a una

---

[37] ¿Dónde se ha visto nunca, por ejemplo, un "punto material pesado", un "sólido perfectamente elástico", un "hilo inextensible y sin peso", y demás "entidades" no menos imaginarias de las que está llena esa ciencia considerada como "racional" por excelencia?

certeza cualquiera, y por consiguiente, que las conclusiones que se enuncian no tienen nunca nada de "exacto"; y eso es confesar también el carácter completamente "empírico" de la ciencia moderna, cuyos partidarios, por una extraña ironía, se complacen no obstante en tachar de "empirismo" los conocimientos de los antiguos, cuando es precisamente todo lo contrario lo que es verdad, ya que aquellos conocimientos, cuya verdadera naturaleza ignoran totalmente, partían de los principios y no de las constataciones experimentales, de suerte que se podría decir que la ciencia profana está construida exactamente al revés de la ciencia tradicional. Además, por insuficiente que sea el "empirismo" en sí mismo, el de esta ciencia moderna está muy lejos de ser integral, puesto que desdeña o prescinde de una parte considerable de los datos de la experiencia, de todos aquellos en suma que presentan un carácter propiamente cualitativo; la experiencia sensible, no más que cualquier otro género de experiencia, no puede aplicarse nunca sobre la cantidad pura, y cuanto más se acerca a ésta, tanto más se aleja por eso mismo de la realidad que se pretende constatar y explicar; y, de hecho, no sería difícil apercibirse de que las teorías más recientes son también las que tienen menos relación con esa realidad, y las que la reemplazan más gustosamente por "convenciones", no diremos enteramente arbitrarias (ya que una tal cosa no es todavía más que una imposibilidad, y, para hacer una "convención" cualquiera, es menester necesariamente tener alguna razón para hacerla), pero sí al menos tan arbitrarias como es posible, es decir, que no tienen en cierto modo sino un mínimo de fundamento en la verdadera naturaleza de las cosas.

Decíamos hace un momento que la ciencia moderna, por eso mismo de que quiere ser completamente cuantitativa, se niega a tener en cuenta las diferencias entre los hechos particulares hasta en el caso donde estas diferencias están más acentuadas, y que son naturalmente aquellos donde los elementos cualitativos tienen una mayor predominancia sobre los elementos cuantitativos; y se podría decir que es por eso sobre todo por lo que se le escapa la parte más considerable de la realidad, y por lo que el aspecto parcial e inferior de la verdad que puede aprehender a pesar de todo (porque el error total no podría tener otro sentido que el de una negación pura y simple) se encuentra desde entonces reducido a casi nada. Ello es sobre todo así cuando se llega a la consideración de los hechos de orden humano, ya que son los más altamente cualitativos de todos aquellos que esa ciencia entiende comprender en su dominio, y no obstante se esfuerza en tratarlos exactamente como a los demás, como a aquellos que refiere no solo a la "materia organizada", sino incluso a la "materia bruta", ya que, en el fondo, no tiene más que un solo método que aplica uniformemente a los objetos más diferentes, precisamente porque, en razón misma de su punto de vista especial, es incapaz de ver lo que constituye sus diferencias esenciales. Así pues, es en este orden humano, ya se trate de historia, de "sociología", de "psicología" o de cualquier otro género de estudios que quiera suponerse, donde aparece más completamente el carácter engañoso de las "estadísticas" a las que los modernos atribuyen una importancia tan grande; ahí, como por todas partes, estas estadísticas no consisten, en el fondo, más que en contar un número más o menos grande de hechos que se suponen todos enteramente semejantes entre sí, sin lo cual su suma misma no significaría nada; y es evidente que así no se obtiene más que una imagen de la realidad tanto más deformada cuanto que los hechos de que se trata no son efectivamente semejantes o comparables más que en una medida mínima, es decir, cuanto más considerables son la importancia y la complejidad de los elementos cualitativos que implican. Únicamente, al exhibir así cifras y cálculos, uno se da a sí mismo, tanto como se apunta a dar a los demás, una cierta ilusión de "exactitud" que podría calificarse de "pseudomatemática"; pero, de hecho, sin siquiera apercibirse de ello y en virtud de ideas preconcebidas, se saca indiferentemente de esas cifras casi todo lo que se quiere, de tal modo están desprovistas de significación por sí mismas; la prueba de ello es que las mismas estadísticas, entre las manos de varios sabios, dedicados no obstante a la misma "especialidad", dan lugar frecuentemente, según sus teorías respectivas, a conclusiones completamente diferentes, por no decir incluso a veces diametralmente opuestas. En estas condiciones, las ciencias supuestamente "exactas" de los modernos, en tanto que hacen intervenir las estadísticas y en tanto que llegan incluso hasta pretender sacar de ellas previsiones para el porvenir (siempre a consecuencia de la identidad supuesta de todos los hechos considerados, ya sean pasados o futuros), no son en realidad nada más que simples ciencias "conjeturales", según la expresión que emplean de buena gana (en lo que, por lo demás, reconocen más francamente que muchos otros lo que ella es) los promotores de una cierta astrología moderna supuestamente "científica", que no tiene ciertamente más que relaciones muy vagas y muy lejanas, si es que tiene alguna que no sea la terminología, con la verdadera astrología tradicional de los antiguos, hoy día tan completamente perdida como los demás conocimientos del mismo orden; esta "neoastrología", precisamente, hace también un uso enorme de las estadísticas en sus esfuerzos para establecerse "empíricamente" y sin vincularse a ningún principio, y las estadísticas tienen en ella incluso un lugar preponderante; y es por esta razón misma por lo que se cree poderla adornar con el epíteto de "científica" (lo que, por lo demás, implica que se niega este carácter a la verdadera astrología, así como a todas las ciencias tradicionales constituidas de una manera similar), y eso es también muy significativo y muy característico de la mentalidad moderna.

La suposición de una identidad entre los hechos que no son en realidad más que del mismo género, es decir, comparables bajo ciertos aspectos solamente, al mismo tiempo que contribuye, como acabamos de explicarlo, a dar la ilusión de una ciencia "exacta", satisface también la necesidad de simplificación excesiva que es todavía otro carácter bastante llamativo de la mentalidad moderna, hasta tal punto que, sin poner en ello ninguna intención irónica, se podría calificar a ésta de "simplista", tanto en sus concepciones "científicas" como en todas sus demás manifestaciones. Todo eso se relaciona entre sí, y esta necesidad de simplificación acompaña necesariamente a la tendencia a reducirlo todo a lo cuantitativo y la refuerza todavía, ya que, evidentemente, no podría haber nada más simple que la cantidad; si se lograra despojar enteramente a un ser o a una cosa de sus cualidades propias, el "residuo" que se obtendría presentaría ciertamente el máximo de simplicidad; y, en el límite, esta extrema simplicidad sería la que no puede pertenecer más que a la cantidad pura, es decir, la de las "unidades", todas semejantes entre sí, que constituyen la multiplicidad numérica; pero esto es lo bastante importante como para hacer llamada todavía a algunas otras reflexiones.

CAPÍTULO XI

UNIDAD Y "SIMPLICIDAD"

La necesidad de simplificación, en lo que tiene de ilegítimo y de abusivo, es, acabamos de decir, un rasgo distintivo de la mentalidad moderna; es en virtud de esta necesidad, aplicada al dominio científico, como algunos filósofos han llegado hasta establecer, como una suerte de "pseudoprincipio" lógico, la afirmación de que "la naturaleza actúa siempre por las vías más simples". Ese no es más que un postulado completamente gratuito, ya que no se ve lo que podría obligar a la naturaleza a actuar efectivamente así y no de otro modo; muchas otras condiciones que la de la simplicidad pueden intervenir en sus operaciones y predominar sobre esa, de manera de determinarla a actuar por unas vías que, desde nuestro punto de vista al menos, aparecerán frecuentemente como muy complicadas. En verdad, este "pseudoprincipio" no es nada más que un voto expresado por una suerte de "pereza mental": se desea que las cosas sean tan simples como es posible, porque, si ellas lo fueran en efecto, serían por eso mismo tanto más fáciles de comprender; y, por lo demás, eso concuerda bien con la concepción completamente moderna y profana de una ciencia que debe estar "al alcance de todo el mundo", lo que no es manifiestamente posible más que si es simple hasta ser "infantil", y si toda consideración de orden superior o realmente profundo está rigurosamente excluida de su ámbito.

Un poco antes del comienzo de los tiempos modernos propiamente dichos, ya se encuentra como un primer rastro de este estado de espíritu expresado por el adagio escolástico: *"entia non sunt multiplicanda praeter necessitatem*"[38]; si no se trata más que de "especulaciones" enteramente hipotéticas, nos parece bien, pero entonces eso no representa ningún interés; o, al menos, no es más que en el dominio de las matemáticas puras donde el hombre puede limitarse a operar válidamente sobre construcciones mentales sin tener que compararlas a nada, y, si entonces puede "simplificar" a su gusto, es porque solo se trata de la cantidad, cuyas combinaciones, en tanto que se la suponga reducida a sí misma, no están comprendidas en el orden efectivo de la manifestación. Por el contrario, desde que se han de tener en cuenta ciertas constataciones de hecho, la cosa es bien distinta, y se está forzado a reconocer que frecuentemente la "naturaleza" misma parece ingeniárselas verdaderamente para multiplicar los seres *praeter necessitatem*; en efecto, ¿qué satisfacción lógica puede sentir el hombre, por ejemplo, al constatar la multitud y la variedad prodigiosas de las especies animales y vegetales cuyos representantes viven alrededor de él? Ciertamente, eso está muy lejos de la simplicidad postulada por los filósofos que querrían plegar la realidad a la comodidad de su propia comprensión y a la de la "media" de sus semejantes; y, si ello es así en

---

[38] Este adagio, como aquel según el cual "*nihil est in intellectu quod non prius fuerit in sensu*", primera formulación de lo que debía llamarse más tarde el "sensualismo", es de aquellos que no se pueden referir a ningún autor definido, y es verosímil que no pertenezcan más que al periodo de decadencia de la escolástica, es decir, en una época que, de hecho y a pesar de la "cronología" corriente, es menos el final de la Edad Media que el comienzo mismo de los tiempos modernos, si, como lo hemos explicado en otra parte, es menester hacer remontar este comienzo hasta el siglo XIV.

el mundo corporal, que sin embargo no es más que un dominio de existencia muy limitado, ¿cuánto más debe ser lo mismo, con mayor razón, en los otros mundos, y eso, se podría decir, en proporciones todavía indefinidamente acrecentadas?[39]. Por lo demás, para acabar con toda discusión sobre este asunto, basta recordar que, como lo hemos explicado en otra parte, todo lo que es posible es por eso mismo real en su orden y según su modo propio, y que, en la posibilidad universal, al ser necesariamente infinita, hay lugar para todo lo que no es una imposibilidad pura y simple; pero, ¿no es precisamente esta misma necesidad de simplificación abusiva la que impulsa a los filósofos, al constituir sus "sistemas", a querer limitar siempre de una manera u otra la posibilidad universal?[40].

---

[39] A este respecto, se podría oponer, al adagio escolástico de la decadencia, las concepciones de Santo Tomás de Aquino mismo sobre el mundo angélico, "*ubi omne individuum est species infima*", es decir, que las diferencias entre los ángeles no son el análogo de las "diferencias individuales" en nuestro mundo (el término *individuum* mismo es por consiguiente impropio aquí en realidad, y se trata efectivamente de estados supraindividuales), sino el de las "diferencias específicas"; la razón verdadera de ello es que cada ángel representa en cierto modo la expresión de un atributo divino, como se ve por lo demás claramente por la constitución de los nombres en la angeleología hebraica.

[40] Por eso es por lo que Leibnitz decía que "todo sistema es verdadero en lo que afirma y falso en lo que niega", es decir, que contiene una parte de verdad proporcional a lo que admite de realidad positiva, y una parte de error que corresponde a lo que excluye de esta misma realidad; pero conviene agregar que es justamente el lado negativo o limitativo el que constituye propiamente el "sistema" como tal.

Lo que es particularmente curioso, es que la tendencia a la simplicidad así entendida, lo mismo que la tendencia a la uniformidad que le es en cierto modo paralela, es tomada, por aquellos que están afectados por ella, por un esfuerzo de "unificación"; pero eso es propiamente una "unificación" al revés, como todo lo que está dirigido hacia el dominio de la cantidad pura o hacia el polo substancial e inferior de la existencia, y volvemos a encontrar también aquí esa suerte de caricatura de la unidad que ya hemos tenido que considerar bajo otros puntos de vista. Si a la unidad verdadera también puede llamársela "simple", es en un sentido completamente diferente de ese, y solo porque es esencialmente indivisible, lo que excluye necesariamente toda "composición" e implica que no podría ser concebida de ninguna manera como formada de partes; por lo demás, hay también como una parodia de esta indivisibilidad en la que algunos filósofos y físicos atribuyen a sus "átomos", sin apercibirse de que la indivisibilidad es incompatible con la naturaleza corporal, ya que, puesto que la extensión es indefinidamente divisible, un cuerpo, que es algo extenso por definición misma, está forzosamente siempre compuesto de partes, y, por pequeño que sea o que se lo quiera suponer, eso no cambia nada en él, de suerte que la noción de corpúsculos indivisibles es contradictoria en sí misma; pero, evidentemente, una tal noción concuerda bien con la búsqueda de una simplicidad llevada tan lejos que ya no puede corresponder a la menor realidad.

Por otra parte, si la unidad principial es absolutamente indivisible, por ello no es menos, se podría decir, de una extrema complejidad, puesto que contiene "eminentemente" todo lo que, al descender por así decir a los grados inferiores, constituye la esencia o el lado cualitativo de los seres manifestados; basta remitirse a lo que hemos explicado más atrás sobre el verdadero sentido en que debe ser entendida la "extinción del yo" para comprender que es en ella donde toda cualidad "transformada" se encuentra en su plenitud, y que la distinción, liberada de toda limitación "separativa", es llevada en ella verdaderamente a su grado supremo. Desde que se entra en la existencia manifestada, la limitación aparece bajo la forma de las condiciones mismas que determinan cada estado o cada modo de manifestación; cuando se desciende a niveles cada vez más bajos de esta existencia, la limitación deviene cada vez más estrecha, y las posibilidades inherentes a la naturaleza de los seres son cada vez más restringidas, lo que equivale a decir que la esencia de esos seres va simplificándose en la misma medida; y esta simplificación se prosigue así gradualmente hasta por debajo de la existencia misma, es decir, hasta en el dominio de la cantidad pura, donde finalmente es llevada a su máximo por la supresión completa de toda determinación cualitativa.

Se ve por eso que la simplificación sigue estrictamente la marcha descendente que, en el lenguaje actual inspirado del "dualismo" cartesiano, sería descrita como yendo desde el "espíritu" hacia la "materia"; por inadecuados que sean estos dos términos como substitutos de los de "esencia" y de "substancia", no es quizás inútil emplearlos aquí para hacernos comprender mejor. En efecto, no hay nada más extraordinario que se quiera aplicar esta simplificación a lo que se refiere al dominio "espiritual" mismo, o al menos a lo que se es todavía capaz de concebir de él, extendiéndola tanto a las concepciones religiosas como a las concepciones filosóficas y científicas; el ejemplo más típico es aquí el del Protestantismo, donde esta simplificación se traduce a la vez por la supresión casi completa de los ritos y por la predominancia acordada a la moral sobre la doctrina, siendo esta última, ella también, cada vez más simplificada y disminuida hasta que se reduce a casi nada, a algunas fórmulas rudimentarias que cada uno puede entender como bien le parezca; y el Protestantismo bajo sus formas múltiples, es por otra parte la única producción religiosa del espíritu moderno, cuando éste no había llegado todavía a rechazar toda religión, pero que no obstante ya se encaminaba a ello en virtud de las tendencias antitradicionales que le son inherentes y que incluso le constituyen propiamente. Al límite de esta "evolución", como se diría hoy día, la religión es reemplazada por la "religiosidad", es decir, por una vaga sentimentalidad sin ningún alcance real; es eso lo que se complacen en considerar como un "progreso", y lo que muestra bien cómo, para la mentalidad moderna, todas las relaciones normales están invertidas, es que se quiere ver en eso una "espiritualización" de la religión, como si el "espíritu" no fuera más que un cuadro vacío o un "ideal" tan nebuloso como insignificante; ¡es lo que algunos de nuestros contemporáneos llaman también una "religión depurada", y lo está en efecto hasta tal punto que se encuentra vacía de todo contenido positivo y ya no le queda la menor relación con una realidad cualquiera!

Lo que merece ser notado también, es que todos los así supuestos "reformadores" proclaman constantemente la pretensión de volver a una "simplicidad primitiva" que sin duda no ha existido nunca más que en su imaginación; eso no es quizás más que un medio bastante cómodo de disimular el verdadero carácter de sus innovaciones, pero puede ser también, muy frecuentemente, una ilusión cuyos juguetes son ellos mismos, ya que es muy difícil determinar hasta qué punto los promotores aparentes del espíritu antitradicional son realmente conscientes del papel que desempeñan, puesto que este papel mismo supone forzosamente en ellos una mentalidad falseada; además, no se ve cómo la pretensión de que se trata puede conciliarse con la idea de un "progreso" del cual se jactan generalmente al mismo tiempo de ser sus agentes, y esta sola contradicción basta para indicar que hay ahí algo verdaderamente anormal. Sea como sea, y para atenernos a la idea misma de la "simplicidad primitiva", no se comprende en absoluto por qué las cosas deberían comenzar siempre siendo simples, e ir complicándose después; al contrario, si se reflexiona en que el germen de un ser cualquiera debe contener necesariamente la virtualidad de todo lo que ese ser será después, es decir, que todas las posibilidades que se desarrollarán en el curso de su existencia están ya incluidas en él, eso nos lleva a pensar que el origen de todas las cosas debe ser en realidad extremadamente complejo, y esa es, precisamente, la complejidad cualitativa de la esencia; el germen no es pequeño más que bajo el aspecto de la cantidad o de la substancia, y, si se transpone simbólicamente la idea de "magnitud", se puede decir que, en razón de la analogía inversa, lo que es más pequeño en cantidad deber ser lo mayor en cualidad[41]. De modo semejante, toda tradición contiene desde su origen la doctrina toda entera, que comprende en principio la totalidad de los desarrollos y de las adaptaciones que podrán proceder de ella legítimamente en la sucesión de los tiempos, así como la de las aplicaciones a las que puede dar lugar en todos los dominios; así pues, las intervenciones puramente humanas no pueden más que restringirla y menguarla, si no desnaturalizarla completamente, y es en eso, en efecto, en lo que consiste realmente la obra de todos los "reformadores".

Lo que es singular también, es que los "modernistas" de todo género (y aquí no entendemos hablar solo de los de Occidente, sino también de los de Oriente, que, por lo demás, no son más que "occidentalizados"), al alabar la simplicidad doctrinal como un "progreso" en el orden religioso, hablan frecuentemente como si la religión debiera estar hecha para necios, o al menos como si supusieran que aquellos a quienes se dirigen deben ser forzosamente necios; ¿se cree, en efecto, que es afirmando con razón o sin ella que una doctrina es simple como se dará

---

[41] Recordaremos aquí la parábola evangélica del "grano de mostaza" y los textos similares de las *Upanishad* que hemos citado en otra parte (*El Hombre y su devenir según el Vêdânta*, cap. III); y agregaremos también, a este propósito, que al Mesías mismo se le llama "germen" en un enorme número de pasajes bíblicos.

a un hombre por poco inteligente que sea una razón válida para adoptarla? En el fondo, eso no es más que una manifestación de la idea "democrática" en virtud de la cual, como lo decíamos más atrás, se quiere poner la ciencia "al alcance de todo el mundo"; y apenas hay necesidad de hacer destacar que estos mismos "modernistas" son también siempre, y por una consecuencia necesaria de su actitud, los adversarios declarados de todo esoterismo; no hay que decir que el esoterismo, que por definición no se dirige más que a la élite, no tiene que ser simple, de suerte que su negación se presenta como la primera etapa obligada de toda tentativa de simplificación. En cuanto a la religión propiamente dicha, o más generalmente a la parte exterior de toda tradición, ciertamente debe ser tal que cada uno pueda comprender algo de ella, según la medida de sus capacidades, y es en este sentido como se dirige a todos; pero eso no quiere decir que deba reducirse a este mínimo que el más ignorante (y no lo entendemos bajo el aspecto de la instrucción profana, que aquí no importa de ninguna manera) o el menos inteligente puede aprehender de ella; muy al contrario, debe haber en ella algo que esté por así decir al nivel de las posibilidades de todos los individuos, por elevadas que sean, y, por lo demás, es solo por eso por lo que puede proporcionar un "soporte" apropiado al aspecto interior que, en toda tradición no mutilada, es su complemento necesario, y que depende del orden propiamente iniciático. Pero los "modernistas", que rechazan precisamente el esoterismo y la iniciación, niegan por eso mismo que las doctrinas religiosas lleven en sí mismas alguna simplificación profunda; y así, aunque pretenden "espiritualizar" la religión, caen al contrario, en el "literalismo" más estrecho y más grosero, en aquel en el que el espíritu está más completamente ausente, mostrando así, por un ejemplo llamativo, que frecuentemente es muy verdadero que, como lo decía Pascal, "¡quien quiere hacer el ángel hace la bestia!".

No obstante, todavía no hemos acabado completamente con la "simplicidad primitiva", ya que hay al menos un sentido en el que esta expresión podría encontrar realmente a qué aplicarse: es aquel en el que se trata de la indistinción del "caos", que es efectivamente "primitivo" de una cierta manera, puesto que está también "al comienzo"; pero entonces no está solo, puesto que toda manifestación presupone necesariamente, a la vez y correlativamente, la esencia y la substancia, y puesto que el "caos" representa solo su base substancial. Si fuera eso lo que quieren entender los partidarios de la "simplicidad primitiva", no nos opondríamos a ello ciertamente, ya que es efectivamente en esa indistinción donde desembocaría finalmente la tendencia a la simplificación si pudiera realizarse hasta sus últimas consecuencias; ¿pero es menester destacar todavía que esa simplicidad última, al estar por debajo de la manifestación y no en ella, no correspondería de ninguna manera a un verdadero "retorno al origen"? Sobre este tema, y para resolver una aparente antinomia, es necesario hacer una distinción clara entre los dos puntos de vista que se refieren respectivamente a los dos polos de la existencia: si se dice que el mundo ha sido formado a partir del "caos", es que se le considera únicamente desde el punto de vista substancial, y entonces es menester considerar este comienzo como intemporal, ya que, evidentemente, el tiempo no existe en el "caos", sino solo en el "cosmos". Así pues, si uno quiere referirse al orden de desarrollo de la manifestación, que, en el dominio de la existencia corporal y por el hecho mismo de las condiciones que definen a ésta, se traduce por un orden de sucesión temporal, no es de ese lado de donde es menester partir, sino al contrario, del lado del polo esencial, cuya manifestación, conformemente a las leyes cíclicas, se aleja constantemente para descender hacia el polo substancial. La "creación", en tanto que resolución del "caos", es en cierto modo "instantánea", y es propiamente el *Fiat Lux* bíblico; pero lo que está verdaderamente en el origen mismo del "cosmos", es la Luz primordial misma, es decir, el "espíritu puro" en el que están las esencias de todas las cosas; y, a partir de ahí, efectivamente, el mundo manifestado no puede más que ir bajando cada vez más hacia la "materialidad".

René Guénon

CAPÍTULO XII

EL ODIO DEL SECRETO

Nos es menester todavía insistir sobre un punto que no hemos abordado más que incidentalmente en lo que precede: es lo que podría llamarse la tendencia a la "vulgarización" (y esta palabra es también una de aquellas que son particularmente significativas para describir la mentalidad moderna), es decir, esa pretensión de ponerlo todo "al alcance de todo el mundo" que ya hemos señalado como una consecuencia de las concepciones "democráticas", y que equivale en suma a querer rebajar el conocimiento hasta el nivel de las inteligencias más inferiores. Sería muy fácil mostrar los inconvenientes múltiples que presenta, de una manera general, la difusión desconsiderada de una instrucción que se pretende distribuir igualmente a todos, bajo formas y por métodos idénticos, lo que, como ya lo hemos dicho, no puede desembocar más que en una suerte de nivelación por abajo: ahí, como por todas partes, la cualidad es sacrificada a la cantidad. Por lo demás, es verdad que la instrucción profana de que se trata no representa en suma ningún conocimiento en el verdadero sentido de esta palabra, y que no contiene absolutamente nada de un orden que sea un poco profundo; pero, aparte de su insignificancia y de su ineficacia, lo que la hace realmente nefasta, es sobre todo que se hace tomar por lo que no es, que tiende a negar todo lo que la rebasa, y que así asfixia todas las posibilidades que se refieren a un dominio más elevado; puede parecer incluso que esté hecha expresamente para eso, ya que la "uniformización" moderna implica necesariamente el odio de toda superioridad.

Una cosa más sorprendente es que algunos, en nuestra época, creen poder exponer doctrinas tradicionales tomando en cierto modo como modelo esa misma instrucción profana, y sin tener en cuenta la naturaleza misma de estas doctrinas ni las diferencias esenciales que existen entre ellas y todo lo que se designa hoy día bajo los nombres de "ciencias" y de "filosofía", y que las separan de ellas por un verdadero abismo; o, al actuar así, deben deformar forzosamente por completo estas doctrinas por simplificación y no dejar aparecer de ellas más que el sentido más exterior, o su pretensión está completamente injustificada. En todo caso, hay en eso una penetración del espíritu moderno hasta en aquello a lo que él se opone radicalmente por definición misma, y no es difícil comprender cuáles pueden ser las consecuencias disolventes de ello, incluso sin que lo sepan aquellos que, frecuentemente de buena fe y sin intención definida, se hacen los instrumentos de una semejante penetración; la decadencia de la doctrina religiosa en Occidente, y la pérdida total del esoterismo correspondiente, muestran suficientemente cuál puede ser la conclusión si una parecida manera de ver llega a generalizarse algún día hasta en Oriente mismo; en eso hay un peligro bastante grave como para que sea bueno señalarle mientras todavía hay tiempo.

Pero lo más increíble, es el argumento principal que, para motivar su actitud exhiben esos "propagandistas" de un nuevo género: uno de ellos escribía recientemente que, si es verdad que antaño se aportaban restricciones a la difusión de ciertos conocimientos, hoy día ya no hay lugar a tenerlas en cuenta, ya que (y tenemos que citar esta frase textualmente, a fin de que no se nos pueda suponer ninguna exageración) "el nivel medio de la cultura se ha elevado y los espíritus han sido preparados para recibir la enseñanza integral". Es aquí donde aparece tan claramente como es posible la confusión con la instrucción profana, designada por ese término de "cultura" que ha devenido en nuestros días una de sus denominaciones más habituales; eso es algo que no tiene la menor relación con la enseñanza tradicional ni con la aptitud para recibirla; y, además, como la supuesta elevación del "nivel medio" tiene por contrapartida inevitable la desaparición de la élite intelectual, se puede decir que esta "cultura" representa muy exactamente lo contrario de una preparación para aquello de lo que se trata. Por lo demás, uno se pregunta cómo un hindú (ya que es un hindú el que citamos aquí) puede ignorar completamente en qué punto del *Kali-Yuga* nos encontramos al presente, para llegar a decir que "han llegado los tiempos en que el sistema entero del *Vêdânta* puede ser expuesto públicamente", mientras que el menor conocimiento de las leyes cíclicas obliga al contrario a decir que son menos favorables que nunca; y, si nunca ha podido ser "puesto al alcance del común de los hombres", para el que no está hecho, no es ciertamente hoy día cuando podrá ponerse, ya que es muy evidente que este "común de los hombres" nunca ha sido tan totalmente incomprehensivo. Por lo demás, la verdad es que, por esta razón misma, todo lo que representa un conocimiento tradicional de orden verdaderamente profundo, y que corresponde por eso a lo que debe implicar una "enseñanza integral" (ya que, si esta expresión tiene verdaderamente un sentido, la enseñanza propiamente iniciática debe estar también comprendida ahí), se hace cada vez más difícilmente accesible, y eso por todas partes; ante la invasión del espíritu moderno y profano, está bien claro que ello no podría ser de otro modo; así pues, ¿cómo se puede desconocer la realidad hasta el punto de afirmar todo lo opuesto, y con tanta tranquilidad como si se enunciara la más incontestable de las verdades?

Las razones que se hacen valer, y que, en los casos que citamos a título de ejemplo típico para "ilustrar" una cierta mentalidad, sirven para explicar el interés especial que puede haber actualmente en extender la enseñanza vêdântica, no son menos extraordinarias: a este respecto, se invoca en primer lugar "el desarrollo de las ideas sociales y de las instituciones políticas"; incluso si es verdaderamente un "desarrollo" (y sería menester en todo caso precisar en qué sentido), eso es también algo que no tiene más relación con la comprehensión de una doctrina metafísica que la que tiene la difusión de la instrucción profana; basta ver, en no importa cuál país de Oriente, hasta qué punto las preocupaciones políticas, allí donde se han introducido, perjudican al conocimiento de las verdades tradicionales, para pensar que estaría más justificado hablar de una incompatibilidad, al menos de hecho, antes que de un acuerdo posible entre estos "dos desarrollos". No vemos verdaderamente qué lazo podría tener la "vida social", en el sentido puramente profano en que la conciben los modernos, con la espiritualidad, a la que no aporta al contrario más que impedimentos; ella tenía esos lazos manifiestamente, cuando se integraba en una civilización tradicional, pero es precisamente el espíritu moderno el que los ha destruido, o el que apunta a destruirlos allí donde subsisten todavía; así pues, ¿qué se puede esperar de un "desarrollo" cuyo rasgo más característico es ir propiamente contra toda espiritualidad?

El mismo autor invoca todavía otra razón: "Por todas partes, dice, ocurre con el *Vêdânta* como con las verdades de la ciencia; hoy día ya no existe el secreto científico; la ciencia no vacila en publicar los descubrimientos más recientes". En efecto, esta ciencia profana solo está hecha para el "gran público", y, desde que existe, esa es en suma toda su razón de ser; es muy evidente que no es realmente nada más que lo que parece ser, puesto que, no podemos decir por principio, sino más bien por ausencia de principio, ella se queda exclusivamente en la superficie de las cosas; ciertamente, en ella no hay nada que valga la pena de tenerse en secreto, o, para hablar más exactamente, que merezca ser reservado para el uso de una élite, y por lo demás ésta no tendría nada que hacer con ello. Únicamente, ¿qué asimilación se puede querer establecer entre las pretendidas verdades y los "más recientes descubrimientos" de la ciencia profana y las enseñanzas de una doctrina tal como el *Vêdânta*, o de toda otra doctrina tradicional, aunque sea incluso de un orden más exterior? Es siempre la misma confusión, y es permisible preguntarse hasta qué punto alguien que la comete con esta insistencia puede tener la comprensión de la doctrina que quiere enseñar; entre el espíritu tradicional y el espíritu moderno, no podría haber en realidad ningún acomodo, y toda concesión hecha al segundo es necesariamente a expensas del primero, puesto que, en el fondo, el espíritu moderno no es más que la negación misma de todo lo que constituye el espíritu tradicional.

La verdad es que este espíritu moderno, en todos los que están afectados por él a un grado cualquiera, implica un verdadero odio del secreto y de todo lo que se le parece de cerca o de lejos, en cualquier dominio que esto sea; y aprovecharemos esta ocasión para explicarnos claramente sobre esta cuestión. No se puede decir estrictamente que la "vulgarización" de las doctrinas sea peligrosa, al menos en tanto que no se trate más que de su lado teórico; más bien sería simplemente inútil, si no obstante fuera posible; pero en realidad, las verdades de un cierto orden resisten por su naturaleza misma a toda "vulgarización": por claramente que se las exponga (a condición, bien entendido, de exponerlas tales cuales son en su verdadera significación y sin hacerlas sufrir ninguna deformación), no las comprenden más que aquellos que están cualificados para comprenderlas, y, para los demás, son como si no existieran. No hablamos aquí de la "realización" y de sus medios propios, ya que, a este respecto, nada hay que pueda tener un valor efectivo si no es en el interior de una organización iniciática regular; pero, desde el punto de vista teórico, una reserva no puede estar justificada más que por consideraciones de simple oportunidad, y por consiguiente por razones puramente contingentes, lo que no quiere decir forzosamente desdeñables de hecho. En el fondo, el verdadero secreto, y por lo demás el único que no puede ser traicionado nunca de ninguna manera, reside únicamente en lo inexpresable, que es por eso mismo incomunicable, y hay necesariamente una parte de inexpresable en toda verdad de orden transcendente; es en eso donde reside esencialmente, en realidad, la significación profunda del secreto iniciático; un secreto exterior cualquiera no puede tener nunca más que el valor de una imagen o de un símbolo de ése, y también, el de una "disciplina" que puede no carecer de provecho. Pero, bien entendido, éstas son cosas cuyo sentido y alcance escapan enteramente a la mentalidad moderna, y al respecto de las cuales la incomprehensión engendra muy naturalmente hostilidad; por lo demás, el vulgo siente siempre un miedo instintivo de todo lo que no comprende, y el miedo engendra muy fácilmente el odio, incluso cuando uno se esfuerza al mismo tiempo en escapar a él por la negación pura y simple de la verdad incomprendida; por otra parte, hay negaciones que se parecen a verdaderos gritos de rabia, como por ejemplo las de los supuestos "librepensadores" al respecto de todo lo que se refiere a la religión.

Así pues, la mentalidad moderna está hecha de tal modo que no puede sufrir ningún secreto y ni siquiera ninguna reserva; tales cosas, puesto que ignora sus razones, no se le aparecen más que como "privilegios" establecidos en provecho de algunos, y no puede sufrir tampoco ninguna superioridad; si se quisiera emprender explicarle que éstos supuestos "privilegios" tienen en realidad su fundamento en la naturaleza misma de los seres, sería trabajo perdido, ya que eso es precisamente lo que niega obstinadamente su "igualitarismo". No solo se jacta, muy equivocadamente por lo demás, de suprimir todo "misterio" con su ciencia y su filosofía exclusivamente "racionales" y puestas "al alcance de todo el mundo", sino que este horror del "misterio" llega tan lejos, en todos los dominios, que se extiende incluso hasta lo que se ha convenido llamar la "vida ordinaria". No obstante, un mundo donde todo hubiera devenido "público" tendría un carácter propiamente monstruoso; decimos "hubiera", ya que, de hecho, todavía no estamos completamente en eso a pesar de todo, y quizás eso no será nunca completamente realizable, ya que, también aquí, se trata de un "límite"; pero es incontestable que, por todos los lados, se apunta actualmente a obtener tal resultado, y, a este respecto, se puede destacar que el número de los adversarios aparentes de la "democracia" no hace en suma más que llevar todavía más lejos sus consecuencias si es posible, porque, en el fondo, están tan penetrados por el espíritu moderno como esos mismos a quienes quieren oponerse. Para llevar a los hombres a vivir enteramente "en público" ya no se contentan con juntarlos en "masa" en toda ocasión y bajo no importa cuál pretexto; también se les quiere alojar, no solo en "colmenas" como lo decíamos precedentemente, sino literalmente en "colmenas de cristal", dispuestas por lo demás de tal manera que no les será posible tomar en ellas sus comidas como no sea "en común"; los hombres que son capaces de someterse a una tal existencia han caído verdaderamente en un nivel "infrahumano", en el nivel, si se quiere, de insectos tales como las abejas y las hormigas; y, por lo demás, también se esfuerzan por todos los medios en "adiestrarlos" para no ser más diferentes entre ellos que los individuos de esas especies animales, si no incluso menos todavía.

Como no tenemos de ninguna manera la intención de entrar en el detalle de ciertas "anticipaciones" que serían quizás muy fáciles e incluso rebasadas muy rápidamente por los acontecimientos, no nos extenderemos más sobre este tema, y nos basta, en suma, haber destacado, con el estado al que las cosas han llegado al presente, la tendencia que no pueden dejar de continuar siguiendo, al menos durante un cierto tiempo todavía. El odio del secreto, en el fondo, no es otra cosa que una de las formas del odio por todo lo que rebasa el nivel "medio", y también por todo lo que se aparta de la uniformidad que se quiere imponer a todos; y no obstante, en el mundo moderno mismo, hay un secreto que está mejor guardado que cualquier otro: es el de la formidable empresa de sugestión que ha producido y que mantiene la mentalidad actual, y que la ha constituido y, se podría decir, "fabricado" de tal manera que no puede más que negar su existencia e incluso su posibilidad, lo que, ciertamente, es el mejor medio, y un medio de una habilidad verdaderamente "diabólica", para que este secreto nunca pueda ser descubierto.

CAPÍTULO XIII

Los postulados del racionalismo

Acabamos de decir que es en el nombre de una ciencia y de una filosofía calificadas de "racionales" como los modernos pretenden excluir todo "misterio" del mundo tal como se le representan, y, de hecho, se podría decir que cuanto más estrechamente limitada es una concepción, tanto más estrictamente "racional" se la considera; por lo demás, se sabe bastante bien que, desde los "enciclopedistas" del siglo XVIII, los más acérrimos negadores de toda realidad suprasensible aman particularmente invocar la "razón" a todo propósito y proclamarse "racionalistas". No obstante, cualquiera que sea la diferencia que haya entre ese "racionalismo" vulgar y el "racionalismo" propiamente filosófico, no es en suma más que una diferencia de grado; uno y otro corresponden bien a las mismas tendencias, que no han hecho más que ir exagerándose, y al mismo tiempo "vulgarizándose" durante todo el curso de los tiempos modernos. Por lo demás, ya hemos tenido tan frecuentemente la ocasión de hablar del "racionalismo" y de definir sus principales caracteres, que casi podríamos contentarnos con remitir sobre este tema a algunas de nuestras precedentes obras[42]; no obstante, el "racionalismo" está tan ligado a la concepción misma de un ciencia cuantitativa que no podemos dispensarnos de decir todavía a su respecto al menos algunas palabras aquí.

Así pues, recordaremos que el racionalismo propiamente dicho se remonta a Descartes, y hay que notar que, desde su origen, se encuentra asociado así directamente a la idea de una física "mecanicista"; por lo demás, el Protestantismo le había preparado el camino, al introducir en la religión, con el "libre examen", una suerte de racionalismo, aunque entonces la palabra no existía todavía, puesto que no se inventó hasta que la misma tendencia no se afirmó más explícitamente en el dominio filosófico. El racionalismo bajo todas sus formas se define esencialmente por la creencia en la supremacía de la razón, proclamada como un verdadero "dogma", y que implica la negación de todo lo que es de orden supraindividual, concretamente de la intuición intelectual pura, lo que entraña lógicamente la exclusión de todo conocimiento metafísico verdadero; la misma negación tiene también como consecuencia, en otro orden, el rechazo de toda autoridad espiritual, puesto que ésta es necesariamente de fuente "suprahumana"; así pues, el racionalismo y el individualismo son tan estrechamente solidarios que, de hecho, se confunden lo más frecuentemente, salvo, no obstante, en el caso de algunas teorías filosóficas recientes que, aunque no son

---

[42] Ver sobre todo Oriente y Occidente y La Crisis del Mundo moderno.

racionalistas, por ello no son menos exclusivamente individualistas. Podemos destacar desde ahora hasta qué punto concuerda este racionalismo con la tendencia moderna a la simplificación: ésta, que naturalmente procede siempre por reducción de las cosas a sus elementos más inferiores, se afirma en efecto ante todo por la supresión de todo el dominio supraindividual, a la espera de que más tarde se llegue a querer reducir todo lo que queda, es decir, todo lo que es de orden individual, a la modalidad sensible o corporal solo, y finalmente ésta a un simple agregado de determinaciones cuantitativas; se ve sin esfuerzo cuan rigurosamente se encadena todo eso, constituyendo como otras tantas etapas necesarias de una misma "degradación" de las concepciones que el hombre se hace de sí mismo y del mundo.

Hay también otro género de simplificación que es inherente al racionalismo cartesiano, y que se manifiesta primero por la reducción de la naturaleza entera del espíritu al "pensamiento" y de la del cuerpo a la "extensión"; bajo este último aspecto, como ya lo hemos visto, eso es el fundamento mismo de la física "mecanicista", y, se podría decir, el punto de partida de la idea de una ciencia enteramente cuantitativa[43]. Pero eso no es todo: por el lado del "pensamiento", se opera otra simplificación abusiva debido al hecho mismo de la manera en que

---

[43] En cuanto a la concepción que Descartes se hace de la ciencia, hay que notar también que pretende que se pueden llegar a tener ideas "claras y distintas" de todas las cosas, es decir, semejantes a las ideas matemáticas, y obtener así una "evidencia" que no es igualmente posible más que en las matemáticas solo.

Descartes considera la razón, a la que llama también el "buen sentido" (lo que, si se piensa en la acepción corriente de la misma expresión, evoca una noción de un nivel singularmente mediocre), y que declara que es "la cosa mejor compartida del mundo ", lo que implica ya una suerte de idea "igualitaria", y lo que, por lo demás, es manifiestamente falso; en eso, confunde pura y simplemente la razón "en acto" con la "racionalidad", en tanto que esta última es propiamente un carácter específico del ser humano como tal[44]. Ciertamente, la naturaleza humana está toda entera en cada individuo, pero se manifiesta de maneras muy diversas en ellos, según las cualidades propias que pertenecen respectivamente a esos individuos, y que se unen en ellos a esta naturaleza específica para constituir la integralidad de su esencia; pensar de otro modo, es pensar que los individuos humanos son todos semejantes entre sí y que no difieren apenas más que *solo numero*. De eso han venido directamente todas esas consideraciones sobre la "unidad del espíritu humano", que los modernos invocan sin cesar para explicar toda suerte de cosas, de las cuales algunas ni siquiera son de

---

[44] Si se toma la definición clásica del ser humano como "animal racional", la "racionalidad" representa en él la "diferencia específica" por la cual el hombre se distingue de todas las otras especies del género animal; por lo demás, ella no es aplicable más que en el interior de este género, o, en otros términos, no es propiamente más que lo que los escolásticos llamaban una *differentia animalis*; así pues, no se puede hablar de "racionalidad" en lo que concierne a los seres que pertenecen a otros estados de existencia, concretamente a los estados supraindividuales, como los ángeles por ejemplo; y eso está de acuerdo con el hecho de que la razón es una facultad de orden exclusivamente individual, que no podría rebasar de ninguna manera los límites del dominio humano.

orden "psicológico", como por ejemplo, el hecho de que los mismos
símbolos tradicionales se encuentren en todos los tiempos y en todos los
lugares; además de que no es del "espíritu" de lo que se trata realmente
para ellos, sino simplemente de la "mente", en eso no puede haber más
que una falsa unidad, ya que la verdadera unidad no podría pertenecer
al dominio individual, que es el único que tienen en vista los que hablan
así, y por lo demás también, más generalmente, todos los que creen
poder hablar de "espíritu humano", como si el espíritu pudiera estar
afectado de un carácter específico; y, en todo caso, la comunidad de
naturaleza de los individuos en la especie no puede tener más que
manifestaciones de orden muy general, y es perfectamente incapaz de
explicar similitudes que recaen al contrario sobre detalles muy precisos;
¿pero cómo hacer comprender a esos modernos que la unidad
fundamental de todas las tradiciones no se explica verdaderamente más
que por lo que hay en ellas de "suprahumano"? Por otra parte, y para
volver a lo que no es efectivamente más que humano, es inspirándose
evidentemente en la concepción cartesiana como Locke, el fundador de
la psicología moderna, ha creído poder declarar que, para saber lo que
han pensado antaño los Griegos y los Romanos (ya que su horizonte no
se extendía más allá de la antigüedad "clásica" occidental), no hay más
que buscar lo que piensan los Ingleses y Franceses de nuestros días ya
que "el hombre es por todas partes y siempre el mismo"; nada podría
ser más falso, y no obstante los psicólogos han permanecido siempre en
eso, ya que, mientras se imaginan que están hablando del hombre en
general, la mayor parte de lo que dicen no se aplica en realidad más que
al Europeo moderno; ¿no es eso creer ya realizada esa uniformidad que
se tiende en efecto actualmente a imponer a todos los individuos
humanos? Es verdad que, en razón misma de los esfuerzos que se hacen
en este sentido, las diferencias van atenuándose, y que así la hipótesis de
los psicólogos es menos completamente falsa hoy día que en tiempos de
Locke (a condición no obstante, bien entendido, de que uno se guarde
cuidadosamente de querer referir como él su aplicación al pasado); pero,
a pesar de todo, el límite, como ya lo hemos dicho más atrás, no podrá

ser alcanzado nunca, y, mientras dure este mundo, siempre habrá diferencias irreductibles; en fin, por añadidura, ¿es el medio de conocer verdaderamente la naturaleza humana tomar como un tipo un "ideal" que, en todo rigor, no podría ser calificado más que de "infrahumano"?

Habiendo dicho eso, queda explicar todavía por qué el racionalismo está ligado a la idea de una ciencia exclusivamente cuantitativa, o, para decirlo mejor, por qué ésta procede de aquél; y, a este respecto, es menester reconocer que hay una parte notable de verdad en las críticas que Bergson dirige a lo que él llama sin razón la "inteligencia", y que no es en realidad más que la razón, e incluso, más precisamente, un cierto uso de la razón basado sobre la concepción cartesiana, ya que es en definitiva de esta concepción de donde han salido todas las formas del racionalismo moderno. Por lo demás, hay que destacar que los filósofos dicen frecuentemente cosas mucho más justas cuando argumentan contra otros filósofos que cuando vienen a exponer sus propios pareceres, y, viendo cada uno generalmente bastante bien los defectos de los otros, se destruyen en cierto modo mutuamente; es así como Bergson, si uno se toma el trabajo de rectificar sus errores de terminología, muestra bien los defectos del racionalismo (que, muy lejos de confundirse con el verdadero "intelectualismo", es al contrario su negación) y las insuficiencias de la razón, pero por ello no está menos equivocado a su vez cuando, para suplir a éstos, busca en lo "infrarracional" en lugar de elevarse a lo "suprarracional" (y es por eso por lo que su filosofía es igualmente individualista e ignora tan completamente el orden supraindividual como la de sus adversarios). Así pues, cuando reprocha a la razón, a la que vamos a restituir aquí su verdadero nombre, "que recorta artificialmente lo real", no tenemos necesidad de adoptar su propia idea de lo "real", aunque no sea más que a título puramente hipotético y provisorio, para comprender lo que quiere decir en el fondo: se trata manifiestamente de la reducción de todas las cosas a unos elementos supuestos homogéneos o idénticos entre sí, lo que no es nada más que la reducción a lo cuantitativo, ya que no es sino bajo este único punto de vista como tales elementos son concebibles; y ese "recorte" evoca incluso bastante claramente los esfuerzos para introducir una discontinuidad que no pertenece propiamente más que a la cantidad pura o numérica, es decir, en suma a la tendencia, de la cual hemos hablado más atrás, a no querer admitir como "científico" más que lo que es susceptible de ser "cifrado"[45]. Del mismo modo, cuando dice que la razón no está cómoda más que cuando se aplica a lo "sólido", que es en cierto modo su dominio propio, parece darse cuenta de la tendencia que tiene inevitablemente, cuando está reducida a sí misma, a "materializarlo" todo, en el sentido ordinario de esta palabra, es decir, a no considerar en todas las cosas más que sus modalidades más groseras, porque son aquellas en las que la cualidad está más disminuida en provecho de la cantidad; únicamente parece considerar más bien la conclusión de esta tendencia que su punto de partida, lo que podría hacerle acusar de una cierta exageración, ya que hay evidentemente grados en esta "materialización"; pero, si se refiere al estado presente de las concepciones científicas (o más bien, como lo veremos en lo que sigue, a un estado ya algo pasado ahora), es cierto en efecto que están tan cerca como es posible de representar su último grado o su grado más bajo, aquel en el que la "solidez" así entendida ha alcanzado su máximo, y eso incluso es un signo particularmente

---

[45] Bajo esta relación, se podría decir que, de todos los sentidos que estaban incluidos en la palabra latina *ratio*, apenas se ha guardado ya más que uno sólo, el de "cálculo", en el uso "científico" que se hace actualmente de la razón.

característico del periodo al que hemos llegado. Bien entendido, no pretendemos que Bergson mismo haya comprendido estas cosas de una manera tan clara como la que resulta de esta "traducción" de su lenguaje, y eso parece incluso bastante poco probable, dadas las múltiples confusiones que comete constantemente; pero por ello no es menos verdad que, de hecho, estas opiniones le han sido sugeridas por la constatación de lo que es la ciencia actual, y que, a este título, este testimonio de un hombre que es él mismo un incontestable representante del espíritu moderno no podría ser tenido por desdeñable; en cuanto a lo que representan exactamente sus propias teorías, es en otra parte de este estudio donde encontraremos su significación, y todo lo que podemos decir por el momento, es que corresponden a un aspecto diferente y en cierto modo a otra etapa de esta desviación cuyo conjunto constituye propiamente el mundo moderno.

Para resumir lo que precede, podemos decir todavía esto: puesto que el racionalismo es la negación de todo principio superior a la razón, entraña como consecuencia "práctica" el uso exclusivo de esta misma razón cegada, si se puede decir, por eso mismo de que así está aislada del intelecto puro y transcendente del que, normal y legítimamente, ella no puede más que reflejar la luz en el dominio individual. Desde que ha perdido toda comunicación efectiva con este intelecto supraindividual, la razón ya no puede más que tender hacia abajo, es decir, hacia el polo inferior de la existencia, y hundirse cada vez más en la "materialidad"; en la misma medida, pierde poco a poco hasta la idea misma de la verdad, y llega por eso a no buscar más que la mayor comodidad para su comprensión limitada, en lo cual encuentra una satisfacción inmediata por el hecho de su tendencia hacia abajo, puesto que ésta la conduce en el sentido de la simplificación y de la uniformización de todas las cosas; así pues, ella obedece tanto más fácil y más rápidamente a esta tendencia cuanto que los efectos de ésta son conformes a sus deseos, y este descenso cada vez más rápido no puede desembocar finalmente más que en lo que hemos llamado el "reino de la cantidad".

CAPÍTULO XIV

MECANICISMO Y MATERIALISMO

El primer producto del racionalismo, en el orden llamado "científico", fue el mecanicismo cartesiano; el materialismo no debía venir sino más tarde, puesto que, como lo hemos explicado en otra parte, la palabra y la cosa no datan propiamente más que del siglo XVIII; por lo demás, cualesquiera que hayan podido ser las intenciones de Descartes mismo (y, de hecho, se han podido sacar de las ideas de éste, llevando hasta el extremo sus consecuencias lógicas, teorías muy contradictorias entre sí), por ello no hay menos, entre el uno y el otro, una filiación directa. A este propósito, no es inútil recordar que, si se pueden calificar de mecanicistas las antiguas concepciones atomistas tales como las de Demócrito y sobre todo de Epicuro, que son sin duda en eso, en la antigüedad, los únicos "precursores" en los que los modernos puedan avalarse con alguna razón, es erróneo que se quiera considerarlos frecuentemente como una primera forma del materialismo, ya que éste implica ante todo la noción de la "materia" de los físicos modernos, noción que, en aquella época, estaba todavía muy lejos de haber tomado nacimiento. La verdad es que el materialismo representa simplemente una de las dos mitades del dualismo cartesiano, precisamente esa a la que su autor había aplicado la concepción mecanicista; bastaba desde entonces desdeñar o negar la otra mitad, o, lo que equivale a lo mismo, pretender reducir a esa mitad la realidad toda entera, para llegar naturalmente al materialismo.

Leibnitz ha mostrado muy bien, contra Descartes y sus discípulos, la insuficiencia de una física mecanicista, que, por su naturaleza misma, no puede dar cuenta más que de la apariencia exterior de las cosas y es incapaz de explicar nada de su verdadera esencia; así pues, se podría decir que el mecanicismo no tiene más que un valor únicamente "representativo" y de ningún modo explicativo; y, en el fondo, ¿no es ese exactamente el caso de toda la ciencia moderna? Ello es así incluso en un ejemplo tan simple como el del movimiento, que, no obstante, es lo que se considera como siendo por excelencia susceptible de ser explicado mecánicamente; una tal explicación no vale, dice Leibnitz, sino en tanto que no se considere en el movimiento nada más que un cambio de situación, y, a este respecto, cuando la situación respectiva de dos cuerpos cambia, es indiferente decir que el primero se mueve en relación al segundo o el segundo en relación al primero, ya que hay en eso una perfecta reciprocidad; pero ello es muy diferente desde que se toma en consideración la razón del movimiento, y, puesto que esta razón se encuentra en uno de los dos cuerpos, es solo de ése del que se dirá que se mueve, mientras que el otro no desempeña en el cambio intervenido más que un papel puramente pasivo; pero eso es algo que escapa enteramente a las consideraciones de orden mecánico y cuantitativo. Así pues, el mecanicismo se limita en suma a dar una simple descripción del movimiento, tal cual es en sus apariencias exteriores, y es impotente para aprehender su razón, y por consiguiente para expresar ese aspecto esencial o cualitativo del movimiento que es el único que puede dar su explicación real; y con mayor razón será lo mismo para toda otra cosa de un carácter más complejo y en la que la cualidad predomine más sobre la cantidad; así pues, una ciencia constituida así no podrá tener verdaderamente ningún valor de conocimiento efectivo, ni siquiera en lo que concierne al dominio relativo y limitado en el que está encerrada.

No obstante, una concepción tan notoriamente insuficiente es la que Descartes ha querido aplicar a todos los fenómenos del mundo corporal, por eso mismo de que reducía la naturaleza toda entera de los cuerpos a la extensión, y porque, por otra parte, no consideraba a ésta más que bajo un punto de vista puramente cuantitativo; y, lo mismo que los mecanicistas más recientes y los materialistas, ya no hacía a este respecto ninguna diferencia entre los cuerpos dichos "inorgánicos" y los seres vivos. Decimos los seres vivos, y no solo los cuerpos organizados, porque el ser mismo se encuentra aquí efectivamente reducido al cuerpo, en razón de la famosísima teoría cartesiana de los "animales máquinas", que es una de las más sorprendentes absurdidades que el espíritu de sistema haya engendrado nunca; es solo cuando llega a considerar el ser humano cuando Descartes, en su física, se cree obligado a especificar que aquello de lo que está hablando no es más que el "cuerpo del hombre"; ¿y qué vale justamente esta restricción, desde que, por hipótesis, todo lo que ocurre en este cuerpo sería exactamente lo mismo si el "espíritu" estuviera ausente? En efecto, el ser humano, debido al dualismo, se encuentra como cortado en dos partes que ya no llegan a unirse y que no pueden formar un compuesto real, puesto que, al suponérselas absolutamente heterogéneas, no pueden entrar en comunicación por ningún medio, de suerte que toda acción efectiva de la una sobre la otra se hace por eso mismo imposible. Además, se ha pretendido por otra parte explicar mecánicamente todos los fenómenos que se producen en los animales, comprendidas las manifestaciones cuyo carácter es más evidentemente psíquico; así pues, uno puede preguntarse por qué no sería lo mismo en el hombre, y si no es permisible desdeñar el otro lado del dualismo como no concurriendo en nada a la explicación de las cosas; de eso a considerarle como una complicación inútil y a tratarle de hecho como inexistente, y seguidamente a negarle pura y simplemente, no hay mucho trecho, sobre todo para hombres cuya atención está toda vuelta constantemente hacia el dominio sensible, como es el caso de los occidentales modernos; y es así como la física mecanicista de Descartes debía preparar inevitablemente la vía al materialismo.

La reducción a lo cuantitativo estaba ya operada teóricamente para todo lo que pertenece propiamente al orden corporal, en el sentido de que la constitución misma de la física cartesiana implicaba la posibilidad de esta reducción; ya no quedaba más que extender esta concepción al conjunto de la realidad tal como se la comprendía, realidad que, en virtud de los postulados del racionalismo, se encontraba por otra parte restringida únicamente al dominio de la existencia individual. Partiendo del dualismo, esta reducción debía presentarse necesariamente como una reducción del "espíritu" a la "materia", reducción consistente en poner en ésta exclusivamente todo lo que Descartes había puesto en uno y otro de los dos términos, a fin de poder reducirlo todo igualmente a la cantidad; y, después de haber relegado en cierto modo "más allá de las nubes" el aspecto esencial de las cosas, con eso se le suprimía completamente para ya no querer considerar y admitir más que su aspecto substancial, puesto que es a estos dos aspectos a los que corresponden respectivamente el "espíritu" y la "materia", aunque no ofrezcan de ellos a decir verdad más que una imagen muy disminuida y deformada. Descartes había hecho entrar en el dominio cuantitativo la mitad del mundo tal como él le concebía, e incluso sin duda la mitad más importante a sus ojos, ya que, en el fondo de su pensamiento y cualesquiera que fueran las apariencias, él quería ser ante todo un físico; el materialismo, a su vez, pretendió hacer entrar en ese dominio el mundo entero; ya no quedaba entonces más que esforzarse en elaborar efectivamente esta reducción por medio de teorías cada vez más apropiadas a este fin, y es a esta tarea a la que debía aplicarse toda la ciencia moderna, incluso cuando no se declaraba abiertamente materialista.

Además del materialismo explícito y formal, hay en efecto también lo que se puede llamar un materialismo de hecho, cuya influencia se extiende mucho más lejos, ya que muchas gentes que no se creen en modo alguno materialistas se comportan no obstante prácticamente como tales en todas las circunstancias; hay en suma, entre estos dos materialismos, una relación bastante semejante a la que existe, como lo decíamos más atrás, entre el racionalismo filosófico y el racionalismo vulgar, salvo que el simple materialista de hecho no reivindica generalmente esta calidad, y frecuentemente protestaría incluso si se le aplicara, mientras que el racionalista vulgar, aunque sea el hombre más ignorante de toda filosofía, es al contrario el más empeñado en proclamarse tal, al mismo tiempo que se adorna orgullosamente del título más bien irónico de "librepensador", mientras que, en realidad, no es más que el esclavo de todos los prejuicios corrientes de su época. Sea como sea, del mismo modo que el racionalismo vulgar es el producto de la difusión del racionalismo filosófico entre el "gran público", con todo lo que conlleva forzosamente su "puesta al alcance de todo el mundo", así también es el materialismo propiamente dicho el que está en el punto de partida del materialismo de hecho, en el sentido de que ha hecho posible este estado de espíritu general y de que ha contribuido efectivamente a su formación; pero, bien entendido, su totalidad se explica siempre en definitiva por el desarrollo de las mismas tendencias, que constituyen el fondo mismo del espíritu moderno. No hay que decir que un sabio, en el sentido actual de esta palabra, incluso si no hace profesión de materialismo, estará tanto más fuertemente influenciado por él cuanto que toda su educación especial está dirigida en ese sentido; e, incluso si, como sucede a veces, ese sabio cree no estar desprovisto de "espíritu religioso", encontrará el medio de separar tan completamente su religión de su actividad científica que su obra no se distinguirá en nada de la del más aseverado materialista, y es así como desempeñará su papel, tan bien como éste, en la construcción "progresiva" de la ciencia más exclusivamente cuantitativa y más groseramente material que sea posible concebir; y es así como la acción antitradicional logra utilizar en su provecho hasta aquellos que, al contrario, deberían ser lógicamente sus adversarios, si la desviación de la mentalidad moderna no hubiera formado unos seres llenos de contradicciones e incapaces siquiera de apercibirse de ello. En eso también, la tendencia a la uniformidad encuentra su realización, puesto que todos los hombres llegan así prácticamente a pensar y a actuar de la misma manera, y aquello en lo que todavía son diferentes a pesar de todo ya no tiene más que un mínimo de influencia efectiva que no se traduce exteriormente en nada real; es así como, en un tal mundo, y salvo muy raras excepciones, un hombre que se declara cristiano, por ello no deja de comportarse de hecho como si no hubiera ninguna realidad fuera de la única existencia corporal, y un sacerdote que hace "ciencia" no difiere sensiblemente de un universitario materialista; cuando se ha llegado a eso, ¿pueden llegar las cosas aún mucho más lejos antes de que el punto más bajo del "descenso" sea finalmente alcanzado?

CAPÍTULO XV

LA ILUSIÓN DE LA "VIDA ORDINARIA"

L a actitud materialista, ya se trate de materialismo explícito y formal o de simple materialismo "práctico", aporta necesariamente, a toda la constitución "psicofisiológica" del ser humano, una modificación real y muy importante; eso es fácil de comprender, y, de hecho, no hay más que mirar alrededor de sí para constatar que el hombre moderno ha devenido verdaderamente impermeable a toda influencia que no sea la de lo que cae bajo sus sentidos; no solo sus facultades de comprehensión han devenido cada vez más limitadas, sino que el campo mismo de su percepción se ha restringido igualmente. De ello resulta una suerte de reforzamiento del punto de vista profano, puesto que, si este punto de vista ha nacido primero de una falta de comprehensión, y por consiguiente de una limitación de las facultades humanas, esta misma limitación, al acentuarse y al extenderse a todos los dominios, parece justificarla después, al menos a los ojos de los que son afectados por ella; en efecto, ¿qué razón podrían tener aún, para admitir la existencia de lo que ya no pueden ni concebir ni percibir realmente, es decir, de todo lo que podría mostrarles la insuficiencia y la falsedad del punto de vista profano mismo?

De ahí proviene la idea de lo que se designa comúnmente como la "vida ordinaria" o la "vida corriente"; lo que se entiende por eso, en efecto, es, ante todo, algo en lo que, por la exclusión de todo carácter sagrado, ritual o simbólico (ya se considere esto en el sentido especialmente religioso o según toda otra modalidad tradicional, eso importa poco aquí, puesto que de lo que se trata en todos los casos es igualmente de una acción efectiva de las "influencias espirituales"), nada que no sea puramente humano podría intervenir de ninguna manera; y estas designaciones mismas implican además que todo lo que rebasa una tal concepción, aunque todavía no se niegue expresamente, está al menos relegado a un dominio "extraordinario", considerado como excepcional, extraño y desacostumbrado; así pues, hablando propiamente, hay en eso una inversión del orden normal, tal como está representado por las civilizaciones integralmente tradicionales donde el punto de vista profano no existe de ninguna manera, y esta inversión no puede desembocar lógicamente más que en la ignorancia o en la negación completa de lo "suprahumano". Así, algunos llegan hasta emplear igualmente, en el mismo sentido, la expresión de "vida real", lo que, en el fondo, es de una singular ironía, ya que la verdad es que lo que ellos nombran así no es, al contrario, más que la peor de las ilusiones; no queremos decir con esto que las cosas de que se trata estén en sí mismas desprovistas de toda realidad, aunque esta realidad, que es en suma la misma del orden sensible, esté en el grado más bajo de todos, y aunque por debajo de ella no haya más que lo que está propiamente por debajo mismo de toda existencia manifestada; sino que es la manera en que las cosas son consideradas la que es enteramente falsa, y la que, al separarlas de todo principio superior, les niega precisamente lo que constituye toda su realidad; por eso es por lo que, en todo rigor, no existe realmente dominio profano, sino solo un punto de vista profano, que se hace siempre cada vez más invasor, hasta englobar finalmente a la existencia humana toda entera.

Se ve fácilmente por eso cómo, en esta concepción de la "vida ordinaria", se pasa casi insensiblemente de un estadio a otro, donde la degeneración va acentuándose progresivamente: se comienza por admitir que algunas cosas sean sustraídas a toda influencia tradicional, y después son esas cosas las que llegan a considerarse como normales; desde ahí, se llega muy fácilmente a considerarlas como las únicas "reales", lo que equivale a descartar como "irreal" todo lo "suprahumano", e incluso, al ser el dominio humano concebido de una manera cada vez más estrechamente limitada, hasta reducirle únicamente a la modalidad corporal, todo lo que es simplemente de orden suprasensible; no hay más que observar cómo nuestros contemporáneos emplean constantemente, y sin siquiera pensar en ello, la palabra "real" como sinónimo de "sensible", para darse cuenta de que es en este último punto donde están efectivamente, y que esta manera de ver está tan incorporada a su naturaleza misma, si se puede decir, que ha devenido en ellos como instintiva. La filosofía moderna, que no es en suma primeramente más que una expresión "sistematizada" de la mentalidad general, antes de actuar a su vez sobre ésta en una cierta medida, ha seguido una marcha paralela a esa: eso ha comenzado con el elogio cartesiano del "buen sentido" del que hablábamos más atrás, y que es muy característico a este respecto, ya que la "vida ordinaria" es ciertamente, por excelencia, el dominio de ese supuesto "buen sentido", llamado también "sentido común", tan limitado como ella y de la misma manera; después, desde el racionalismo, que no es en el fondo más que un aspecto más especialmente filosófico del "humanismo", es decir, de la reducción de todas las cosas a un punto de vista exclusivamente humano, se llega poco a poco al materialismo o al positivismo: que uno niegue expresamente, como el primero, todo lo que está más allá del mundo sensible, o que uno se contente, como el segundo (que por esta razón ama llamarse también "agnosticismo", haciéndose así un título de gloria de lo que no es en realidad más que la confesión de una incurable ignorancia), con negarse a ocuparse de ello declarándolo "inaccesible" o "incognoscible", el resultado, de hecho, es exactamente el mismo en los dos casos, y es eso mismo lo que acabamos de describir.

Aquí, volvemos a decir también que, en la mayoría, no se trata naturalmente más que de lo que se puede llamar un materialismo o un positivismo "práctico", independiente de toda teoría filosófica, que es en efecto y que será siempre algo muy extraño a la mayoría; pero eso mismo es lo más grave del asunto, no solo porque un tal estado de espíritu adquiere con ello una difusión incomparablemente mayor, sino también porque es tanto más irremediable cuanto más irreflexivo y menos claramente consciente es, ya que eso prueba que ha penetrado verdaderamente y como impregnado toda la naturaleza del individuo. Lo que hemos dicho ya del materialismo de hecho y de la manera en que se acomodan a él gentes que se creen no obstante "religiosas" lo muestra bastante bien; y, al mismo tiempo, se ve por este ejemplo que, en el fondo, la filosofía propiamente dicha no tiene toda la importancia que algunos querrían atribuirle, o que al menos la tiene sobre todo en tanto que puede ser considerada como "representativa" de una cierta mentalidad, más bien que como actuando efectiva y directamente sobre ésta; por lo demás, ¿podría tener el menor éxito una concepción filosófica cualquiera si no respondiera a algunas de las tendencias predominantes de la época en que está formulada? No queremos decir con esto que los filósofos no desempeñan, como otros, su papel en la desviación moderna, lo que sería ciertamente exagerado, sino solo que ese papel es más restringido de hecho de lo que se estaría tentado a suponer a primera vista, y bastante diferente de lo que puede parecer exteriormente; por lo demás, de una manera completamente general, lo que es más visible es siempre, según las leyes mismas que rigen la manifestación, una consecuencia más bien que una causa, una conclusión más bien que un punto de partida[46], y, en todo caso, no es

---

[46] Se podría decir también, si se quiere, que es un "fruto" más bien que un "germen"; el hecho de que el fruto mismo contiene nuevos gérmenes indica que la consecuencia puede

nunca ahí donde es menester buscar lo que actúa de manera verdaderamente eficaz en un orden más profundo, ya se trate en eso de una acción que se ejerce en un sentido normal y legítimo, o bien de lo contrario como en el caso del que hablamos al presente.

El mecanicismo y el materialismo mismos no han podido adquirir una influencia generalizada más que al pasar del dominio filosófico al dominio científico; lo que se refiere a éste ultimo, o lo que se presenta con razón o sin ella como revestido de este carácter "científico", tiene en efecto muy ciertamente, por razones diversas, mucha más acción que las teorías filosóficas sobre la mentalidad común, en la que hay siempre una creencia más o menos implícita en la verdad de una "ciencia" cuyo carácter hipotético se le escapa inevitablemente, mientras que todo lo que se califica de "filosofía" la deja más o menos indiferente; la existencia de aplicaciones prácticas y utilitarias en un caso, y su ausencia en el otro, sin duda no es enteramente ajena a ello. Esto nos lleva justamente otra vez a la idea de la "vida ordinaria", en la que entra efectivamente una dosis bastante fuerte de "pragmatismo"; y, bien entendido, lo que decimos aquí es también completamente independiente del hecho de que algunos de nuestros contemporáneos han querido erigir el "pragmatismo" en sistema filosófico, lo que no se ha hecho posible más que en razón misma del giro utilitario que es

---

desempeñar a su vez el papel de causa a otro nivel, conformemente al carácter cíclico de la manifestación; pero para eso es menester que pase en cierto modo de lo "aparente" a lo "oculto".

inherente a la mentalidad moderna y profana en general, y también porque, en el estado presente de decadencia intelectual, se ha llegado a perder completamente de vista la noción misma de verdad, de suerte que la de utilidad o de comodidad ha acabado por substituirla enteramente. Sea como sea, desde que se ha convenido que la "realidad" consiste exclusivamente en lo que cae bajo los sentidos, es completamente natural que el valor que se atribuye a una cosa cualquiera tenga en cierto modo como medida su capacidad de producir efectos de orden sensible; ahora bien, es evidente que la "ciencia", considerada a la manera moderna, como esencialmente solidaria de la industria, si no incluso confundida más o menos completamente con ésta, debe ocupar a este respecto el primer rango, y que por eso se encuentra mezclada tan estrechamente como es posible a esta "vida ordinaria" de la que deviene así incluso uno de los principales factores; como repercusión de esto, las hipótesis sobre las que pretende fundarse, por gratuitas y por injustificadas que puedan ser, se beneficiarán ellas mismas de esta situación privilegiada a los ojos del vulgo. No hay que decir que, en realidad, las aplicaciones prácticas no dependen en nada de la verdad de esas hipótesis, y uno puede preguntarse por lo demás qué devendría una tal ciencia, tan nula en tanto que conocimiento propiamente dicho, si se la separara de las aplicaciones a las que da lugar; pero, tal cual es, es un hecho que esta ciencia "triunfa", y, para el espíritu instintivamente utilitarista del "público" moderno, el "triunfo" o el "éxito" deviene como una suerte de "criterio de verdad", si es que todavía se puede hablar aquí de verdad en un sentido cualquiera.

Por lo demás, ya se trate de no importa cuál punto de vista, filosófico, científico o simplemente "práctico", es evidente que todo eso, en el fondo, no representa más que otros tantos aspectos diversos de una sola y misma tendencia, y también que esta tendencia, como todas las que, al mismo título, son constitutivas del espíritu moderno, no ha podido desarrollarse ciertamente espontáneamente; ya hemos tenido con bastante frecuencia la ocasión de explicarnos sobre éste último punto, pero se trata de cosas sobre las cuales nunca se podría insistir demasiado, y todavía tendremos que volver después sobre el lugar más preciso que ocupa el materialismo en el conjunto del "plan" según el cual se efectúa la desviación del mundo moderno. Bien entendido, los materialistas mismos son, en mayor grado que cualquiera, perfectamente incapaces de darse cuenta de estas cosas y ni siquiera de concebir su posibilidad, cegados como están por sus ideas preconcebidas, que les cierran toda salida fuera del dominio estrecho en el que están acostumbrados a moverse; y sin duda que se sentirían enormemente sorprendidos de saber que han existido y que existen todavía hombres para los cuales lo que ellos llaman la "vida ordinaria" sería la cosa más extraordinaria que se pueda imaginar, puesto que no corresponde a nada de lo que se produce realmente en su existencia. No obstante, ello es así, y, lo que es más, son estos hombres los que deben ser considerados como verdaderamente "normales", mientras que los materialistas, con todo su "buen sentido" tan alabado y todo el "progreso" del cual se consideran orgullosamente como los productos más acabados y los representantes más "avanzados", no son, en el fondo, más que seres en los que algunas facultades se han atrofiado hasta el punto de estar completamente abolidas. Por lo demás, es con esta condición solamente como el mundo sensible puede aparecérseles como un "sistema cerrado", en el interior del cual se sienten en perfecta seguridad; nos queda ver cómo esta ilusión, en un cierto sentido y en una cierta medida, puede ser "realizada" por el hecho del materialismo mismo; pero, más adelante, veremos también cómo, a pesar de eso, ella no representa en cierto modo más que un estado de equilibrio eminentemente inestable, y cómo, en el punto mismo en el que las cosas están actualmente, esta seguridad de la "vida ordinaria", sobre la que se ha basado hasta aquí toda la organización exterior del mundo moderno, corre mucho riesgo de ser perturbada por "interferencias" inesperadas.

CAPÍTULO XVI

LA DEGENERACIÓN DE LA MONEDA

Llegados a este punto de nuestra exposición, no será quizás inútil apartarnos un poco de ella, al menos en apariencia, para dar, aunque no sea sino bastante sumariamente, algunas indicaciones sobre una cuestión que puede parecer no referirse más que a un hecho de un género muy particular, pero que constituye un ejemplo sorprendente de los resultados de la concepción de la "vida ordinaria", al mismo tiempo que una excelente "ilustración" de la manera en que ésta está ligada al punto de vista exclusivamente cuantitativo, y que, por esté último lado sobre todo, se vincula en realidad muy directamente a nuestro tema. La cuestión de que se trata es la de la moneda, y ciertamente, si uno se queda aquí en el simple punto de vista "económico" tal como se le entiende hoy día, parece efectivamente que ésta sea algo que pertenece tan completamente como es posible al "reino de la cantidad"; por lo demás, es a este título como, en la sociedad moderna, desempeña el papel preponderante que se conoce suficientemente y sobre el cual sería evidentemente superfluo insistir; pero la verdad es que el punto de vista "económico" mismo y la concepción exclusivamente cuantitativa de la moneda que le es inherente no son más que el producto de una degeneración en suma bastante reciente, y que la moneda ha tenido en su origen y ha conservado durante mucho tiempo un carácter completamente diferente y un valor propiamente cualitativo, por sorprendente que eso pueda parecer a la generalidad de nuestros contemporáneos.

Hay una observación que es muy fácil de hacer por poco que se tengan solo "dos ojos para ver": es que las monedas antiguas están literalmente cubiertas de símbolos tradicionales, tomados incluso frecuentemente entre los que presentan un sentido más particularmente profundo; es así como se ha destacado concretamente que, en los Celtas, los símbolos que figuran sobre las monedas no pueden explicarse más que si se los refiere a conocimientos doctrinales que eran propios a los Druidas, lo que implica, por lo demás, una intervención directa de éstos en ese dominio; y, bien entendido, lo que es verdad bajo este aspecto para los Celtas lo es igualmente para todos los demás pueblos de la antigüedad, teniendo en cuenta naturalmente las modalidades propias de sus organizaciones tradicionales respectivas. Eso concuerda muy exactamente con la inexistencia del punto de vista profano en las civilizaciones estrictamente tradicionales: la moneda, allí donde existía, no podía ser la cosa profana que ha devenido más tarde; y, si lo hubiera sido, ¿cómo se explicaría aquí la intervención de una autoridad espiritual que evidentemente no hubiera tenido nada que ver con ella, y cómo se podría comprender también que diversas tradiciones hablen de la moneda como de algo que está cargado verdaderamente de una "influencia espiritual", cuya acción podía ejercerse efectivamente por la mediación de los símbolos que constituían su "soporte" normal? Agregaremos que, hasta en tiempos muy recientes, se podía encontrar todavía un último vestigio de esta noción en divisas de carácter religioso, que ya no tenían ciertamente ningún valor simbólico, pero que eran al menos como un recuerdo de la idea tradicional en adelante más o menos incomprendida; pero, después de haber sido relegadas, en algunos países, al contorno del "canto" de las monedas, esas divisas mismas han acabado por desaparecer completamente, y, en efecto, no tenían ninguna razón de ser desde que la moneda ya no representaba nada más que un signo de orden únicamente "material" y cuantitativo.

Por lo demás, el control de la autoridad espiritual sobre la moneda, bajo cualquier forma que se haya ejercido, no es un hecho limitado exclusivamente a la antigüedad, y, sin salir del mundo occidental, hay muchos indicios que muestran que ha debido perpetuarse en él hasta el final de la Edad Media, es decir, mientras este mundo occidental ha poseído una civilización tradicional. En efecto, no se podría explicar de otro modo el hecho de que algunos soberanos, en aquella época, hayan sido acusados de haber "alterado las monedas"; si sus contemporáneos les acusaron de crimen por ello, de eso es menester concluir que no tenían la libre disposición del título de la moneda y que, al cambiarle por su propia iniciativa, rebasaban los derechos reconocidos al poder temporal[47]. En cualquier otro caso, una tal acusación habría estado evidentemente desprovista de sentido; por otra parte, el título de la moneda no habría tenido entonces más que una importancia completamente convencional, y, en suma, habría importado poco que estuviese constituida por un metal cualquiera y variable, o incluso reemplazada por un simple papel como lo está en gran parte en nuestros días, ya que eso no habría impedido que se pudiera continuar haciendo de ella exactamente el mismo uso "material". Así pues, es menester que

---

[47] Ver *Autoridad espiritual y poder temporal*, pág. 111 (ed. francesa), donde nos hemos referido más especialmente al caso de Felipe el Hermoso, y donde hemos sugerido la posibilidad de una relación bastante estrecha entre la destrucción de la Orden del Temple y la alteración de las monedas, lo que se comprendería sin esfuerzo si se admitiese, como al menos muy verosímil, que la Orden del Temple tenía entonces, entre otras funciones, la de ejercer el control espiritual en este dominio; no insistiremos más en ello, pero recordaremos que es precisamente a ese momento al que estimamos poder hacer remontar los comienzos de la desviación moderna propiamente dicha.

haya habido en eso algo de otro orden, y podemos decir de un orden superior, ya que es únicamente por eso por lo que esta alteración podía revestir un carácter de una gravedad tan excepcional que llegaba hasta comprometer la estabilidad misma del poder real, porque, al actuar así, éste usurpaba las prerrogativas de la autoridad espiritual que, en definitiva, es la única fuente auténtica de toda legitimidad; y es así como esos hechos, que los historiadores profanos apenas parecen comprender, concurren también a indicar muy claramente que la cuestión de la moneda tenía, en la Edad Media, tanto como en la antigüedad, aspectos enteramente ignorados por los modernos.

Así pues, en eso ha ocurrido lo que ha ocurrido generalmente para todas las cosas que, a un título o a otro, desempeñan un papel en la existencia humana: estas cosas han sido despojadas poco a poco de todo carácter "sagrado" o tradicional, y es así como esta existencia misma, en su conjunto, ha devenido completamente profana y se ha encontrado finalmente reducida a la baja mediocridad de la "vida ordinaria" tal como se presenta hoy día. Al mismo tiempo, el ejemplo de la moneda muestra bien que esta "profanización", si es permisible emplear un tal neologismo, se opera principalmente por la reducción de las cosas únicamente a su aspecto cuantitativo; de hecho, se ha acabado por no poder concebir ya que la moneda sea otra cosa que la representación de una cantidad pura y simple; pero, si este caso es particularmente claro a este respecto, porque ha sido llevado en cierto modo hasta la extrema exageración, no obstante está lejos de ser el único en el que una tal reducción aparece como contribuyendo a encerrar la existencia en el horizonte limitado del punto de vista profano. Lo que hemos dicho del carácter cuantitativo por excelencia de la industria moderna y de todo lo que se refiere a ella permite comprenderlo suficientemente: al rodear constantemente al hombre de los productos de esta industria, al no permitirle por así decir ver ya otra cosa (salvo, como en los museos por ejemplo, a título de simples "curiosidades" que no tienen ninguna relación con las circunstancias "reales" de su vida, ni por consiguiente ninguna influencia efectiva sobre ésta), se le obliga verdaderamente a encerrarse en el círculo estrecho de la "vida ordinaria" como en una prisión sin salida. En una civilización tradicional, al contrario, cada objeto, al mismo tiempo que era tan perfectamente apropiado como es posible al uso al que estaba inmediatamente destinado, estaba hecho de tal manera que, en cada instante, y por el hecho mismo de que se hacía realmente uso de él (en lugar de tratarle en cierto modo como una cosa muerta así como lo hacen los modernos para todo lo que consideran "obras de arte"), podía servir de "soporte" de meditación al ligar al individuo a algo más que la simple modalidad corporal, y al ayudar así a cada uno a elevarse a un estado superior según la medida de sus capacidades[48]; ¡qué abismo entre estas dos concepciones de la existencia humana!

Por lo demás, esta degeneración cualitativa de todas las cosas está estrechamente ligada a la moneda, como lo muestra el hecho de que se ha llegado a no "estimar" corrientemente un objeto más que por su precio, considerado únicamente como una "cifra", una "suma" o una cantidad numérica de moneda; de hecho, en la mayoría de nuestros contemporáneos, todo juicio que se hace sobre un objeto se basa casi siempre exclusivamente sobre lo que cuesta. Hemos subrayado la palabra "estimar", en razón de que tiene en sí misma un doble sentido

---

[48] Sobre este punto, se podrán consultar numerosos estudios de A. K. Coomaraswamy, que le ha desarrollado e "ilustrado" abundantemente bajo todas sus facetas y con todas las precisiones necesarias.

cualitativo y cuantitativo; hoy día, se ha perdido de vista el primer sentido, o, lo que equivale a lo mismo, se ha encontrado el medio de reducirle al segundo, y es así como no solo se "estima" un objeto según su precio, sino también a un hombre según su riqueza[49]. Lo mismo ha ocurrido también, naturalmente, con la palabra "valor", y, destaquémoslo de pasada, es en eso donde se funda el curioso abuso que hacen de ella algunos filósofos recientes, que han llegado hasta inventar, para caracterizar sus teorías, la expresión de "filosofía de los valores"; en el fondo de su pensamiento, está la idea de que toda cosa, a cualquier orden que se refiera, es susceptible de ser concebida cuantitativamente y expresada numéricamente; y el "moralismo", que es su preocupación dominante, se encuentra por eso asociado directamente al punto de vista cuantitativo[50]. Estos ejemplos muestran también que hay una verdadera degeneración del lenguaje, degeneración que acompaña o que sigue inevitablemente a la de todas las cosas; en efecto, en un mundo donde todos se esfuerzan en reducirlo todo a la cantidad, es menester evidentemente servirse de un lenguaje que, él mismo, ya no evoca más que ideas puramente cuantitativas.

---

[49] Los americanos han ido tan lejos en ese sentido que dicen comúnmente que un hombre "vale" tal suma, queriendo indicar con eso la cifra a la que se eleva su fortuna; ¡dicen también, no que un hombre triunfa en sus asuntos, sino que él "es un éxito", lo que quivale a identificar completamente al individuo con sus ganancias materiales!

[50] Por lo demás, esta asociación no es una cosa enteramente nueva, ya que se remonta de hecho hasta la "aritmética moral" de Bentham, que data de finales del siglo XVIII.

Para volver más especialmente a la cuestión de la moneda, debemos agregar todavía que se ha producido a este respecto un fenómeno que es muy digno de observación: es que, desde que la moneda ha perdido toda garantía de orden superior, ha visto ir disminuyendo sin cesar su valor cuantitativo mismo, o lo que la jerga de los "economistas" llama su "poder adquisitivo", de suerte que se puede concebir que, en un límite al que se acerca cada vez más, ella habrá perdido toda su razón de ser, incluso simplemente "práctica" o "material", y que deberá desaparecer como por sí misma de la existencia humana. Se convendrá que hay en eso un extraño vuelco de las cosas, que se comprende sin esfuerzo por lo que hemos expuesto precedentemente: puesto que la cantidad pura está propiamente por debajo de toda existencia, no se puede, cuando se fuerza la reducción al extremo como en el caso de la moneda (más destacable que todo otro porque con él ya se ha llegado casi al límite), desembocar más que en una verdadera disolución. Eso puede servir ya para mostrar que, como lo decíamos más atrás, la seguridad de la "vida ordinaria" es en realidad algo muy precario, y, en lo que sigue, veremos también cómo lo es todavía bajo muchos otros aspectos; pero la conclusión que se desprenderá de ello será siempre la misma en definitiva: el término real de la tendencia que arrastra a los hombres y a las cosas hacía la cantidad pura no puede ser más que la disolución final del mundo actual.

CAPÍTULO XVII

SOLIDIFICACIÓN DEL MUNDO

Volvamos ahora a la explicación de la manera en que se realiza efectivamente, en la época moderna, un mundo conforme, en la medida de lo posible, a la concepción materialista; para comprenderlo, es menester ante todo acordarse de que, como ya lo hemos dicho muchas veces, el orden humano y el orden cósmico, en realidad, no están separados como se imagina muy fácilmente en nuestros días, sino que están al contrario estrechamente ligados, de tal suerte que cada uno de ellos reacciona constantemente sobre el otro y que hay siempre una correspondencia entre sus estados respectivos. Esta consideración está esencialmente implicada en toda la doctrina de los ciclos, y, sin ella, los datos tradicionales que se refieren a ésta serían casi enteramente ininteligibles; la relación que existe entre ciertas fases críticas de la historia de la humanidad y ciertos cataclismos que se producen según unos periodos astronómicos determinados es quizás el ejemplo más destacable de ello, pero no hay que decir que eso no es más que un caso extremo de estas correspondencias, que existen en realidad de una manera continua, aunque sean sin duda menos aparentes en la medida en que las cosas no se modifiquen más que gradual y casi insensiblemente.

Dicho esto, es completamente natural que, en el curso del desarrollo cíclico, la manifestación cósmica toda entera, y la mentalidad humana, que por lo demás está necesariamente incluida en ella, sigan a la vez una misma marcha descendente, en el sentido que ya hemos precisado, y que es el de un alejamiento gradual del principio, y por consiguiente de la espiritualidad primera que es inherente al polo esencial de la manifestación. Así pues, esta marcha puede ser descrita, aceptando aquí los términos del lenguaje corriente, que hacen sobresalir claramente la correlación que consideramos, como una suerte de "materialización" progresiva del medio cósmico mismo, y solo cuando esta "materialización" ha alcanzado un cierto grado, ya muy fuertemente acentuado, puede aparecer correlativamente, en el hombre, la concepción materialista, así como la actitud general que se le corresponde prácticamente y que se conforma, como lo hemos dicho, a la representación de lo que se llama la "vida ordinaria"; por lo demás, sin esta "materialización" efectiva, todo eso no tendría la menor semblanza de justificación, ya que la realidad ambiente le aportaría a cada instante desmentidos muy manifiestos. La idea misma de materia, tal como la entienden los modernos, no podía tomar nacimiento verdaderamente sino en estas condiciones; en todo caso, lo que expresa más o menos confusamente no es más que un límite que, en el curso del descenso de que se trata, no puede alcanzarse nunca de hecho, primeramente porque se la considera como siendo, en sí misma, algo puramente cuantitativo, y después porque se la supone "inerte", y porque un mundo donde hubiera algo verdaderamente "inerte" dejaría de existir de inmediato por eso mismo; así pues, esta idea es en efecto la más ilusoria que pueda ser, puesto que no responde absolutamente a ninguna realidad, por bajo que ésta esté situada en la jerarquía de la existencia manifestada. Se podría decir también, en otros términos, que la "materialización" existe como tendencia, pero que la "materialidad", que sería el resultado completo de esta tendencia, es un estado irrealizable; de eso viene, entre otras consecuencias, el que las leyes mecánicas formuladas teóricamente por la ciencia moderna no sean nunca susceptibles de una aplicación exacta y rigurosa a las condiciones de la experiencia, donde subsisten siempre elementos que se les escapan necesariamente, incluso en la fase en la que el papel de esos elementos se encuentra en cierto modo reducido al mínimo. Así pues, en eso no se trata nunca más que de una aproximación, que, en esta fase, y bajo la reserva de casos devenidos entonces excepcionales, puede ser suficiente para las necesidades prácticas inmediatas, pero que por ello no implica menos una simplificación muy grosera, lo que le quita no solo toda pretendida "exactitud", sino incluso todo valor de "ciencia" en el verdadero sentido de esta palabra; y es también con esta misma aproximación como el mundo sensible puede pretender la apariencia de un "sistema cerrado", tanto a los ojos de los físicos como en la corriente de los acontecimientos que constituyen la "vida ordinaria".

En lugar de hablar de "materialización" como acabamos de hacerlo, se podría también, en un sentido que en el fondo es el mismo, y de una manera quizás más precisa e incluso más "real", hablar de "solidificación"; en efecto, los cuerpos sólidos son, por su densidad y su impenetrabilidad, lo que da más que toda otra cosa la ilusión de la "materialidad". Al mismo tiempo, esto nos recuerda la manera en que Bergson, así como lo hemos señalado más atrás, habla del "sólido" como constituyendo en cierto modo el dominio propio de la razón, en lo cual es por lo demás evidente que, conscientemente o no (y sin duda poco conscientemente, puesto que no solo generaliza y no aporta ninguna restricción, sino que incluso cree poder hablar en eso de "inteligencia", como lo hace siempre mientras que lo que dice no puede aplicarse realmente más que a la razón), se refiere más especialmente a lo que ve a su alrededor, es decir, al uso "científico" que se hace actualmente de esta razón. Agregaremos que esta "solidificación" efectiva es precisamente la verdadera causa por la que la ciencia moderna "triunfa", no ciertamente en sus teorías que no son menos falsas por eso, y que por lo demás cambian a cada momento, sino en sus aplicaciones prácticas; en otras épocas en las que esta "solidificación" no estaba todavía tan acentuada, no solo el hombre no hubiera podido pensar en la industria tal como se la entiende hoy, sino que esta industria misma hubiera sido realmente del todo imposible, así como todo el conjunto de la "vida ordinaria" donde tiene un lugar tan importante. Esto, notémoslo de pasada, basta para cortar todos los delirios de los supuestos "clarividentes" que, imaginando el pasado sobre el modelo del presente, atribuyen a algunas civilizaciones "prehistóricas" y de fecha muy remota algo completamente semejante al "maquinismo" contemporáneo; en eso no hay más que una de las formas del error que hace decir vulgarmente que la "historia se repite", y que implica una completa ignorancia de lo que hemos llamado las determinaciones cualitativas del tiempo.

Para llegar al punto que hemos descrito, es menester que el hombre, por el hecho mismo de esta "materialización" o de esta "solidificación" que se opera naturalmente en él tanto como en el resto de la manifestación cósmica de la que forma parte, y que modifica notablemente su constitución "psicofisiológica", haya perdido el uso de las facultades que le permitirían normalmente rebasar los límites del mundo sensible, ya que, incluso si éste está muy rodeado realmente de tabiques más espesos, se podría decir, que los tabiques de que estaba rodeado en sus estados anteriores, por ello no es menos verdad que no podría haber nunca en ninguna parte una separación absoluta entre diferentes ordenes de existencia; una tal separación tendría por efecto cercenar de la realidad misma el dominio que ella encerraría, de suerte que, ahí también, la existencia de ese dominio, es decir, del mundo sensible en el caso de que se trata, se desvanecería inmediatamente. Por lo demás, uno podría preguntarse legítimamente cómo ha podido producirse efectivamente una atrofia tan completa y tan general de algunas facultades; para eso ha sido menester que el hombre haya sido conducido primero a dirigir toda su atención sobre las cosas sensibles exclusivamente, y es por ahí por donde ha debido comenzar necesariamente esta obra de desviación que se podría llamar la "fabricación" del mundo moderno, y que, bien entendido, no podía "triunfar", ella también, si no es precisamente en esta fase del ciclo y utilizando, en modo "diabólico", las condiciones presentes del medio mismo. Sea como sea en lo que concierne a este último punto, sobre el que no queremos insistir más por el momento, no se podría admirar demasiado la solemne necedad de algunas declamaciones queridas de los "vulgarizadores" científicos (deberíamos decir más bien "cientificistas"), que se complacen en afirmar a todo propósito que la ciencia moderna hace retroceder sin cesar los límites del mundo conocido, lo que, de hecho, es exactamente lo contrario de la verdad: ¡nunca estos límites han sido tan estrechos como lo son en las concepciones admitidas por esta pretendida ciencia profana, y nunca el mundo ni el hombre se habían encontrado así empequeñecidos, hasta el punto de ser reducidos a simples entidades corporales, privados, por hipótesis, de la menor posibilidad de comunicación con todo otro orden de realidad!

Por lo demás, hay todavía otro aspecto de la cuestión, recíproco y complementario del que hemos considerado hasta aquí: en todo esto, el hombre no es reducido al papel pasivo de un simple espectador, que debiera limitarse a hacerse una idea más o menos verdadera, o más o menos falsa, de lo que ocurre a su alrededor; más bien, él mismo es uno de los factores que intervienen activamente en las modificaciones del mundo donde vive; y debemos agregar que es incluso un factor particularmente importante, en razón de la posición propiamente "central" que ocupa en este mundo. Al hablar de esta intervención humana, no entendemos hacer alusión simplemente a las modificaciones artificiales que la industria hace sufrir al medio terrestre, y que son por lo demás muy evidentes como para que haya lugar a extenderse más en ello; eso es una cosa que conviene ciertamente tener en cuenta, pero eso no es todo, y de lo que se trata sobre todo, desde el punto de vista donde nos colocamos en este momento, es de algo completamente diferente, que no es querido por el hombre, al menos expresa y conscientemente, pero que, en realidad, va no obstante mucho más lejos. En efecto, la verdad es que la concepción materialista, una vez que ha sido formada y difundida de una manera cualquiera, no puede sino concurrir a reforzar todavía más esta "solidificación" del mundo que ha hecho posible primeramente, y todas las consecuencias que derivan directa o indirectamente de esta concepción, comprendida la noción corriente de la "vida ordinaria", no hacen sino tender hacia ese mismo fin, ya que las reacciones generales del medio cósmico mismo cambian efectivamente según la actitud adoptada por el hombre a su respecto. Se puede decir verdaderamente que algunos aspectos de la realidad se ocultan a quienquiera que la considera como profano y como materialista, y que se vuelven inaccesibles a su observación; en eso no se trata de una simple manera de hablar más o menos "imaginada", como algunos podrían estar tentados de creerlo, sino de la expresión pura y simple de un hecho, del mismo modo que es un hecho que los animales huyen espontanea e instintivamente ante cualquiera que les testimonia una actitud hostil. Por eso es por lo que hay cosas que no podrán ser constatadas nunca por los "sabios" materialistas o positivistas, lo que, naturalmente, les confirma todavía más en su creencia en la validez de sus concepciones, puesto que parecen darles una suerte de prueba negativa, mientras que, sin embargo, no es nada más que un simple efecto de esas concepciones mismas; bien entendido, no es que estas cosas hayan cesado de existir de ninguna manera por eso desde el nacimiento del materialismo y del positivismo, pero se "substraen" verdaderamente fuera del dominio que está al alcance de la experiencia de los sabios profanos, al abstenerse de penetrar en él de manera que pueda dejar sospechar su acción o su existencia misma, del mismo modo que, por otra parte, en otro orden que no carece de relación con éste, el depósito de los conocimientos tradicionales se sustrae y se cierra cada vez más estrictamente ante la invasión del espíritu moderno. En cierto modo, eso es la "contrapartida" de la limitación de las facultades del ser humano a las que se refieren propiamente a la modalidad corporal solo: por esta limitación, el ser humano deviene, decíamos, incapaz de salir del mundo sensible; por eso de lo que se trata ahora, pierde además toda ocasión de constatar una intervención manifiesta de elementos suprasensibles en el mundo sensible mismo. Así se encuentra completada para él, tanto como es posible, el "cierre" de este mundo, devenido así tanto más "sólido" cuanto más aislado está de todo otro orden de realidad, incluso de aquellos que están más próximos de él y que constituyen simplemente modalidades diferentes de un mismo dominio individual; en el interior de un tal mundo, puede parecer que la "vida ordinaria" no tenga ya en adelante más que desenvolverse sin perturbación y sin accidentes imprevistos, a la manera de los movimientos de una "mecánica" perfectamente regulada; ¿no apunta el hombre moderno, después de haber "mecanizado" el mundo, a "mecanizarse" lo mejor posible él mismo, en todos los modos de actividad que quedan todavía abiertos a su naturaleza estrechamente limitada?

No obstante, la "solidificación" del mundo, por lejos que sea llevada efectivamente, no puede ser nunca completa, y hay límites más allá de los cuales no podría ir, puesto que, como lo hemos dicho, su extrema conclusión sería incompatible con toda existencia real, aunque sea del grado más bajo; e incluso, a medida que esta "solidificación" avanza, deviene siempre más precaria, ya que la realidad más inferior es también la más inestable; por lo demás, la rapidez sin cesar creciente de los cambios del mundo actual lo testimonia de una manera muy elocuente. Nada puede hacer que no haya "fisuras" en este pretendido "sistema cerrado", que, por su carácter "mecánico", tiene algo de artificial (no hay que decir que tomamos aquí esta palabra en un sentido mucho más amplio que aquel en el que se aplica propiamente solo a las simples producciones industriales) que por su naturaleza misma apenas es capaz de inspirar confianza en su duración; y, actualmente incluso, ya hay múltiples indicios que muestran precisamente que su equilibrio inestable está en cierto modo a punto de romperse. Tanto es así que en un cierto sentido lo que decimos del materialismo y del mecanicismo de la época moderna ya casi podría ser puesto en el pasado; eso no quiere decir ciertamente que sus consecuencias prácticas no puedan continuar desarrollándose durante algún tiempo todavía, o que su influencia sobre la mentalidad general no vaya a persistir más o menos largo tiempo, aunque no fuera más que debido al hecho de la "vulgarización" bajo sus formas diversas, comprendida ahí la enseñanza escolar a todos sus grados, donde perduran siempre numerosas "supervivencias" de ese género (y vamos a volver en seguida sobre ello más ampliamente); pero por ello no es menos verdad que, en el momento en que estamos, la noción misma de la "materia", tan penosamente constituida a través de tantas teorías diversas, parece estar en trance de desvanecerse; únicamente, quizás no hay lugar a felicitarse por ello demasiado, ya que, así como se verá más claramente después, eso no puede ser, de hecho, más que un paso más hacia la disolución final.

CAPÍTULO XVIII

Mitología científica y vulgarización

Puesto que hemos sido conducidos a hacer alusión a las "supervivencias" que dejan en la mentalidad común, teorías en las que los sabios mismos ya no creen, y que aún así no continúan ejerciendo menos su influencia sobre la actitud de la generalidad de los hombres, será bueno insistir un poco más en ello, ya que en eso hay algo que puede contribuir también a explicar algunos aspectos de la época actual. A este respecto, conviene recordar primero que uno de los principales caracteres de la ciencia profana, cuando deja el dominio de la simple observación de los hechos y quiere intentar sacar alguna cosa de la acumulación indefinida de detalles particulares que es su único resultado inmediato, es la edificación más o menos laboriosa de teorías puramente hipotéticas, y que necesariamente no pueden ser nada más, dado su punto de partida completamente empírico, ya que los hechos, que en sí mismos son siempre susceptibles de explicaciones diversas, no han podido y no podrán garantizar nunca la verdad de ninguna teoría, y, como lo hemos dicho más atrás, su mayor o menor multiplicidad no supone nada a este respecto; así tales hipótesis, en el fondo, están mucho menos inspiradas por las constataciones de la experiencia que por algunas ideas preconcebidas y por algunas de las tendencias predominantes de la mentalidad moderna. Por lo demás, se sabe con qué rapidez siempre creciente esas hipótesis, en nuestra época, son abandonadas y reemplazadas por otras, y estos cambios continuos bastan muy evidentemente para mostrar su poca solidez y la imposibilidad de reconocerles un valor en tanto que conocimiento real;

es así como toman cada vez más, en el pensamiento de los sabios mismos, un carácter convencional, y por consiguiente irreal, y en eso también podemos observar un síntoma del encaminamiento hacia la disolución final. En efecto, esos sabios, y concretamente los físicos, no pueden apenas estar enteramente engañados con semejantes construcciones, cuya fragilidad, hoy día más que nunca, conocen demasiado bien; no solo se "usan" rápidamente, sino que, desde su comienzo, aquellos mismos que las edifican no creen en ellas más que en una cierta medida, sin duda bastante limitada, y a título en cierto modo "provisorio"; y, muy frecuentemente, parecen considerarlas incluso menos como verdaderas tentativas de explicación que como simples "representaciones" y como "maneras de hablar"; es todo lo que son en efecto, y hemos visto que Leibnitz había mostrado ya que el mecanicismo cartesiano no podía ser otra cosa que una "representación" de las apariencias exteriores, desprovisto de todo valor propiamente explicativo. En esas condiciones, lo menos que se puede decir de ello es que hay en eso algo bastante vano, y que, seguramente, es una extraña concepción de la ciencia aquella de la que procede semejante trabajo; pero el peligro de esas teorías ilusorias reside sobre todo en la influencia que, solo por eso de que se titulan "científicas", son susceptibles de ejercer sobre el "gran público", que las toma completamente en serio y que las acepta ciegamente como "dogmas", y eso no solo mientras duran (y frecuentemente apenas han tenido el tiempo de llegar a su conocimiento), sino incluso y sobre todo cuando los sabios las han abandonado ya y mucho tiempo después, debido al hecho de su persistencia, de la que hablábamos más atrás, en la enseñanza elemental y en las obras de "vulgarización", donde, por otra parte, son presentadas siempre de una manera "simplista" y resueltamente afirmativa, y no como las simples hipótesis que eran en realidad para aquellos mismos que las elaboraron. No es sin razón como acabamos de hablar de "dogmas", ya que, para el espíritu antitradicional moderno, se trata en efecto de algo que debe oponerse y substituir a los dogmas religiosos; un ejemplo como el de las teorías "evolucionistas", entre otras, no puede dejar ninguna duda a este respecto; y lo que es también muy significativo, es el hábito que tienen la mayoría de los "vulgarizadores" de salpicar sus escritos de declamaciones más o menos violentas contra toda idea tradicional, lo que muestra muy claramente el papel que están encargados de jugar, aunque sea inconscientemente en muchos casos, en la subversión intelectual de nuestra época.

Ha llegado a constituirse así, en la mentalidad "cientificista" que, por las razones de orden en gran parte utilitario que hemos indicado, es, a un grado o a otro, la de la gran mayoría de nuestros contemporáneos, una verdadera "mitología", no ciertamente en el sentido original y transcendente de los verdaderos "mitos" tradicionales, sino simplemente en la acepción "peyorativa" que esta palabra ha tomado en el lenguaje corriente. Se podrían citar innumerables ejemplos de ello; uno de los más llamativos y de los más "actuales", si se puede decir, es el de la "imaginería" de los átomos y de los múltiples elementos de especies variadas en los que han acabado por disociarse éstos en las teorías físicas recientes (lo que hace que ya no sean átomos, es decir, literalmente "indivisibles", aunque se persiste en darles este nombre a pesar de toda lógica); "imaginería" decimos, ya que sin duda no es más que eso en el pensamiento de los físicos; pero el "gran público" cree firmemente que se trata de "entidades" reales, que podrían ser vistas y tocadas por cualquiera cuyos sentidos estuvieran suficientemente desarrollados o que dispusiera de instrumentos de observación bastante poderosos; ¿no es eso "mitología" del tipo más ingenuo? Eso no impide que ese mismo público se mofe a todo propósito de las concepciones de los antiguos, de las que, bien entendido, no comprenden la menor palabra; ¡admitiendo incluso que haya podido haber en todos los tiempos deformaciones "populares" (todavía una expresión que hoy día se ama mucho emplear a diestro y siniestro, sin duda a causa de la importancia creciente acordada a la "masa"), es permisible dudar que hayan sido nunca tan groseramente materiales y al mismo tiempo tan generalizadas como lo son ahora, gracias a la vez a las tendencias inherentes a la mentalidad actual y a la difusión tan elogiada de la "enseñanza obligatoria" profana y rudimentaria!

No queremos extendernos demasiado sobre un tema que se prestaría a unos desarrollos casi indefinidos, pero que se aleja mucho de lo que tenemos principalmente en vista; sería fácil mostrar, por ejemplo, que, en razón de la "supervivencia" de las hipótesis, elementos que pertenecen en realidad a teorías diferentes se superponen y se entremezclan de tal manera en las representaciones vulgares que forman a veces las combinaciones más heteróclitas; por lo demás, a consecuencia del desorden inextricable que reina por todas partes, a la mentalidad contemporánea se le hace que acepte así gustosamente las más extrañas contradicciones. Preferimos insistir todavía solo sobre uno de los aspectos de la cuestión, que, a decir verdad, anticipará un poco sobre las consideraciones que habrán de tomar lugar después, ya que se refiere a cosas que pertenecen más propiamente a otra fase diferente de la que hemos considerado hasta aquí; pero todo eso, de hecho, no puede ser separado enteramente, lo que no daría más que una figuración demasiado "esquemática" de nuestra época, y, al mismo tiempo, ya se podrá entrever por eso cómo las tendencias hacia la "solidificación" y hacia la disolución, aunque aparentemente opuestas bajo ciertos aspectos, se asocian no obstante por el hecho mismo de que actúan simultáneamente para desembocar en definitiva en la catástrofe final. De lo que queremos hablar, es del carácter más particularmente extravagante que revisten las representaciones de que se trata cuando son transportadas a un dominio diferente de aquel al cual estaban destinadas a aplicarse primitivamente; es de ahí de donde derivan, en efecto, la mayor parte de las fantasmagorías de lo que hemos llamado el "neoespiritualismo" bajo sus diferentes formas, y son precisamente estas apropiaciones de concepciones que dependen esencialmente del orden sensible las que explican esa suerte de "materialización" de lo suprasensible que constituye uno de sus rasgos más generales[51]. Sin buscar por el momento determinar más exactamente la naturaleza y la cualidad de lo suprasensible a lo cual se hace llamada efectivamente aquí, no es inútil destacar hasta qué punto esos mismos que lo admiten todavía y que piensan en constatar su acción están, en el fondo, penetrados de la influencia materialista: si no niegan toda realidad extracorporal como la mayoría de sus contemporáneos, es porque se hacen de ella una idea que les permite reducirla en cierto modo al tipo de las cosas sensibles, lo que seguramente apenas vale más. Por lo demás, uno no podría sorprenderse de ello cuando se ve hasta qué punto todas las escuelas ocultistas, teosofistas y otras de ese género, aman buscar constantemente puntos de aproximación con las teorías científicas modernas, de las cuales se inspiran frecuentemente más directamente de lo que quieren confesar; el resultado no es en suma más que lo que debe ser lógicamente en tales condiciones; e incluso se podría destacar que, debido al hecho de las variaciones sucesivas de esas teorías científicas, la similitud de las concepciones de tal escuela con tal teoría especial permitiría en cierto modo "fechar" a esa escuela en la ausencia de toda reseña más precisa sobre su historia y sobre sus orígenes.

Este estado de cosas ha comenzado desde que el estudio y el manejo de ciertas influencias psíquicas han caído, si uno puede expresarse así,

---

[51] Es sobre todo en el espiritismo donde las representaciones de este género se presentan bajo las formas más groseras, y hemos tenido la ocasión de dar numerosos ejemplos de ello en *El Error Espiritista*.

en el dominio profano, lo que marca en cierto modo el comienzo de la fase más propiamente "disolvente" de la desviación moderna; y se le puede en suma hacer remontar hasta el siglo XVIII, de suerte que se encuentra que es exactamente contemporáneo del materialismo mismo, lo que muestra en efecto que estas dos cosas, contrarias solo en apariencia, debían acompañarse de hecho; no parece que hechos similares se hayan producido anteriormente, sin duda porque la desviación todavía no había alcanzado el grado de desarrollo que debía hacerlos posibles. El rasgo principal de la "mitología" científica de aquella época, es la concepción de los "fluidos" diversos bajo la forma de los cuales se representaba entonces todas las fuerzas psíquicas; y es precisamente esta concepción la que fue transportada del orden corporal al orden sutil con la teoría del "magnetismo animal"; si uno se remite a la idea de la "solidificación" del mundo, se dirá quizás que un "fluido" es, por definición, lo opuesto de un "sólido", pero por ello no es menos verdad que, en este caso, juega exactamente el mismo papel, puesto que esta concepción tiene por efecto el de "corporizar" cosas que dependen en realidad de la manifestación sutil. Los magnetizadores fueron en cierto modo los precursores directos del "neoespiritualismo", si no incluso sus primeros representantes; sus teorías y sus prácticas influenciaron en una medida más o menos amplia a todas las escuelas que tomaron nacimiento después, ya sea que fueran abiertamente profanas como el espiritismo, o ya sea que hayan tenido pretensiones "pseudoiniciáticas" como las múltiples variedades del ocultismo. Esta influencia persistente es incluso tanto más extraña cuanto que parece completamente desproporcionada con la importancia de los fenómenos psíquicos, en suma muy elementales, que constituyen el campo de experiencias del magnetismo; pero lo que es quizás todavía más llamativo, es el papel que jugó ese mismo magnetismo, desde su aparición, para desviar de todo trabajo serio a organizaciones iniciáticas que habían conservado todavía hasta entonces, si no un conocimiento efectivo que llegara muy lejos, al menos la consciencia de lo que habían perdido a este respecto y la voluntad de esforzarse en recuperarlo; y es permisible pensar que no es esa la menor de las razones por las cuales el magnetismo fue "lanzado" en el momento requerido, incluso si, como ocurre casi siempre en parecido caso, sus promotores aparentes no fueron en eso más que instrumentos más o menos inconscientes.

La concepción "fluídica" sobrevivió en la mentalidad general, si no en las teorías de los físicos, al menos hasta la mitad del siglo XIX (se continuó incluso mucho más tiempo empleando comúnmente expresiones como la de "fluido eléctrico", pero de una manera más bien maquinal y sin vincularles ya una representación precisa); el espiritismo, que vio la luz en aquella época, la heredó tanto más naturalmente cuanto que estaba predispuesto a ello por su conexión original con el magnetismo, conexión que es incluso mucho más estrecha de lo que se supondría a primera vista, ya que es muy probable que el espiritismo no hubiera podido tomar nunca un desarrollo tan enorme sin las divagaciones de los sonámbulos, y ya que es la existencia de los "sujetos" magnéticos la que preparó e hizo posible la de los "médiums" espiritistas. Hoy día todavía, la mayor parte de los magnetizadores y de los espiritistas continúan hablando de "fluidos" y, lo que es más, creyendo seriamente en ellos; este "anacronismo" es tanto más curioso cuanto que todas esas gentes, en general, son partidarios fanáticos del "progreso", lo que concuerda mal con una concepción que, excluida desde hace tanto tiempo del dominio científico, debería, a sus ojos, aparecer muy "retrograda". En la "mitología" actual, los "fluidos" han sido reemplazados por las "ondas" y las "radiaciones"; éstas, bien entendido, no dejan por ello de jugar a su vez el mismo papel en las teorías inventadas más recientemente para intentar explicar la acción de ciertas influencias sutiles; nos bastará mencionar la "radiestesia", que es tan "representativa" como es posible a este respecto. No hay que decir que, si no se tratara en eso más que de simples imágenes, de comparaciones fundadas sobre una cierta analogía (y no de una identidad) con los fenómenos de orden sensible, la cosa no tendría inconvenientes muy graves, y podría incluso justificarse hasta un cierto punto; pero ello no es así, y es muy literalmente como los "radiestesistas" creen que las influencias psíquicas de las que se ocupan son "ondas" o "radiaciones" que se propagan en el espacio de una manera tan "corporal" como sea posible imaginarla; el "pensamiento" mismo, por lo demás, no escapa a ese modo de representación. Así pues, es siempre la misma "materialización" la que continua afirmándose bajo una forma nueva, quizás más insidiosa que la de los "fluidos" porque puede parecer menos grosera, aunque, en el fondo, todo eso sea exactamente del mismo orden y no haga en suma más que expresar las limitaciones mismas que son inherentes a la mentalidad moderna, es decir, su incapacidad para concebir nada fuera del dominio de la imaginación sensible[52].

Apenas hay necesidad de notar que los "clarividentes", según las escuelas a las que se vinculan, no dejan de ver "fluidos" o "radiaciones", y es lo mismo también así, concretamente entre los teosofistas, que ven átomos o electrones; en eso como en muchas otras cosas, lo que ven de hecho, son sus propias imágenes mentales, que, naturalmente, son siempre conformes a las teorías particulares en las que creen. Es también así como ven la "cuarta dimensión", e incluso todavía otras dimensiones suplementarias del espacio; y esto nos lleva a decir algunas palabras, para

---

[52] Es en virtud de esta misma incapacidad y de la confusión que resulta de ella por lo que, en el orden filosófico, Kant no vacilaba en declarar "inconcebible" todo lo que es simplemente "inimaginable"; y por lo demás, más generalmente, son siempre las mismas limitaciones las que, en el fondo, dan nacimiento a todas las variedades del "agnosticismo".

terminar, de otro caso que depende igualmente de la "mitología" científica, y que es lo que llamaríamos de buena gana el "delirio de la cuarta dimensión". Es menester convenir que la "hipergeometría" estaba hecha para sorprender la imaginación de gentes que no poseen conocimientos matemáticos suficientes como para darse cuenta del verdadero carácter de una construcción algebraica expresada en términos de geometría, ya que no se trata de otra cosa en realidad; y, destacámoslo de pasada, eso es también un ejemplo de los peligros de la "vulgarización". Así, mucho antes de que los físicos hayan pensado en hacer intervenir la "cuarta dimensión" en sus hipótesis (devenidas por lo demás mucho más matemáticas que verdaderamente físicas, en razón de su carácter cada vez más cuantitativo y "convencional" a la vez), los "psiquistas" (todavía no se decía los "metapsiquistas" en aquel entonces) se servían ya de ella para explicar los fenómenos en los cuales un cuerpo sólido parece pasar a través de otro; y, también ahí, eso no era para ellos más que una simple imagen que "ilustraba" de una cierta manera lo que se puede llamar las "interferencias" entre dominios o estados diferentes, lo que hubiera sido aceptable; pero es muy realmente, pensaban, como el cuerpo en cuestión había pasado por la "cuarta dimensión". Por lo demás, en eso no se trataba más que de un comienzo, y, en estos últimos años se han visto, bajo la influencia de la física nueva, escuelas ocultistas que han llegado hasta edificar la mayor parte de sus teorías sobre esta misma concepción de la "cuarta dimensión"; por lo demás, a este propósito, se puede destacar que el ocultismo y la ciencia moderna tienden cada vez más a unirse a medida que la "desintegración" avanza poco a poco, porque los dos se dirigen ahí por vías diferentes. Más adelante tendremos que volver a hablar de la "cuarta dimensión" bajo otro punto de vista; pero, por el momento, ya hemos dicho bastante sobre todo eso, y es tiempo de pasar a otras consideraciones que se refieren más directamente a la cuestión de la "solidificación" del mundo.

CAPÍTULO XIX

LOS LÍMITES DE LA HISTORIA Y DE LA GEOGRAFÍA

Hemos dicho precedentemente que, en razón de las diferencias cualitativas que existen entre los diversos periodos del tiempo, por ejemplo entre las diversas fases de un ciclo tal como nuestro *Manvantara* (y es evidente que, más allá de los límites de la duración de la presente humanidad, las condiciones deben ser todavía más diferentes), se producen en el medio cósmico en general, y más especialmente en el medio terrestre que nos concierne de una manera más directa, cambios de los que la ciencia profana, con su horizonte limitado únicamente al mundo moderno donde ella ha tomado nacimiento, no puede hacerse ninguna idea, de suerte que, cualquiera que sea la época que quiera considerar, ella se representa siempre un mundo cuyas condiciones habrían sido semejantes a lo que son actualmente. Hemos visto, por otra parte, que los psicólogos se imaginan que el hombre ha sido siempre mentalmente tal cual es hoy día; y lo que es verdad de los psicólogos a este respecto lo es otro tanto de los historiadores, que aprecian las acciones de los hombres de la antigüedad o de la Edad Media exactamente como si apreciaran las de sus contemporáneos, atribuyéndoles los mismos motivos y las mismas intenciones; así pues, ya se trate del hombre o del medio, en eso hay evidentemente una aplicación de esas concepciones simplificadas y "uniformizantes" que corresponden tan bien a las tendencias actuales; en cuanto a saber cómo esta "uniformización del pasado puede conciliarse en otras partes con las teorías "progresistas" y "evolucionistas" admitidas al mismo tiempo por los mismos individuos, es ese un problema que no nos encargaremos de resolver, y sin duda no es sino un ejemplo más de las innumerables contradicciones de la mentalidad moderna.

Cuando hablamos de cambios del medio, no entendemos hacer alusión solo a los cataclismos más o menos extensos que marcan en cierto modo los "puntos críticos" del ciclo; esos son cambios bruscos que corresponden a verdaderas rupturas de equilibrio, e, incluso en el caso en que no se trata por ejemplo más que de la desaparición de un solo continente (casos que son lo que se encontrarían de hecho en el curso de la historia de la presente humanidad), es fácil concebir que todo el conjunto del medio terrestre no debe ser por ello menos afectado por sus repercusiones, y que así la "figura del mundo", si puede decirse, debe ser por eso mismo notablemente cambiada. Pero hay también modificaciones continuas e insensibles que, en el interior de un periodo donde no se produce ningún cataclismo, no obstante acaban poco a poco por tener resultados casi tan considerables; no hay que decir que no se trata de simples modificaciones "geológicas", en el sentido en que lo entiende la ciencia profana, y, por lo demás, es un error no considerar los cataclismos mismos más que desde ese punto de vista exclusivo, que, como siempre, se limita a lo más exterior; tenemos en vista algo de un orden mucho más profundo, que incide sobre las condiciones mismas del medio, de suerte que, incluso si no se toman en consideración los fenómenos geológicos que aquí ya no son más que detalles de importancia secundaria, los seres y las cosas no serían por ello menos verdaderamente cambiados. En cuanto a las modificaciones artificiales producidas por la intervención del hombre, no son en suma más que consecuencias, en el sentido de que, como ya lo hemos explicado, son precisamente las condiciones especiales de tal o de cual época las que las hacen posibles; si el hombre puede actuar no obstante de una manera más profunda sobre el ambiente, es más bien psíquicamente que corporalmente, y lo que hemos dicho de los efectos de la actitud materialista puede ya hacerlo comprender suficientemente.

Por todo lo que hemos expuesto hasta aquí, es fácil darse cuenta ahora del sentido general en el que se efectúan estos cambios: ese sentido es el que hemos caracterizado como la "solidificación" del mundo, que da a todas las cosas un aspecto que responde de una manera cada vez más próxima (aunque no obstante siempre inexacta en realidad) a la manera en que las consideran las concepciones cuantitativas, mecanicistas o materialistas; es por eso, hemos dicho, que la ciencia moderna "triunfa" en sus aplicaciones prácticas, y es por eso también por lo que la realidad ambiente no parece infligirle desmentidos demasiado contundentes. No habría podido ser lo mismo en épocas anteriores, donde el mundo no estaba tan "sólido" como hoy día, y donde la modalidad corporal y las modalidades sutiles del dominio individual no estaban tan completamente separadas (aunque, como lo veremos más adelante, incluso en el estado presente, haya que hacer ciertas reservas en lo que concierne a esta separación). No solo el hombre, debido a que sus facultades estaban mucho menos estrechamente limitadas, no veía el mundo con los mismos ojos que hoy día, y percibía de él muchas cosas que se le escapan ahora enteramente; sino que, correlativamente, el mundo mismo, en tanto que conjunto cósmico, era verdaderamente diferente cualitativamente, porque posibilidades de otro orden se reflejaban en el dominio corporal y le "transfiguraban" en cierto modo; y es así como, cuando algunas "leyendas" dicen por ejemplo que hubo un tiempo en el que las piedras preciosas eran tan comunes como lo son ahora los guijarros más groseros, eso no debe tomarse quizás solo en un sentido completamente simbólico. Bien entendido, ese sentido simbólico existe siempre en parecido caso, pero eso no es decir que sea el único, ya que toda cosa manifestada es necesariamente un símbolo en relación a una realidad superior; por lo demás, no pensamos tener necesidad de insistir en ello, ya que hemos tenido en otras partes suficientes ocasiones de explicarnos sobre eso, ya sea de una manera general, ya sea en lo que concierne a los casos más particulares tales como el valor simbólico de los hechos históricos y geográficos.

Nos adelantaremos sin más tardar a una objeción que podría plantearse sobre el tema de estos cambios cualitativos en la "figura del mundo": se dirá quizás que, si ello fuera así, los vestigios de las épocas desaparecidas que se descubren a cada instante deberían dar testimonio de ello, y que, sin hablar de las épocas "geológicas" y para atenerse a lo que toca a la historia humana, los arqueólogos e incluso los "prehistoriadores" no encuentran nunca nada de tal, por lejos que los resultados de sus excavaciones se adentren en el pasado. En el fondo, la respuesta es muy simple: en primer lugar, esos vestigios, en el estado en el que se presentan hoy, y en tanto que, por consiguiente, forman parte del medio actual, han participado forzosamente, como todo lo demás, en la "solidificación" del mundo; si no hubieran participado en ella, puesto que su existencia ya no está de acuerdo con las condiciones generales, habrían desaparecido enteramente, y sin duda ha sido así de hecho para muchas cosas de las que ya no se puede encontrar el menor rastro. Seguidamente, los arqueólogos examinan esos vestigios mismos con ojos de modernos, que no aprehenden más que de la modalidad más grosera de la manifestación, de suerte que, incluso si algo más sutil ha permanecido todavía vinculado a ellos a pesar de todo, son ciertamente muy incapaces de apercibirse de ello, y los tratan en suma como los físicos mecanicistas tratan a las cosas de que se ocupan, porque su mentalidad es la misma y porque sus facultades están igualmente limitadas. Se dice que, cuando un tesoro es buscado por alguien a quien, por una razón cualquiera, no está destinado, el oro y las piedras preciosas se cambian para él en carbón y guijarros vulgares; ¡los modernos aficionados a las excavaciones podrían sacar provecho de esta otra "leyenda"!

Sea como sea, es muy cierto que, por el hecho mismo de que los historiadores emprenden todas sus investigaciones colocándose en un punto de vista moderno y profano, encuentran en el tiempo ciertas "barreras" más o menos completamente infranqueables; y como lo hemos dicho en otra parte, la primera de esas "barreras" se encuentra colocada hacia el siglo VI antes de la era cristiana, donde comienza lo que uno puede llamar, con las concepciones actuales, la historia propiamente dicha, de suerte que la antigüedad que ésta considera no es, en suma, sino una antigüedad muy relativa. Se dirá sin duda que las excavaciones recientes han permitido remontar mucho más atrás, sacando a la luz restos de una antigüedad mucho más remota que esa, y eso es verdad hasta un cierto punto; únicamente, lo que es bastante destacable, es que entonces ya no hay ninguna cronología cierta, de suerte que las divergencias en la estimación de las fechas de los objetos y de los acontecimientos varían sobre siglos y a veces incluso sobre milenios enteros; además, nadie llega a hacerse ninguna idea por poco clara que sea de las civilizaciones de aquellas épocas tan lejanas, porque ya no se pueden encontrar, con lo que existe actualmente, los términos de comparación que se encuentran todavía cuando no se trata más que de la antigüedad "clásica", lo que no quiere decir que ésta, del mismo modo que la Edad Media que está no obstante aún más cerca de nosotros en el tiempo, no esté desfiguradísima en las representaciones que dan de ella los historiadores modernos. Por lo demás, la verdad es que todo lo que las excavaciones arqueológicas han hecho conocer de más antiguo hasta aquí no se remonta más que a los alrededores del comienzo del *Kali-Yuga*, donde se encuentra colocada naturalmente una segunda "barrera"; y, si se pudiera llegar a franquear ésta por un medio cualquiera, habría todavía una tercera que corresponde a la época del último gran cataclismo terrestre, es decir, del que se designa tradicionalmente como la desaparición de la Atlántida; ¡evidentemente sería completamente inútil querer remontar todavía más lejos, ya que, antes de que los historiadores hayan llegado a ese punto, el mundo moderno habrá tenido mucho tiempo de desaparecer a su vez!

Estas pocas indicaciones bastan para hacer comprender cuan vanas son todas las discusiones a las que los profanos (y por esta palabra debemos entender aquí todos aquellos que están afectados del espíritu moderno) pueden intentar librarse sobre lo que se refiere a los primeros periodos del *Manvantara*, a los tiempos de la "edad de oro" y de la "tradición primordial", e incluso a hechos mucho menos remotos como el "diluvio" bíblico, si uno no toma éste más que en el sentido más inmediatamente literal en el que se refiere al cataclismo de la Atlántida; estas cosas son de las que están y estarán siempre enteramente fuera de su alcance. Por lo demás, es por eso por lo que las niegan, como niegan indistintamente todo lo que les rebasa de una manera cualquiera, ya que todos sus estudios y todas sus investigaciones, emprendidas partiendo de un punto de vista falso y limitado, no pueden desembocar en definitiva más que en la negación de todo lo que no está incluido en ese punto de vista; y, además, esas gentes están tan persuadidas de su "superioridad" que no pueden admitir la existencia o la posibilidad de que nada escape a sus investigaciones; ¡ciertamente, los ciegos estarían igualmente bien fundamentados para negar la existencia de la luz y para sacar pretexto de ello para jactarse de ser superiores a los hombres normales!

Lo que acabamos de decir de los límites de la historia, considerada según la concepción profana, puede aplicarse igualmente a los de la geografía, ya que, ahí también, hay muchas cosas que han desaparecido completamente del horizonte de los modernos; que se comparen las descripciones de los geógrafos antiguos a las de los geógrafos modernos, y se verá llevado frecuentemente a preguntarse si es verdaderamente posible que los unos y los otros se refieran a un mismo país. Sin embargo, los antiguos de que se trata no lo son más que en un sentido muy relativo, e incluso, para constatar cosas de este género, no hay necesidad de remontar más allá de la Edad Media; no ha habido pues, ciertamente, en el intervalo que los separa de nosotros, ningún cataclismo notable; a pesar de eso, ¿ha podido cambiar el mundo de figura hasta tal punto y tan rápidamente? Sabemos bien que los modernos dirán que los antiguos han visto mal, o que han contado mal lo que han visto; pero esta explicación, que equivaldría en suma a suponer que, antes de nuestra época, todos los hombres estaban tocados de trastornos sensoriales o mentales, es verdaderamente demasiado "simplista" y negativa; y si se quiere examinar la cuestión con toda parcialidad, ¿por qué, al contrario, no serían los modernos los que ven mal, y los que ni siquiera ven en absoluto algunas cosas? Proclaman triunfalmente que "la tierra está ahora enteramente descubierta", lo que no es quizás tan verdadero como creen, y se imaginan que, por el contrario, era desconocida para los antiguos en su mayor parte, en lo cual uno se puede preguntar de qué antiguos quieren hablar con exactitud, y si piensan que antes de ellos, no hubo otros hombres que los occidentales de la época "clásica", y que el mundo habitado se reducía entonces a una pequeña porción de Europa y de Asia Menor; agregan que "lo desconocido, porque es desconocido, no podía ser más que misterioso"; pero, ¿dónde han visto que los antiguos hayan dicho que había cosas "misteriosas", y no es simplemente que ellos las declaran tales porque ya no las comprenden? En el comienzo, dicen también, se vieron "maravillas", después, más tarde, hubo solo "curiosidades" o "singularidades", y finalmente "se apercibieron de que esas singularidades se plegaban a unas leyes generales, que los sabios buscaban fijar"; pero lo que describen así mal que bien, ¿no es precisamente la sucesión de las etapas de la limitación de las facultades humanas, etapas de las que la última corresponde a lo que se puede llamar propiamente la manía de las explicaciones racionales, con todo lo que tienen de groseramente insuficiente? De hecho, esta última manera de ver las cosas, de donde procede la geografía moderna, no data verdaderamente más que de los siglos XVII y XVIII, es decir, de la época misma que vio el nacimiento y la difusión de la mentalidad especialmente racionalista, lo que confirma bien nuestra interpretación; a partir de ese momento, las facultades de concepción y de percepción que permitían al hombre alcanzar otra cosa que el modo más grosero y más inferior de la realidad estaban totalmente atrofiadas, al mismo tiempo que el mundo mismo estaba irremediablemente "solidificado".

Al considerar así las cosas, se llega finalmente a esto: o bien se veía antaño lo que ya no se ve ahora, porque ha habido cambios considerables en el medio terrestre o en las facultades humanas, o más bien en los dos a la vez, siendo estos cambios tanto más rápidos cuanto más se acerca uno a nuestra época; o bien lo que se llama la "geografía" tenía antiguamente una significación completamente diferente de la que tiene hoy día. De hecho, los dos términos de esta alternativa no se excluyen, y cada uno de ellos expresa un lado de la verdad, puesto que la concepción que uno se hace de una ciencia depende naturalmente a la vez del punto de vista desde donde se considera su objeto y de la medida en la cual se es capaz de aprehender efectivamente las realidades que están implicadas en él: por estos dos lados a la vez, una ciencia tradicional y una ciencia profana, incluso si llevan el mismo nombre (lo que indica generalmente que la segunda es como un "residuo" de la primera), son tan profundamente diferentes que están realmente separadas por un abismo. Ahora bien, hay realmente una "geografía sagrada" o tradicional, que los modernos ignoran tan completamente como todos los demás conocimientos del mismo género; hay un simbolismo geográfico así como un simbolismo histórico, y es el valor simbólico de las cosas el que les da su significación profunda, porque es por eso por donde es establecida su correspondencia con las realidades de orden superior; pero, para determinar efectivamente esta correspondencia, es menester ser capaz, de una manera o de otra, de percibir en las cosas mismas el reflejo de esas realidades. Es así como hay lugares que son más particularmente aptos para servir de "soporte" a la acción de las "influencias espirituales", y es en esto en lo que se ha basado siempre el establecimiento de algunos "centros" tradicionales principales o secundarios, de los que los "oráculos" de la antigüedad y los lugares de peregrinaje proporcionan los ejemplos más aparentes exteriormente; hay también otros lugares que no son menos particularmente favorables a la manifestación de "influencias" de un carácter enteramente opuesto, pertenecientes a las más bajas regiones del dominio sutil; ¿pero que puede significar para un occidental moderno que haya, por ejemplo, en tal lugar una "puerta de los Cielos" o en tal otro una "boca de los Infiernos", puesto que el "espesor" de su constitución "psicofisiológica" es tal que, ni en el uno ni en el otro, pueden sentir absolutamente nada de especial? Así pues, estas cosas son literalmente inexistentes para él, lo que bien entendido, no quiere decir que hayan cesado de existir realmente; pero es verdad que, al haberse reducido en cierto modo al mínimo las comunicaciones del dominio corporal con el dominio sutil, es menester, para poder constatarlas, un mayor desarrollo de esas mismas facultades de antaño, y son justamente esas facultades las que, bien lejos de desarrollarse, han ido al contrario debilitándose generalmente y han acabado por desaparecer en la "media" de los individuos humanos, de suerte que la dificultad y la rareza de las percepciones de ese orden han sido doblemente acrecentadas con ello, y es eso lo que permite a los modernos tomar a irrisión los relatos de los antiguos.

A este propósito, agregaremos todavía una precisión que concierne a algunas descripciones de seres extraños que se encuentran en esos relatos: como esas descripciones datan naturalmente todo lo más de la antigüedad "clásica", en la que ya se había producido una incontestable degeneración desde el punto de vista tradicional, es muy posible que se hayan introducido ahí confusiones de más de un tipo; así, una parte de esas descripciones pueden provenir en realidad de "supervivencias" de un simbolismo que ya no era comprendido[53], mientras que otra puede referirse a las apariencias revestidas por las manifestaciones de algunas "entidades" o "influencias" pertenecientes al dominio sutil, y alguna otra también, pero que sin duda no es la más importante, puede ser realmente la descripción de seres que hayan tenido una existencia corporal en tiempos más o menos lejanos, pero pertenecientes a especies desaparecidas desde aquel entonces o que no hayan subsistido sino en condiciones excepcionales y por rarísimos representantes, lo que puede encontrarse incluso hoy todavía, piensen lo que piensen al respecto los que se imaginan que ya no hay nada desconocido para ellos en este mundo. Se ve que, para discernir lo que hay en el fondo de todo eso, sería menester un trabajo bastante largo y difícil, tanto más cuanto que las "fuentes" de las que se dispone ya están lejos de representar puros datos tradicionales; es evidentemente más simple y más cómodo rechazarlo todo en bloque como lo hacen los modernos, que por lo demás no comprenderían mejor los verdaderos datos tradicionales mismos y no verían en ellos más que indescifrables enigmas, y que persistirán naturalmente en esta actitud negativa hasta que nuevos cambios en la "figura del mundo" vengan finalmente a destruir su engañosa seguridad.

---

[53] La *Historia natural* de Plinio, concretamente, parece ser una "fuente" casi inagotable de ejemplos que se refieren a casos de este género, y es por lo demás una fuente en la que todos los que han venido después de él han bebido abundantemente.

CAPÍTULO XX

DE LA ESFERA AL CUBO

Después de haber dado algunas "ilustraciones" de lo que hemos designado como la "solidificación" del mundo, nos queda que hablar todavía de su representación en el simbolismo geométrico, donde puede ser figurada por un paso gradual de la esfera al cubo; y en efecto, en primer lugar, la esfera es propiamente la forma primordial, porque es la menos "especificada" de todas, al ser semejante a ella misma en todas las direcciones, de suerte que, en un movimiento de rotación cualquiera alrededor de su centro, todas sus posiciones sucesivas son siempre rigurosamente superponibles las unas a las otras[54]. Así pues, se podría decir, es la forma más universal de todas, que contiene de alguna manera a todas las demás, que saldrán de ella por diferenciaciones que se efectúan según ciertas direcciones particulares; y es por eso por lo que esta forma esférica es, en todas las tradiciones, la del "Huevo del Mundo", es decir, lo que representa el conjunto "global", en su estado primero y "embrionario", de todas las

---

[54] Ver El Simbolismo de la Cruz, cap. VI y XX.

posibilidades que se desarrollarán en el curso de un ciclo de manifestación[55]. Por lo demás, hay lugar a destacar que ese estado primero, en lo que concierne a nuestro mundo, pertenece propiamente al dominio de la manifestación sutil, en tanto que ésta precede necesariamente a la manifestación grosera y es como su principio inmediato; y es por lo que, de hecho, la forma esférica perfecta, o la forma circular que se le corresponde en la geometría plana (como sección de la esfera por un plano de una dirección cualquiera) no se encuentra nunca realizada en el mundo corporal[56].

Por otra parte, el cubo es al contrario la forma más "fijada" de todas, si se puede expresar así, es decir, la que corresponde al máximo de

---

[55] Esta misma forma se encuentra también en el comienzo de la existencia embrionaria de cada individuo incluido en este desarrollo cíclico, puesto que el embrión individual (*pinda*) es el análogo microcósmico de lo que es el "Huevo del Mundo" (*Brahmânda*) en el orden macrocósmico.

[56] Se puede dar aquí como ejemplo el movimiento de los cuerpos celestes, que no es rigurosamente circular, sino elíptico; la elipse constituye como una primera "especificación" del círculo, por desdoblamiento del centro en dos polos o "focos", según un cierto diámetro que desempeña desde entonces un papel "axial" particular, al mismo tiempo que todos los demás diámetros se diferencian entre sí en cuanto a su longitud. Agregaremos de pasada a este propósito que, puesto que los planetas describen elipses de las que el sol ocupa uno de los focos, uno podría preguntarse a qué corresponde el otro foco; como ahí no se encuentra efectivamente nada corporal, debe haber algo que no puede referirse más que al orden sutil; pero éste no es el lugar de examinar más esta cuestión, que estaría completamente fuera de nuestro tema.

"especificación"; esta forma es también la que se atribuye, entre los elementos corporales, a la tierra, en tanto que ésta constituye el "elemento terminal y final" de la manifestación en este estado corporal[57]; y, por consiguiente, corresponde también al fin del ciclo de la manifestación, o a lo que hemos llamado el "punto de detención" del movimiento cíclico. Así pues, esta forma es en cierto modo la del "sólido" por excelencia[58], y simboliza la "estabilidad", en tanto que ésta implica la detención de todo movimiento; por lo demás, es evidente que un cubo que reposa sobre una de sus caras es, de hecho, el cuerpo cuyo equilibrio presenta el máximo de estabilidad. Importa destacar que esta estabilidad, al término del movimiento descendente, no es y no puede ser nada más que la inmovilidad pura y simple, cuya imagen más aproximada, en el mundo corporal, nos está dada por el mineral; y esta inmovilidad, si la misma pudiera ser enteramente realizada, sería propiamente, en el punto más bajo, el reflejo inverso de lo que es, en el punto más alto, la inmutabilidad principial. La inmovilidad, o la estabilidad así entendida, representada por el cubo, se refiere pues al polo substancial de la manifestación, del mismo modo que la inmutabilidad, en la que están comprendidas todas las posibilidades en el estado "global" representado por la esfera, se refiere a su polo

---

[57] Ver Fabre d´Olivet, La Langue hébraïque testituée.

[58] No es que la tierra, en tanto que elemento, se asimile pura y simplemente al estado sólido como algunos lo creen equivocadamente, sino que ella es más bien el principio mismo de la "solidez".

esencial[59]; y es por eso por lo que el cubo simboliza también la idea de "base" o de "fundamento", que corresponde precisamente a este polo substancial[60]. Señalaremos también desde ahora que las caras del cubo pueden ser consideradas como respectivamente orientadas dos a dos según las tres dimensiones del espacio, es decir, como paralelas a los tres planos determinados por los ejes que forman el sistema de coordenadas al que este espacio es referido y que permite "medirle", es decir, realizarle efectivamente en su integralidad; como, según lo que hemos explicado en otra parte, los tres ejes que forman la cruz de tres dimensiones deben ser considerados como trazados a partir del centro de una esfera cuya expansión indefinida llena el espacio todo entero (y los tres planos que determinan esos ejes pasan también necesariamente por este centro, que es el "origen" de todo el sistema de coordenadas),

---

[59] Por eso es por lo que la forma esférica, según la tradición islámica, se refiere al "Espíritu" (Er-Rûh) o a la luz primordial.

[60] En la Kabbala hebraica, la forma cúbica corresponde, entre las Sephiroth, a Iesod, que es en efecto el "fundamento" (y, si se objetara a este respecto que Iesod no es sin embargo la última Sephirah, sería menester responder a eso que después de ella no hay más que Malkuth, que es propiamente la "sintetización" final en la que todas las cosas son reducidas a un estado que corresponde, a otro nivel, a la unidad principial de Kether); en la constitución sutil de la individualidad humana según la tradición hindú, esta forma se refiere al chakra "básico" o mûlâdhâra; esto está igualmente en relación con los misterios de la Kaabah en la tradición islámica; y, en el simbolismo arquitectónico, el cubo es propiamente la forma de la "primera piedra" de un edificio, es decir, de la "piedra fundamental", puesta en el nivel más bajo, sobre la cual reposará toda la estructura de ese edificio y que asegurará así su estabilidad.

esto establece la relación que existe entre esas dos formas extremas de la esfera y del cubo, relación en la que lo que era interior y central en la esfera se encuentra en cierto modo "vuelto del revés" para constituir la superficie o la exterioridad del cubo[61].

Por lo demás, el cubo representa la tierra en todas las acepciones tradicionales de esta palabra, es decir, no solo la tierra en tanto que elemento corporal así como lo hemos dicho hace un momento, sino también un principio de orden mucho más universal, el que la tradición extremo oriental designa como la Tierra (*Ti*) en correlación con el Cielo (*Tien*): las formas esféricas o circulares son referidas al Cielo, y las formas cúbicas o cuadradas a la Tierra; como estos dos términos complementarios son equivalentes de *Purusha* y de *Prakriti* en la doctrina hindú, es decir, como no son más que otra expresión de la esencia y de la substancia entendidas en el sentido universal, se llega también aquí exactamente a la misma conclusión que precedentemente; y es evidente que, como las nociones mismas de esencia y de substancia, el mismo simbolismo es siempre susceptible de aplicarse a niveles diferentes, es decir, tanto a los principios de un estado particular de existencia como a los del conjunto de la manifestación universal. Al mismo tiempo que esas formas geométricas, también se refieren al Cielo

---

[61] En la geometría plana, se tiene manifiestamente una relación similar considerando los lados del cuadrado como paralelas a dos diámetros rectangulares del círculo, y el simbolismo de esta relación se corresponde directamente con lo que la tradición hermética designa como la "cuadratura del círculo", de la que diremos algunas palabras más adelante.

y a la Tierra los instrumentos que sirven para trazarlas respectivamente, es decir, el compás y la escuadra, tanto en el simbolismo de la tradición extremo oriental como en el de las tradiciones iniciáticas occidentales[62]; y las correspondencias de estas formas dan lugar naturalmente, en diversas circunstancias, a múltiples aplicaciones simbólicas y rituales[63].

Otro caso en el que la relación de estas mismas formas geométricas se pone también en evidencia, es el del simbolismo del "Paraíso terrestre" y de la "Jerusalém celeste", del que ya hemos tenido ocasión de hablar en otra parte[64]; y este caso es particularmente importante desde el punto de vista donde nos colocamos al presente, puesto que se trata precisamente de las dos extremidades del ciclo actual. Ahora bien, la forma del "Paraíso terrestre", que corresponde al comienzo de este

---

[62] En algunas figuraciones simbólicas, el compás y la escuadra están colocados respectivamente en las manos de Fo-hi y de su hermana Niu-koua, del mismo modo que, en las figuras alquímicas de Basile Valentin, están colocados en las manos de las dos mitades masculina y femenina del *Rebis* o Andrógino hermético; se ve por eso que Fo-hi y Niu-koua son en cierto modo asimilados analógicamente, en sus papeles respectivos, al principio esencial o masculino y al principio substancial o femenino de la manifestación.

[63] Es así, por ejemplo, como las vestiduras rituales de los antiguos soberanos, en China, debían ser de forma redonda por arriba y cuadrada por abajo, el soberano representaba entonces el tipo mismo del Hombre (*Jen*) en su función cósmica, es decir, el tercer término de la "Gran Triada", que ejerce la función de intermediario entre el Cielo y la Tierra y que une en él las potencias del uno y de la otra.

[64] Ver *El Rey del Mundo*, pp. 128-130 de la ed. francesa, y también *El Simbolismo de la Cruz*, cap. IX.

ciclo, es circular, mientras que la de la "Jerusalem celeste", que corresponde a su fin, es cuadrada[65]; y el recinto circular del "Paraíso terrestre" no es otra cosa que el corte horizontal del "Huevo del Mundo", es decir, de la forma esférica universal y primordial[66]. Se podría decir que es este mismo círculo el que se cambia finalmente en un cuadrado, puesto que las dos extremidades deben reunirse o más bien (puesto que el ciclo no está nunca realmente cerrado, lo que implicaría una repetición imposible) corresponderse exactamente; la presencia del mismo "Árbol de la Vida" en el centro en los dos casos, indica bien que no se trata en efecto más que de dos estados de una misma cosa; el cuadrado figura aquí el acabamiento de las posibilidades del ciclo, que estaban en germen en el "recinto orgánico" circular del comienzo, y que son entonces fijadas y estabilizadas en un estado en cierto modo

---

[65] Si se aproxima esto a las correspondencias que hemos indicado hace un momento, puede parecer que haya ahí una inversión en el empleo de las dos palabras "celeste" y "terrestre", y, de hecho, aquí no convienen más que bajo una cierta relación: al comienzo del ciclo, este mundo no era tal como es actualmente, y el "Paraíso terrestre" constituía en él la proyección directa, entonces manifestada visiblemente, de la forma propiamente celeste y principial (por lo demás, estaba situado en cierto modo en los confines del cielo y de la tierra, puesto que se dice que tocaba la "esfera de la Luna", es decir, el "primer cielo"); al final, la "Jerusalem celeste" desciende "del cielo a la tierra", y es únicamente al término de este descenso cuando aparece bajo la forma cuadrada, porque entonces el movimiento cíclico se encuentra detenido.

[66] Es bueno destacar que este círculo está dividido por la cruz que forman los cuatro ríos que parten de su centro, y que dan así exactamente la figura de la que hemos hablado cuando señalábamos la relación del círculo y del cuadrado.

definitivo, al menos en relación a este ciclo mismo. Este resultado final puede ser representado también como una "cristalización", lo que responde siempre a la forma cúbica (o cuadrada en su sección plana): se tiene entonces una "ciudad" con un simbolismo mineral, mientras que, en el comienzo, se tenía un "jardín" con un simbolismo vegetal, donde la vegetación representa la elaboración de los gérmenes en la esfera de la asimilación vital[67]. Recordaremos lo que hemos dicho más atrás sobre la inmovilidad del mineral, como imagen del término hacia el que tiende la "solidificación" del mundo; pero hay lugar a agregar que aquí se trata del mineral considerado en un estado ya "transformado" o "sublimado", ya que son piedras preciosas las que figuran en la descripción de la "Jerusalem celeste"; es por eso por lo que la fijación no es realmente definitiva más que en relación al ciclo actual, y, más allá del "punto de detención", esta misma "Jerusalem celeste", en virtud del encadenamiento causal que no admite ninguna discontinuidad efectiva, debe devenir el "Paraíso terrestre" del ciclo futuro, puesto que el comienzo de éste y el fin del que le precede no son propiamente más que un solo y mismo momento visto desde dos lados opuestos[68].

---

[67] Ver *El Esoterismo de Dante*, pp. 91-92 de la ed. francesa.

[68] Este momento es representado también como el de la "inversión de los polos", o como el día en que "los astros saldrán por Occidente y se pondrán por Oriente", ya que un movimiento de rotación, según se le vea desde un lado o desde el otro, parece efectuarse en dos sentidos contrarios, aunque no sea siempre en realidad más que el mismo movimiento que se continúa desde otro punto de vista, correspondiente a la marcha de un nuevo ciclo.

Por ello no es menos verdad, que si uno se limita a la consideración del ciclo actual, llega finalmente un momento en el que la "rueda cesa de girar", y, aquí, como siempre, el simbolismo es perfectamente coherente: en efecto, una rueda es también una figura circular, y, si se deformara de manera de devenir finalmente cuadrada, es evidente que entonces no podría sino detenerse. Es por eso por lo que el momento de que se trata aparece como un "fin del tiempo"; y es entonces cuando, según la tradición hindú, los "doce Soles", brillarán simultáneamente, ya que el tiempo es medido efectivamente por el recorrido del Sol a través de los doce signos del Zodiaco, que constituyen el ciclo anual, y, al estar detenida la rotación, los doce aspectos correspondientes se fundirán por así decir en uno solo, entrando así en la unidad esencial y primordial de su naturaleza común, puesto que no difieren más que bajo la relación de la manifestación cíclica que entonces estará terminada[69]. Por otra parte, el cambio del círculo en un cuadrado equivalente[70], es lo que se designa como la "cuadratura del círculo"; aquellos que declaran que éste es un problema insoluble, aunque ignoran totalmente su significación simbólica, se encuentra que tienen razón de hecho, puesto

---

[69] Ver El Rey del Mundo, p. 48 de la ed. francesa. —Los doce signos del Zodiaco, en lugar de estar dispuestos circularmente, devienen las doce puertas de la "Jerusalem celeste", de las que tres están situadas en cada lado del cuadrado y los "doce Soles" aparecen en el centro de la "ciudad" como los doce frutos del "Árbol de Vida".

[70] Es decir, de la misma superficie si uno se coloca en el punto de vista cuantitativo, pero éste no es más que una expresión completamente exterior de aquello de lo que se trata en realidad.

que esta "cuadratura", entendida en su verdadero sentido, no podrá ser realizada más que en el fin mismo del ciclo[71].

De todo eso resulta también que la "solidificación" del mundo se presenta en cierto modo con un doble sentido: considerada en sí misma, en el curso del ciclo, como la consecuencia de un movimiento descendente hacia la cantidad y la "materialidad", tiene evidentemente una significación "desfavorable" e incluso "siniestra", opuesta a la espiritualidad; pero, por otro lado, por ello no es menos necesaria para preparar, aunque de una manera que se podría decir "negativa", la fijación última de los resultados del ciclo bajo la forma de la "Jerusalem celeste", en la que estos resultados devendrán de inmediato los gérmenes de las posibilidades del ciclo futuro. Únicamente, no hay que decir que, en esta fijación última misma, y para que sea así verdaderamente una restauración del "estado primordial", es menester una intervención inmediata de un principio transcendente, sin lo cual nada podría ser salvado y el "cosmos" se desvanecería pura y simplemente en el "caos"; es está intervención la que produce el "vuelco" final, ya figurado por la "transmutación" del mineral en la "Jerusalem celeste", y que conduce seguidamente a la reaparición del "Paraíso terrestre" en el mundo visible, donde habrá en adelante "nuevos cielos y una nueva tierra",

---

[71] La fórmula numérica correspondiente es la de la *Tétraktys* pitagórica: 1+2+3+4 = 10; si se toman los números en sentido inverso: 4+3+2+1, se tienen las proporciones de los cuatro *Yugas*, cuya suma forma el denario, es decir, el ciclo completo y acabado.

puesto que será el comienzo de otro *Manvantara* y de la existencia de otra humanidad.

CAPÍTULO XXI

CAÍN Y ABEL

La "solidificación" del mundo tiene también, en el orden humano y social, otras consecuencias de las que no hemos hablado hasta aquí: a este respecto, engendra un estado de cosas en el que todo está contado, registrado y reglamentado, lo que, por lo demás, no es, en el fondo, más que otro género de "mecanización"; en nuestra época, es muy fácil constatar por todas partes hechos sintomáticos tales como, por ejemplo, la manía de los censos (que se relaciona directamente con la importancia atribuida a las estadísticas)[72],

---

[72] Habría mucho que decir sobre las prohibiciones formuladas en algunas tradiciones contra los censos, salvo en algunos casos excepcionales; si se dijera que esas operaciones y todas aquellas de lo que se llama el "estado civil" tienen, entre otros inconvenientes, el de contribuir a abreviar la duración de la vida humana (lo que, por lo demás, es conforme con la marcha misma del ciclo, sobre todo en sus últimos periodos), sin duda sería poco creído, y sin embargo, en algunos países, los campesinos más ignorantes saben muy bien, como un hecho de experiencia corriente, que, si se cuentan con demasiada frecuencia los animales, mueren muchos más que si uno se abstiene de hacerlo; ¡pero, evidentemente, a los ojos de los modernos presuntamente "ilustrados", eso no pueden ser más que "supersticiones"!

y, de una manera general, la multiplicación incesante de las intervenciones administrativas en todas las circunstancias de la vida, intervenciones que deben tener por efecto naturalmente asegurar una uniformidad tan completa como es posible entre los individuos, tanto más cuanto que es en cierto modo un "principio" de toda administración moderna tratar a esos individuos como a simples unidades numéricas todas semejantes entre sí, es decir, actuar como, si por hipótesis, la uniformidad "ideal" estuviera ya realizada, y obligar así a todos los hombres a ajustarse, si se puede decir, a una misma medida "media". Por otra parte, esta reglamentación cada vez más excesiva se encuentra que tiene una consecuencia muy paradójica: es que, mientras que se elogia la rapidez y la facilidad crecientes de las comunicaciones entre los países más alejados, gracias a las invenciones de la industria moderna, al mismo tiempo se establecen todos los obstáculos posibles a la libertad de esas comunicaciones, de suerte que, frecuentemente, es prácticamente imposible pasar de un país a otro, y que, en todo caso, eso ha devenido mucho más difícil hoy día que en los tiempos en los que no existía ningún medio mecánico de transporte. Eso es también un aspecto particular de la "solidificación": en un tal mundo, ya no hay lugar para los pueblos nómadas que hasta aquí subsistían todavía en condiciones diversas, ya que llegan poco a poco a no encontrar ante ellos ningún espacio libre, y por otra parte se esfuerzan por todos los medios por conducirles a la vida sedentaria[73], de suerte que, bajo está relación también, no parece estar muy lejano el momento en que "la rueda cesará de girar"; por añadidura, en esta vida sedentaria, las ciudades, que representan en cierto modo el último grado de la "fijación", toman una importancia preponderante y tienden cada vez más a absorberlo todo[74]; y es así como, hacia el fin del ciclo, Caín acaba verdaderamente de matar a Abel.

En efecto, en el simbolismo bíblico, Caín es representado ante todo como agricultor, Abel como pastor, y son así los tipos de las dos suertes de pueblos que han existido desde los orígenes de la presente humanidad, o al menos desde que se ha producido en ella una primera diferenciación: los sedentarios, dedicados a la cultura de la tierra; los nómadas, al pastoreo de los rebaños[75]. Son, es menester insistir en ello,

---

[73] Se pueden citar aquí, como ejemplos particularmente significativos, los proyectos "sionistas" en lo que concierne a los Judíos, y también las tentativas hechas recientemente para fijar a los Bohemios en algunas regiones de Europa oriental.

[74] Es menester recordar a este propósito que la "Jerusalem celeste" misma es simbólicamente una "ciudad", lo que muestra que, también ahí, hay lugar a considerar, como lo decíamos más atrás, un doble sentido en la "solidificación".

[75] Se podría agregar que, puesto que Caín es designado como el primogénito, la agricultura parece tener por eso una cierta anterioridad, y, de hecho, Adam mismo, desde antes de la "caída", es representado teniendo como función "cultivar el jardín", lo que se refiere propiamente al predominio del simbolismo vegetal en la figuración del comienzo del ciclo (de donde una "agricultura" simbólica e incluso iniciática, aquella misma que Saturno, en los latinos, se dice que había enseñado también a los hombres en la "edad de oro"); pero,

las ocupaciones esenciales y primordiales de esos dos tipos humanos; el resto no es más que accidental, derivado o sobreagregado, y hablar de pueblos cazadores o pescadores, por ejemplo, como lo hacen comúnmente los etnólogos modernos, es, o tomar lo accidental por lo esencial, o referirse únicamente a unos casos más o menos tardíos de anomalía y de degeneración, como se puede constatar de hecho en algunos salvajes (y los pueblos principalmente comerciantes o industriales del Occidente moderno no son, por otra parte, menos anormales, aunque de otra manera)[76]. Cada una de estas dos categorías tenía naturalmente su ley tradicional propia, diferente una de la otra, y adaptada a su género de vida y a la naturaleza de sus ocupaciones; esta diferencia se manifestaba concretamente en los ritos sacrificiales, de donde la mención especial que se hace de las ofrendas vegetales de Caín y de las ofrendas animales de Abel en el relato del Génesis[77]. Puesto que

---

sea como sea, no vamos a considerar aquí más que el estado simbolizado por la oposición (que es al mismo tiempo un complementarismo) de Caín y Abel, es decir, aquel en el que la distinción de los pueblos en agricultores y pastores es ya un hecho cumplido.

[76] Las denominaciones de *Iran* y de *Turan*, de las que se ha querido hacer designaciones de razas, representan en realidad respectivamente los pueblos sedentarios y los pueblos nómadas; *Iran* o *Airyana* vienen de la palabra *âria* (de donde *âria* por alargamiento), que significa "labrador" (derivado de la raíz *ar*, que se reencuentra en el latín *arare*, *arator*, y también en *arvum*, "campo"); y el empleo de la palabra *ârya* como designación honorífica (para las castas superiores) es, por consiguiente, característico de la tradición de los pueblos agricultores.

[77] Sobre la importancia completamente particular del sacrificio y de los ritos que se refieren a él en las diferentes formas tradicionales, ver Frithjof Schuon, *Del sacrificio*, en la revista

hacemos más particularmente llamada aquí al simbolismo bíblico, es bueno destacar seguidamente, a este propósito, que la *Thorah* hebraica se vincula propiamente al tipo de la ley de los pueblos nómadas: de ahí la manera en la que está presentada la historia de Caín y de Abel, que, bajo el punto de vista de los pueblos sedentarios, aparecería bajo otra luz y sería susceptible de otra interpretación; pero por lo demás, bien entendido, los aspectos correspondientes a estos dos puntos de vista están incluidos el uno y el otro en su sentido profundo, y no hay en eso en suma más que una aplicación del doble sentido de los símbolos, aplicación a la que hemos hecho una alusión parcial a propósito de la "solidificación", puesto que esta cuestión, como se verá quizás mejor todavía después, se liga estrechamente al simbolismo de la matanza de Abel por Caín. Del carácter especial de la tradición hebraica viene también la reprobación que se da en ella de ciertas artes o de ciertos oficios que convienen propiamente a los sedentarios, y concretamente a todo lo que se refiere a la construcción de habitaciones fijas; al menos la cosa fue efectivamente así hasta la época en que precisamente Israel dejó de ser nómada, al menos durante varios siglos, es decir, hasta el tiempo

---

Études traditionnelles, nº de abril de 1938, y A. K. Coomaraswamy, *Atmayajna: Self-sacrifice*, en el *Harvard Journal of Asiatic Studies*, nº de febrero de 1942.

de David y de Salomón, y se sabe que, para construir el Templo de Jerusalem, fue menester entonces hacer llamada a obreros extranjeros[78].

Son naturalmente los pueblos agricultores los que, por eso mismo de que son sedentarios, más pronto o más tarde acaban construyendo ciudades; y, de hecho, se dice que la primera ciudad fue fundada por Caín mismo; por lo demás, esta fundación no tiene lugar sino mucho después de que se haya hecho mención de sus ocupaciones agrícolas, lo que muestra bien que hay en eso como dos fases sucesivas en el "sedentarismo", de las que la segunda representa, en relación a la primera, un grado más acentuado de fijeza y de "compresión" espacial. De una manera general, se podría decir que las obras de los pueblos sedentarios son obras del tiempo: fijados en el espacio en un dominio estrictamente delimitado, desarrollan su actividad en una continuidad temporal que se les aparece como indefinida. Por el contrario, los pueblos nómadas y pastores no edifican nada duradero, y no trabajan en vistas de un porvenir que se les escapa; pero tienen ante ellos el espacio, que no les opone ninguna limitación, sino que les abre al contrario constantemente nuevas posibilidades. Se vuelve a encontrar así la correspondencia de los principios cósmicos a los que se refiere, en otro orden, el simbolismo de Caín y de Abel: el principio de compresión, representado por el tiempo; y el principio de expansión, representado

----

[78] Por lo demás, la fijación del pueblo hebreo dependía esencialmente de la existencia misma del Templo de Jerusalem; desde que éste fue destruido, el nomadismo apareció de nuevo bajo la forma especial de la "dispersión".

por el espacio[79]. A decir verdad, el uno y el otro de estos dos principios se manifiestan a la vez en el tiempo y en el espacio, como en todas las cosas, y es necesario hacer la precisión de ello para evitar identificaciones o asimilaciones demasiado "simplificadas", así como para resolver a veces ciertas oposiciones aparentes; pero por ello no es menos cierto que la acción del primero predomina en la condición temporal, y la del segundo en la condición espacial. Ahora bien, el tiempo desgasta el espacio, si se puede decir, afirmando así su papel de "devorador"; y del mismo modo, en el curso de las edades, los sedentarios absorben poco a poco a los nómadas: como lo indicábamos más atrás, ese es un sentido social de la matanza de Abel por Caín.

La actividad de los nómadas se ejerce especialmente sobre el reino animal, móvil como ellos; la de los sedentarios toma al contrario como objetos directos los dos reinos fijos, el vegetal y el mineral[80]. Por otra parte, por la fuerza de las cosas, los sedentarios llegan a constituirse símbolos visuales, imágenes hechas de diversas substancias, pero que, desde el punto de vista de su significación esencial, se reducen siempre más o menos directamente al esquematismo geométrico, origen y base

---

[79] Sobre esta significación cosmológica, remitimos a los trabajos de Fabre d´Olivet.

[80] La utilización de los elementos minerales comprende concretamente la construcción y la metalurgia; tendremos que volver sobre esta última, cuyo origen el simbolismo bíblico lo atribuye a Tubalcaín, es decir, a un descendiente directo de Caín, cuyo nombre se encuentra incluso como uno de los elementos que entran en la formación del suyo, lo que indica que existe entre ellos una relación particularmente estrecha.

de toda formación espacial. Los nómadas, por el contrario, a quienes las imágenes les están prohibidas como todo lo que tendería a retenerlos en un lugar determinado, se constituyen símbolos sonoros, los únicos compatibles con su estado de continua migración[81]. Pero hay esto de destacable, que, entre las facultades sensibles, la vista tiene una relación directa con el espacio, y el oído con el tiempo: los elementos del símbolo visual se expresan en simultaneidad, y los del símbolo sonoro en sucesión; así pues, en este orden se opera una especie de inversión de las relaciones que hemos considerado precedentemente, inversión que, por lo demás, es necesaria para establecer un cierto equilibrio entre los dos principios contrarios de que hemos hablado, y para mantener sus acciones respectivas en los límites compatibles con la existencia humana normal. Así, los sedentarios crean las artes plásticas (arquitectura, escultura, pintura), es decir, las artes de las formas que se despliegan en el espacio; los nómadas crean las artes fonéticas (música, poesía), es decir, las artes de las formas que se desenvuelven en el tiempo; ya que, lo repetimos una vez más en esta ocasión, todo arte, en sus orígenes, es esencialmente simbólico y ritual, y no es sino por una degeneración ulterior, muy reciente en realidad, como pierde ese carácter sagrado para

---

[81] La distinción de estas dos categorías fundamentales de símbolos es, en la tradición hindú, la del *yantra*, símbolo figurado, y del *mantra*, símbolo sonoro; ella implica naturalmente una distinción correspondiente en los ritos donde se emplean respectivamente estos elementos simbólicos, aunque no haya siempre una separación tan clara como la que se puede considerar teóricamente, y aunque, de hecho, todas las combinaciones en proporciones diversas sean posibles aquí.

devenir finalmente el "juego" puramente profano al que se reduce en nuestros contemporáneos[82].

Así pues, he aquí donde se manifiesta el complementarismo de las condiciones de existencia: los que trabajan para el tiempo son estabilizados en el espacio; los que erran en el espacio se modifican sin cesar con el tiempo. Y he aquí donde aparece la antinomia del "sentido inverso": los que viven según el tiempo, elemento cambiante y destructor, se fijan y se conservan; los que viven según el espacio, elemento fijo y permanente, se dispersan y cambian incesantemente. Es menester que ello sea así para que la existencia de los unos y de los otros permanezca posible, por el equilibrio al menos relativo que se establece entre los términos representativos de las dos tendencias contrarias; si solo una u otra de estas dos tendencias compresiva y expansiva estuviera en acción, el fin vendría pronto, ya sea por "cristalización", ya sea por "volatilización", si es permisible emplear a este respecto dos expresiones simbólicas que deben evocar la "coagulación" y la "solución" alquímicas, y que, por lo demás, corresponden efectivamente, en el mundo actual, a dos fases de las que tendremos que precisar todavía después la significación respectiva[83]. En efecto, estamos aquí en un

---

[82] Apenas hay necesidad de hacer destacar que, en todas las consideraciones expuestas aquí, se ve aparecer claramente el carácter correlativo y en cierto modo simétrico de las dos condiciones espacial y temporal consideradas bajo su aspecto cualitativo.

[83] Por eso es por lo que el nomadismo, bajo su aspecto "maléfico" y desviado, ejerce fácilmente una acción "disolvente" sobre todo lo que entra en contacto con él; por su lado,

dominio donde se afirman con una particular claridad todas las consecuencias de las dualidades cósmicas, imágenes o reflejos más o menos lejanos de la primera dualidad, la misma de la esencia y de la substancia, del Cielo y de la Tierra, de *Purusha* y de *Prakriti*, que genera y rige toda manifestación.

Pero para volver al simbolismo bíblico, el sacrificio animal es fatal para Abel[84], y la ofrenda vegetal de Caín no es aceptada[85]; el que es

---

el sedentarismo, bajo el mismo aspecto, no puede llevar en definitiva más que a las formas más groseras de un materialismo sin salida.

[84] Como Abel ha vertido la sangre de los animales, su sangre es vertida por Caín; en eso hay como la expresión de una "ley de compensación" en virtud de la cual los desequilibrios parciales, en lo cual consiste en el fondo toda manifestación, se integran en el equilibrio total.

[85] Importa destacar que la Biblia hebraica admite no obstante la validez del sacrificio no sangriento considerado en sí mismo: tal es el caso del sacrificio de Melquisedech, consistente en la ofrenda esencialmente vegetal del pan y del vino; pero esto se refiere en realidad al rito del *Soma* vêdico y a la perpetuación directa de la "tradición primordial", más allá de la forma especializada de la tradición hebraica y "abrahámica", e incluso, mucho más lejos todavía, más allá de la distinción de la ley de los pueblos sedentarios y de la de los pueblos nómadas; y en eso hay también una evocación de la asociación del simbolismo vegetal con el "Paraíso terrestre", es decir, con el "estado primordial" de nuestra humanidad. —La aceptación del sacrificio de Abel y el rechazo del de Caín son figurados a veces bajo una forma simbólica bastante curiosa: el humo del primero se eleva verticalmente hacia el cielo, mientras que el del segundo se extiende horizontalmente a la superficie de la tierra; trazan así respectivamente la altura y la base de un triángulo que representa el dominio de la manifestación humana.

bendito muere, el que vive está maldito. Así pues, el equilibrio, de una y otra parte, esta roto; ¿cómo restablecerle, sino por intercambios tales que cada uno tenga su parte de las producciones del otro? Es así como el movimiento asocia el tiempo y el espacio, puesto que en cierto modo es una resultante de su combinación, y concilia en ellos las dos tendencias opuestas que hemos tratado hace un momento[86]; por lo demás, el movimiento no es, él mismo, más que una serie de desequilibrios, pero la suma de éstos constituye el equilibrio relativo compatible con la ley de la manifestación o del "devenir", es decir, con la existencia contingente misma. Todo intercambio entre los seres sometidos a las condiciones temporal y espacial es en suma un movimiento, o más bien un conjunto de dos movimientos inversos y recíprocos, que se armonizan y se compensan el uno al otro; aquí, el equilibrio se realiza pues directamente por el hecho mismo de esta compensación[87]. Por lo demás, el movimiento alternativo de los intercambios puede recaer sobre los tres dominios, espiritual (o

---

[86] Por lo demás, estas dos tendencias se manifiestan también en el movimiento mismo, bajo las formas respectivas del movimiento centrípeto y del movimiento centrífugo.

[87] Equilibrio, armonía, justicia, no son en realidad más que tres formas o tres aspectos de una sola y misma cosa; por lo demás, en un cierto sentido, se las podría hacer corresponder respectivamente a los tres dominios de los cuales hablamos seguidamente, a condición, bien entendido, de restringir aquí la justicia a su sentido más inmediato, de la que la simple "honestidad" en las transacciones comerciales representa, entre los modernos, la expresión disminuida y degenerada por la reducción de todas las cosas al punto de vista profano y a la estrecha banalidad de la "vida ordinaria".

intelectual puro), psíquico y corporal, en correspondencia con los "tres mundos": intercambio de los principios, de los símbolos y de las ofrendas, tal es, en la verdadera historia tradicional de la humanidad terrestre, la triple base sobre la cual reposa el misterio de los pactos, de las alianzas y de las bendiciones, es decir, en el fondo, la repartición misma de las "influencias espirituales" en acción en nuestro mundo; pero no podemos insistir más sobre estas últimas consideraciones, que se refieren evidentemente a un estado normal del que actualmente estamos muy alejados bajo todos los aspectos, y del que el mundo moderno como tal no es incluso propiamente más que la negación pura y simple.[88]

---

[88] La intervención de la autoridad espiritual en lo que concierne a la moneda, en las civilizaciones tradicionales, se vincula inmediatamente a esto de lo que acabamos de hablar aquí; la moneda misma, en efecto, es en cierto modo la representación misma del intercambio, y se puede comprender por esto, de una manera más precisa, cuál era el papel efectivo de los símbolos que llevaba y que circulaban así con ella, dando al intercambio una significación completamente diferente de la que constituye su simple "materialidad", y que es todo lo que queda de él en las condiciones profanas que rigen en el mundo moderno, tanto las relaciones de los pueblos como las de los individuos.

CAPÍTULO XXII

SIGNIFICACIÓN DE LA METALURGIA

Hemos dicho que las artes o los oficios que implican una actividad que se ejerce sobre el reino mineral pertenecen propiamente a los pueblos sedentarios, y que, como tales, estaban prohibidos por la ley tradicional de los pueblos nómadas, de la cual la ley hebraica representa el ejemplo más generalmente conocido; es evidente, en efecto, que esas artes tienden directamente a la "solidificación", que, en el mundo corporal tal y como el mismo se presenta a nosotros, alcanza efectivamente su grado más acentuado en el mineral mismo. Por lo demás, este mineral, bajo su forma más común que es la de la piedra, sirve ante todo para la construcción de edificios estables[89]; una ciudad sobre todo, por el conjunto de los edificios que la componen, aparece en cierto modo como una aglomeración artificial de

---

[89] Es verdad que, en muchos pueblos, las construcciones de las épocas más antiguas eran de madera, pero evidentemente, tales edificios no eran ni tan duraderos, ni por consiguiente tan fijos, como los edificios en piedra; así pues, en todo caso, el empleo del mineral en la construcción implica un mayor grado de "solidez" en todos los sentidos de esta palabra.

minerales; y, como lo hemos visto ya, la vida en las ciudades corresponde a un sedentarismo todavía más completo que la vida agrícola, del mismo modo que el mineral es más fijo y más "sólido" que el vegetal. Pero hay todavía otra cosa; las artes que tienen como objeto el mineral comprenden también la metalurgia bajo todas sus formas; ahora bien, si se observa que, en nuestra época, el metal tiende cada vez más a sustituir a la piedra misma en la construcción, como la piedra había sustituido antaño a la madera, se estará tentado de pensar que debe haber en eso un síntoma característico de una fase más "avanzada" en la marcha descendente del ciclo; y eso es confirmado por el hecho de que, de una manera general, el metal juega un papel siempre creciente en la civilización moderna "industrializada" y "mecanizada", y eso tanto desde el punto de vista destructivo, si se puede decir, como desde el punto de vista constructivo, ya que la consumición de metal que entrañan las guerras contemporáneas es verdaderamente prodigiosa.

Por lo demás, esta precisión concuerda con una particularidad que se encuentra en la tradición hebraica: desde el comienzo, cuando el empleo de las piedras estaba permitido en algunos casos tales como la construcción de un altar, no obstante estaba especificado que esas piedras debían estar "enteras" y "no tocadas por el hierro"[90]; según los términos mismos de este pasaje, la insistencia recae menos sobre el hecho de no trabajar la piedra que sobre el de no emplear en ello el

---

[90] Deuteronomio, XXVII, 5-6.

metal; así pues, la prohibición concerniente al metal era más rigurosa, sobre todo para todo lo que estaba destinado a un uso más especialmente ritual[91]. Rastros de esta prohibición subsistieron incluso cuando Israel hubo dejado de ser nómada y construyo o hizo construir edificios estables: cuando se edificó el Templo de Jerusalem, "las piedras fueron traídas todas tales como debían ser, de suerte que, al edificar la casa, no se oyó ni martillo, ni hacha, ni ningún útil de hierro"[92]. Este hecho no tiene en realidad nada de excepcional, y se podría encontrar, en este sentido, una multitud de indicios concordantes: así, en muchos países, ha existido y existe todavía una especie de exclusión parcial de la comunidad, o al menos una "puesta aparte", contra los obreros que trabajan los metales, sobre todo los herreros, cuyo oficio se asocia frecuentemente con la práctica de una magia inferior y peligrosa, degenerada finalmente, en la mayoría de los casos, en brujería pura y simple. Sin embargo, por otro lado, la metalurgia, en algunas formas tradicionales, ha sido, al contrario, particularmente exaltada e incluso ha servido de base a organizaciones iniciáticas muy importantes; nos

---

[91] De ahí también el empleo persistente de los cuchillos de piedra para el rito de la circuncisión.

[92] I Reyes, VI, 7. —El Templo de Jerusalem contenía no obstante una gran cantidad de objetos metálicos, pero el uso de éstos se refiere a otro aspecto del simbolismo de los metales, que es en efecto doble como veremos dentro de un momento; por lo demás, parece que la prohibición haya acabado por ser en cierto modo "localizada" principalmente sobre el empleo del hierro, que es precisamente, de todos los metales, aquel cuyo papel es el más importante en la época moderna.

contentaremos con citar a este respecto el ejemplo de los Misterios kabíricos, sin poder insistir aquí sobre este tema muy complejo y que nos llevaría demasiado lejos; lo que es menester retener por el momento, es que la metalurgia tiene a la vez un aspecto "sagrado" y un aspecto "execrado", y, en el fondo, estos dos aspectos proceden de un doble simbolismo inherente a los metales en sí mismos.

Para comprender esto, es menester ante todo acordarse de que los metales, en razón de sus correspondencias astrales, son en cierto modo los "planetas del mundo inferior"; así pues, como los planetas mismos de los que reciben y condensan por así decir las influencias en el medio terrestre, deben tener naturalmente un aspecto "benéfico" y un aspecto "maléfico"[93]. Además, puesto que se trata en suma de un reflejo inferior, lo que representa claramente la situación misma de las minas metálicas en el interior de la tierra, el lado "maléfico" debe devenir fácilmente predominante; es menester no olvidar que, desde el punto de vista tradicional, los metales y la metalurgia están en relación directa con el "fuego subterráneo", cuya idea se asocia bajo muchos aspectos a la del

---

[93] En la tradición zoroastriana, parece que los planetas sean considerados casi exclusivamente como "maléficos"; esto puede resultar de un punto de vista particular a esta tradición, pero, por otra parte, lo que subsiste actualmente de ésta no representa más que fragmentos muy mutilados como para que sea posible pronunciarse exactamente sobre cuestiones de este género.

"mundo infernal"[94]. Bien entendido, las influencias metálicas, si se las toma por el lado "benéfico" utilizándolas de una manera verdaderamente "ritual" en el sentido más completo de esta palabra, son susceptibles de ser "transmutadas" y "sublimadas", e incluso, entonces, pueden devenir tanto mejor un "soporte" espiritual cuanto que lo que está en el nivel más bajo corresponde, por analogía inversa, a lo que está en el nivel más elevado; todo el simbolismo mineral de la alquimia está fundado en definitiva sobre esto, así como también el de las antiguas iniciaciones kabíricas[95]. Por el contrario, cuando ya no se trata más que de un uso profano de los metales, y puesto que el punto de vista profano mismo tiene como efecto necesariamente cortar toda comunicación con los principios superiores, entonces ya no queda apenas otro que el lado "maléfico" de las influencias correspondientes que pueda actuar efectivamente, y que se desarrollará tanto más cuanto que se encontrará

---

[94] En lo que concierne a este relación con el "fuego subterráneo", la semejanza manifiesta del nombre de Vulcano con el de Tubalcaín bíblico es particularmente significativa; ambos son representados como herreros; y, precisamente sobre el tema de los herreros, agregaremos que esta asociación con el "mundo infernal" explica suficientemente lo que hemos dicho más atrás sobre el lado "siniestro" de su oficio. —Los Kabiros, por otra parte, aunque también eran herreros, tenían un doble aspecto terrestre y celeste, que les ponía en relación a la vez con los metales y con los planetas correspondientes.

[95] Conviene decir que la alquimia propiamente dicha se detenía en el "mundo intermediario" y se quedaba en el punto de vista que se puede llamar "cosmológico"; pero su simbolismo no era por ello menos susceptible de una transposición que le daba un valor verdaderamente espiritual e iniciático.

así aislado de todo lo que podría restringirle y equilibrarle; y este caso de un uso exclusivamente profano es evidentemente el que, en el mundo moderno, se realiza en toda su amplitud[96].

Hasta aquí, nos hemos colocado sobre todo en el punto de vista de la "solidificación" del mundo, que es el que desemboca propiamente en el "reino de la cantidad", de la que el uso actual de los metales no es todavía más que un aspecto; de hecho, este punto de vista es el que se ha manifestado en todas las cosas de la manera más visible hasta el punto en que el mundo ha llegado al presente. Pero las cosas pueden ir todavía más lejos, y los metales, debido al hecho de las influencias sutiles que están vinculadas a ellos, pueden jugar también un papel en una fase ulterior que tiende más inmediatamente hacia la disolución final; ciertamente, estas influencias sutiles, en todo el curso del periodo que se puede calificar de materialista, han pasado en cierto modo al estado latente, como todo lo que está fuera del orden corporal puro y simple; pero eso no quiere decir que hayan dejado de existir, y ni siquiera que hayan dejado de actuar enteramente, aunque de una manera disimulada, cuyo lado "satánico", que existe en el "maquinismo" mismo, (aunque

---

[96] El caso de la moneda, tal como es actualmente, puede servir también de ejemplo característico aquí: despojada de todo lo que podía, en civilizaciones tradicionales, hacer de ella como un vehículo de "influencias espirituales", no solo está reducida a no ser ya, en sí misma, más que un simple signo "material" y cuantitativo, sino que ya no puede desempeñar tampoco más que un papel verdaderamente nefasto y "satánico", como es muy fácil constatarlo efectivamente en nuestra época.

no únicamente ahí) en sus aplicaciones destructivas, no es en suma más que una de sus manifestaciones anticipadas, aunque los materialistas sean naturalmente incapaces de sospechar nada de esto. Así pues, estas mismas influencias pueden no esperar más que una ocasión favorable para afirmar su acción más abiertamente, y, naturalmente, siempre en el mismo sentido "maléfico", puesto que, en lo que concierne a las influencias de orden "benéfico", este mundo ha sido por así decir cerrado por la actitud profana de la humanidad moderna; ahora bien, esta ocasión puede incluso no estar ya muy alejada, ya que la inestabilidad que va actualmente en aumento en todos los dominios muestra bien que el punto que corresponde a la mayor predominancia efectiva de la "solidez" y de la "materialidad" ya ha sido rebasado.

Se comprenderá quizás mejor lo que acabamos de decir si se destaca que los metales, según el simbolismo tradicional, están en relación no solo con el "fuego subterráneo" como lo hemos indicado, sino también con los "tesoros ocultos", puesto que todo eso está bastante estrechamente conexo, por razones que no podemos desarrollar más en este momento, pero que pueden ayudar concretamente a la explicación de la manera en que las intervenciones humanas son susceptibles de provocar o más exactamente de "desencadenar" algunos cataclismos naturales. Sea como sea, todas las "leyendas" (para hablar el lenguaje actual) que se refieren a esos "tesoros" muestran claramente que sus "guardianes", es decir, precisamente las influencias sutiles que están vinculadas a ellos, son "entidades" psíquicas a las que es muy peligroso acercarse sin poseer las "cualificaciones" requeridas y sin tomar las precauciones debidas; pero, de hecho, ¿qué precauciones podrían tomar los modernos, que son completamente ignorantes de estas cosas, a este respecto? Están evidentísimamente desprovistos de toda "cualificación", así como de todo medio de acción en ese dominio, que se les escapa a consecuencia de la actitud misma que han tomado frente a todas las cosas; es verdad que se jactan constantemente de "someter a las fuerzas de la naturaleza", pero están ciertamente muy lejos de sospechar que, detrás de esas fuerzas mismas, que consideran en un sentido exclusivamente corporal, hay algo de otro orden, de lo cual ellas no son realmente más que el vehículo y como la apariencia exterior; y es eso lo que algún día podría rebelarse y volverse finalmente contra aquellos que lo han desconocido.

A este propósito, agregaremos incidentalmente otra precisión que quizás no parecerá más que singular o curiosa, pero que tendremos la ocasión de volverla a encontrar después: en las "leyendas", los "guardianes de los tesoros ocultos", que son al mismo tiempo los herreros que trabajan en el "fuego subterráneo", son representados a la vez, y según los casos, como gigantes y como enanos. Algo semejante existía también para los Kabiros, lo que indica que todo simbolismo es susceptible también de recibir una aplicación que se refiere a un orden superior; pero, si uno se atiene al punto de vista en el que, debido al hecho de las condiciones mismas de nuestra época, debemos colocarnos al presente, no puede verse en ello más que la cara en cierto modo "infernal", es decir, que no hay en eso, en estas condiciones, más que una expresión de influencias que pertenecen al lado inferior y "tenebroso" de lo que se puede llamar el "psiquismo cósmico"; y, como lo veremos mejor al proseguir nuestro estudio, son efectivamente las influencias de este tipo las que, bajo sus formas múltiples, amenazan hoy la "solidez" del mundo.

Para completar esta apercepción, precisaremos también, como refiriéndose evidentemente al lado "maléfico" de la influencia de los metales, la prohibición frecuente de llevar sobre sí objetos metálicos durante el cumplimiento de algunos ritos, ya sea en el caso de ritos exotéricos[97], ya sea en el de ritos propiamente iniciáticos[98]. Sin duda, todas las prescripciones de este género tienen ante todo un carácter simbólico, y eso es incluso lo que constituye todo su valor profundo; pero aquello de lo que es menester darse cuenta bien, es que el verdadero simbolismo tradicional (que uno debe guardarse bien de confundir con las contrahechuras y las falsas interpretaciones a las que los modernos aplican a veces abusivamente el mismo nombre)[99] tiene siempre un alcance efectivo, y que sus aplicaciones rituales, en particular, tienen efectos perfectamente reales, aunque las facultades estrechamente

---

[97] Esta prohibición existe concretamente, al menos en principio, para los ritos islámicos del peregrinaje, aunque, de hecho, ya no sea observada rigurosamente hoy día; además, el que ha cumplido enteramente estos ritos, comprendido lo que constituye su lado más "interior", debe abstenerse en adelante de todo trabajo en el que el fuego se ponga en obra, lo que excluye en particular a los herreros y demás metalurgistas.

[98] En las iniciaciones occidentales, esto se traduce, en la preparación ritual del recipiendario, por lo que es designado como el "despojamiento de los metales". Se podría decir que, en un caso como ese, los metales, además de que pueden dañar efectivamente a la transmisión de las "influencias espirituales", son tomados como representando en cierto modo lo que la Kabbala hebraica llama las "cortezas" o las "coquillas" (qlippoth), es decir, lo más inferior que hay en el dominio sutil, que constituye, si es permisible expresarse así, los "bajos fondos" infracorporales de nuestro mundo.

[99] Así, los "historiadores de las religiones", en la primera mitad del siglo XIX, habían inventado algo a lo cual habían dado el nombre de "simbólica", y que era un sistema de interpretación que no tiene con el verdadero simbolismo sino relaciones extremadamente lejanas; en cuanto a los abusos simplemente "literarios" de la palabra "simbolismo", es evidente que no vale la pena hablar de ello.

limitadas del hombre moderno no puedan percibirlos generalmente. En eso no se trata de cosas vagamente "ideales", sino, bien al contrario, de cosas cuya realidad se manifiesta a veces de una manera en cierto modo "tangible"; y si ello fuera de otro modo, ¿cómo podría explicarse, por ejemplo, el hecho de que hay hombres que, en ciertos estados espirituales, no pueden sufrir el contacto ni siquiera indirecto de los metales, y eso incluso si ese contacto ha sido operado sin su conocimiento y en condiciones tales que les sea imposible apercibirse de ello por medio de sus sentidos corporales, lo que excluye forzosamente la explicación psicológica y "simplista" de la "autosugestión"?[100]. Si agregamos que este contacto puede llegar, en parecido caso, hasta producir exteriormente los efectos fisiológicos de una verdadera quemadura, se convendrá que tales hechos deberían dar motivos de reflexión si los modernos fueran todavía capaces de ello; pero la actitud profana y materialista y la toma de partido que resulta de ella les han sumergido en una incurable ceguera.

---

[100] Podemos citar aquí, como ejemplo conocido, el caso de Srî Râmakrishna.

CAPÍTULO XXIII

EL TIEMPO CAMBIADO EN ESPACIO

Como lo hemos dicho precedentemente, el tiempo desgasta en cierto modo al espacio, por un efecto del poder de contracción que representa y que tiende a reducir cada vez más la expansión espacial a la cual se opone; pero, en esta acción contra el principio antagonista, el tiempo mismo se desenvuelve con una velocidad siempre creciente, ya que, lejos de ser homogéneo como lo suponen aquellos que no le consideran más que desde el punto de vista cuantitativo únicamente, está al contrario "cualificado" de una manera diferente en cada instante por las condiciones cíclicas de la manifestación a la que pertenece. Esta aceleración deviene más visible que nunca en nuestra época, porque se exagera en los últimos periodos del ciclo, pero, de hecho, existe constantemente desde el comienzo hasta el fin de éste; así pues, se podría decir que el tiempo no solo contrae al espacio, sino que se contrae también él mismo progresivamente; esta contracción se expresa por la proporción decreciente de los cuatro *Yugas*, con todo lo que implica, comprendida ahí la disminución correspondiente de la vida humana. Se dice a veces, sin duda sin comprender la verdadera razón de ello, que hoy día los hombres viven más rápido que antaño, y eso es literalmente verdad; en el fondo, la prisa característica que los modernos ponen en todas las cosas no es más que la consecuencia de la impresión que sienten confusamente de que ello es así.

En su grado más extremo, la contracción del tiempo desembocaría en reducirle finalmente a un instante único, y entonces la duración habría dejado de existir verdaderamente, ya que es evidente que, en el instante, ya no puede haber ninguna sucesión. Es así como "el tiempo devorador acaba por devorarse a sí mismo", de suerte que, en el "fin del mundo", es decir, en el límite mismo de la manifestación cíclica, "ya no hay más tiempo"; y por eso también es por lo que se dice que la "muerte es el último ser que morirá", ya que allí donde no hay sucesión de ningún tipo, ya no hay tampoco muerte posible[101]. Desde que la sucesión está detenida, o desde que, en términos simbólicos, "la rueda ha cesado de girar", todo lo que existe no puede estar más que en perfecta simultaneidad; así pues, la sucesión se encuentra transmutada en cierto modo en simultaneidad, lo que se puede expresar también diciendo que "el tiempo se ha cambiado en espacio"[102]. Así, un "vuelco" se opera en último lugar contra el tiempo y en provecho del espacio: en el momento mismo en que el tiempo parecía acabar de devorar al espacio, es al

---

[101] Por otra parte, como *Yama* es designado en la tradición hindú como el "primer muerto", y como es asimilado a la "Muerte" misma (*Mrityu*), o, si se prefiere emplear el lenguaje de la tradición islámica, al "Ángel de la Muerte", se ve que, aquí como bajo muchas otras relaciones, el "primero" y el "último" se unen y se identifican en cierto modo en la correspondencia de las dos extremidades del ciclo.

[102] Wagner ha escrito en *Parsifal*: "Aquí, el tiempo se cambia en espacio", y eso en relación con Montsalvat que representa el "centro del mundo" (volveremos sobre este punto un poco más adelante); por lo demás, es poco probable que él haya comprendido verdaderamente su sentido profundo, ya que apenas parece merecer la reputación de "esoterista" que algunos le han dado; todo lo que se encuentra de realmente esotérico en sus obras pertenece en propiedad a las "leyendas" que ha utilizado, y de las cuales muy frecuentemente no hace más que empequeñecer su sentido.

contrario el espacio el que absorbe al tiempo; y eso es, se podría decir refiriéndose al sentido cosmológico del simbolismo bíblico, la revancha final de Abel sobre Caín.

Una suerte de "prefiguración" de esta absorción del tiempo por el espacio, ciertamente muy inconsciente en sus autores, se encuentra en las recientes teorías físicomatemáticas que tratan el complejo "espacio-tiempo" como constituyendo un conjunto único e indivisible; por lo demás, lo más frecuentemente, se da de esas teorías una interpretación inexacta, al decir que consideran el tiempo como una "cuarta dimensión" del espacio. Sería más justo decir que consideran el tiempo como comparable a una "cuarta dimensión", en el sentido de que, en las ecuaciones del movimiento, juega el papel de una cuarta coordenada que se agrega a las tres coordenadas que representan las tres dimensiones del espacio; es bueno destacar que esto corresponde a la representación geométrica del tiempo bajo una forma rectilínea, cuya insuficiencia hemos señalado precedentemente, y ello no puede ser de otro modo, en razón del carácter puramente cuantitativo de las teorías de que se trata. Pero lo que acabamos de decir, aunque rectifica hasta un cierto punto su interpretación "vulgarizada", no obstante es inexacto también: en realidad, lo que juega el papel de una cuarta coordenada no es el tiempo sino lo que los matemáticos llaman el "tiempo imaginario"[103]; y esta expresión, que no es en sí misma más que una

---

[103] En otros términos, puesto que las tres coordenadas del espacio son x, y, z, la cuarta coordenada es, no t que designa al tiempo, sino la expresión $t\sqrt{-1}$.

singularidad de lenguaje que proviene del empleo de una notación completamente "convencional", toma aquí una significación bastante inesperada. En efecto, decir que el tiempo debe devenir "imaginario" para ser asimilable a una "cuarta dimensión" del espacio, no es otra cosa, en el fondo, que decir que para eso es menester que deje de existir realmente como tal, es decir, que la transmutación del tiempo en espacio no es realizable propiamente más que en el "fin del mundo"[104].

De eso se podría concluir que es perfectamente inútil buscar lo que puede ser una "cuarta dimensión" del espacio en las condiciones del mundo actual, lo que tiene al menos la ventaja de cortar de raíz todas las divagaciones "neoespiritualistas" de las que hemos dicho algunas palabras más atrás; ¿pero es menester concluir de ello que la absorción del tiempo por el espacio debe traducirse efectivamente por la agregación a éste de una dimensión suplementaria, o eso no es también más que una "manera de hablar"? Todo lo que es posible decir a este respecto, es que, puesto que la tendencia expansiva del espacio ya no es contrariada ni restringida por la tendencia compresiva del tiempo, el espacio debe recibir naturalmente, de una manera o de otra, una dilatación que lleve en cierto modo su indefinidad a una potencia

---

[104] Hay que destacar que, si se habla comúnmente del "fin del mundo" como siendo "el fin del tiempo", nunca se habla de él como del "fin del espacio"; esta observación, que podría parecer insignificante a los que no ven las cosas más que superficialmente, no es por eso menos significativa en realidad.

superior[105]; pero no hay que decir que en eso se trata de algo que no podría ser representado por ninguna imagen tomada al dominio corporal. En efecto, puesto que el tiempo es una de las condiciones determinantes de la existencia corporal, es evidente que, desde que es suprimido, se está por ahí mismo fuera de este mundo; se está entonces en lo que hemos llamado en otra parte un "prolongamiento" extracorporal de este mismo estado de existencia individual del que el mundo corporal no representa más que una simple modalidad; y, por lo demás, eso muestra que el fin de este mundo corporal no es en modo alguno el fin de este estado considerado en su integralidad. Es menester ir más lejos: el fin de un ciclo tal como el de la humanidad actual no es verdaderamente el fin del mundo corporal mismo más que en un cierto sentido relativo, y solo en relación a las posibilidades que, al estar incluidas en este ciclo, han acabado entonces su desarrollo en modo corporal; pero, en realidad, el mundo corporal no es aniquilado, sino "transmutado", y recibe inmediatamente una nueva existencia, puesto que, más allá del "punto de detención" que corresponde a ese instante único donde el tiempo ya no es, "la rueda recomienza a girar" para el transcurso de otro ciclo.

Otra consecuencia importante a sacar de estas consideraciones, es que el fin del ciclo es "intemporal" así como lo es su comienzo, lo que, por lo demás, es exigido por la rigurosa correspondencia analógica que

---

[105] Sobre las potencias sucesivas de lo indefinido, ver *El Simbolismo de la Cruz*, cap. XII.

existe entre estos dos términos extremos; y es así como este fin es efectivamente, para la humanidad de este ciclo, la restauración del "estado primordial", lo que indica, por otra parte, la relación simbólica de la "Jerusalem celeste" con el "Paraíso terrestre". Es también el retorno al "centro del mundo", que es manifestado exteriormente, en las dos extremidades del ciclo, bajo las formas respectivas del "Paraíso terrestre" y de la "Jerusalem celeste", con el árbol "axial" elevándose igualmente en el medio del uno y de la otra; en todo el intervalo, es decir, en el transcurso mismo del ciclo, este centro está al contrario oculto, y lo está incluso cada vez más, porque la humanidad ha ido alejándose gradualmente de él, lo que, en el fondo, es el verdadero sentido de la "caída". Por lo demás, este alejamiento no es más que otra representación de la marcha descendente del ciclo, ya que, puesto que el centro de un estado tal como el nuestro es el punto de comunicación directa con los estados superiores, es al mismo tiempo el polo esencial de la existencia en ese estado; así pues, ir de la esencia hacia la substancia, es ir del centro hacia la circunferencia, de lo interior hacia lo exterior, y también, como la representación geométrica lo muestra claramente en este caso, de la unidad hacia la multiplicidad[106].

---

[106] De eso se puede deducir todavía otra significación de la "inversión de los polos", puesto que la marcha del mundo manifestado hacia su polo substancial desemboca finalmente en un "vuelco" que le conduce, por una "transmutación" instantánea, a su polo esencial; agregaremos que, en razón de esta instantaneidad, contrariamente a algunas concepciones erróneas del movimiento cíclico, no puede haber ningún "remonte" de orden exterior que

El *Pardes*, en tanto que "centro del mundo", es, según el sentido primero de su equivalente sánscrito *paradêsha*, la "región suprema"; pero es también, según una acepción secundaria de la misma palabra, la "región lejana", desde que, por la marcha del proceso cíclico, ha devenido efectivamente inaccesible a la humanidad ordinaria. En efecto, en apariencia al menos, es lo más alejado que hay, puesto que está situado en el "fin del mundo" en el doble sentido espacial (puesto que la cima de la montaña del "Paraíso terrestre" toca a la esfera lunar) y temporal (puesto que la "Jerusalem celeste" desciende sobre la tierra en el fin del ciclo); no obstante, en realidad, es siempre lo que está más próximo, puesto que no ha dejado de estar nunca en el centro de todas las cosas[107], y esto marca la relación inversa del punto de vista "exterior" y del punto de vista "interior". Únicamente, para que esta proximidad pueda ser realizada de hecho, es menester necesariamente que la condición temporal sea suprimida, puesto que es el desenvolvimiento mismo del tiempo, conformemente a las leyes de la manifestación, el que ha traído el alejamiento aparente, y puesto que, por lo demás, el tiempo, por la definición misma de la sucesión, no puede remontar su curso; la liberación de esta condición es siempre posible para algunos seres en particular, pero, en lo que concierne a la humanidad (o más exactamente a una humanidad) tomada en su conjunto, implica

---

suceda al "descenso", puesto que la marcha de la manifestación como tal es siempre descendente desde el comienzo hasta el fin.

[107] Es el "*Regnum Dei intra vos est*" del Evangelio.

evidentemente que ésta ha recorrido enteramente el ciclo de su manifestación corporal, y no es sino entonces cuando puede, con todo el conjunto del medio terrestre que depende de ella y que participa en la misma marcha cíclica, ser reintegrada verdaderamente al "estado primordial" o, lo que es la misma cosa, al "centro del mundo". Es en este centro donde "el tiempo se cambia en espacio", porque es aquí donde está el reflejo directo, en nuestro estado de existencia, de la eternidad principial, lo que excluye toda sucesión; la muerte tampoco puede alcanzarle, y por consiguiente, es propiamente también la "morada de la inmortalidad"[108]; todas las cosas aparecen aquí en perfecta simultaneidad en un inmutable presente, por el poder del "tercer ojo", con el que el hombre ha recobrado el "sentido de la eternidad"[109].

---

[108] Sobre la "morada de la inmortalidad" y su correspondencia en el ser humano, ver *El Rey del Mundo*, pp. 87-89 de la ed. francesa.

[109] Sobre el simbolismo del "tercer ojo", ver *El Hombre y su devenir según el Vêdanta*, p. 203, y *El Rey del Mundo*, pp. 52-53 de la ed. francesa.

CAPÍTULO XXIV

HACIA LA DISOLUCIÓN

Después de haber considerado el fin mismo del ciclo, nos es menester ahora volver atrás, en cierto modo, para examinar más completamente lo que, en las condiciones de la época actual, puede contribuir efectivamente a conducir a la humanidad y al mundo hacia este fin; y, a este respecto, debemos distinguir dos tendencias que se expresan por términos en apariencia antinómicos: por una parte, la tendencia hacia lo que hemos llamado la "solidificación" del mundo, de la que hemos hablado sobre todo hasta aquí, y, por otra, la tendencia hacia su disolución, cuya acción nos queda que precisar todavía, ya que es menester no olvidar que todo fin se presenta forzosamente, en definitiva, como una disolución de lo manifestado como tal. Por lo demás, se puede destacar que, desde ahora, la segunda de estas dos tendencias parece comenzar a devenir predominante; en efecto, en primer lugar, el materialismo propiamente dicho, que corresponde evidentemente a la "solidificación" bajo su forma más grosera (como se podría decir a la "petrificación", por analogía con lo que el mineral representa bajo esta relación), ya ha perdido mucho terreno, al menos en el dominio de las teorías científicas y filosóficas, si no también en el de la mentalidad común; y eso es tan cierto que, como lo hemos indicado más atrás, la noción misma de la "materia", en esas teorías, ha comenzado a desvanecerse y a disolverse. Por otra parte, y correlativamente a este cambio, la ilusión de la seguridad que reinaba en el tiempo en que el materialismo había alcanzado su máximo de influencia, y que entonces era en cierto modo inseparable de la idea que uno se hacía de la "vida ordinaria", se ha disipado en gran parte debido al hecho mismo de los acontecimientos y de la velocidad creciente con la que se desarrollan, de suerte que hoy día la impresión dominante es, al contrario, la de una inestabilidad que se extiende a todos los dominios; y, como la "solidez" implica necesariamente la estabilidad, eso muestra efectivamente también que el punto de mayor "solidez" efectiva, en las posibilidades de nuestro mundo, no solo ha sido alcanzado, sino que ya ha sido rebasado, y que, por consiguiente, es propiamente hacia la disolución a donde este mundo se encamina en adelante.

La aceleración misma del tiempo, al exagerarse sin cesar y al hacer los cambios siempre más rápidos, parece ir por sí misma hacia esta disolución, y, a este respecto, no se puede decir que la dirección general de los acontecimientos haya sido modificada, ya que el movimiento del ciclo continúa su marcha descendente. Por lo demás, las teorías físicas a las cuales hacíamos alusión hace un momento, aunque cambian también cada vez más rápidamente como todo lo demás, no hacen más que tomar un carácter cada vez más exclusivamente cuantitativo, que llega hasta revestir enteramente la apariencia de teorías puramente matemáticas, lo que, por lo demás, como ya lo hemos destacado, las aleja siempre más de la realidad sensible que pretenden explicar, para arrastrarlas a un dominio que no puede situarse sino por debajo de esta realidad, según lo que hemos dicho al hablar de la cantidad pura. Por otra parte, lo "sólido", incluso en su máximo de densidad y de impenetrabilidad concebible, no corresponde de ningún modo a la cantidad pura, y tiene siempre al menos un mínimo de elementos cualitativos; es algo corporal por definición, e incluso, en un sentido, lo más corporal que hay; ahora bien, la "corporeidad" implica que el espacio, por "comprimido" que pueda estar en la condición del "sólido", le es no obstante necesariamente inherente, y el espacio, recordémoslo todavía, no podría ser asimilado de ninguna manera a la cantidad pura. Incluso si, colocándose momentáneamente en el punto de vista de la ciencia moderna, se quisiera, por una, reducir la "corporeidad" a la extensión como lo hacía Descartes, y, por otra, no considerar el espacio mismo más que como un simple modo de la cantidad, quedaría todavía esto, es decir, que se estaría siempre en el dominio de la cantidad continua; si se pasa al dominio de la cantidad discontinua, es decir, al del número, que es el único que puede ser considerado como representando la cantidad pura, es evidente que, en razón misma de esta discontinuidad, ya no se trata de ninguna manera del "sólido" ni de nada que sea corporal.

Así pues, en la reducción gradual de todas las cosas a lo cuantitativo, hay un punto a partir del cual esta reducción ya no tiende más a la "solidificación", y este punto es en suma aquel en el cual se llega a querer reducir la cantidad continua misma a la cantidad discontinua; los cuerpos ya no pueden entonces subsistir como tales, y se resuelven en una especie de polvo "atómico" sin consistencia; así pues, a este respecto, se podría hablar de una verdadera "pulverización" del mundo, lo que es evidentemente una de las formas posibles de la disolución cíclica[110]. No obstante, si esta disolución puede ser considerada así desde un cierto punto de vista, aparece también, desde otro, y según una expresión que ya hemos empleado precedentemente, como una "volatilización": la "pulverización", por completa que se suponga, deja siempre "residuos", aunque sean verdaderamente impalpables; por otro

---

[110] "*Solvet saeclum in favilla*", dice textualmente la liturgia católica, que invoca a la vez, a este propósito, el testimonio de David y el de la Sibila, lo que, en el fondo, es una manera de afirmar el acuerdo unánime de las diferentes tradiciones.

lado, el fin del ciclo, para ser plenamente efectivo, implica que todo lo que está incluido en este ciclo desaparece enteramente en tanto que manifestación; pero estas dos maneras diferentes de concebir las cosas representan una y otra una cierta parte de la verdad. En efecto, mientras que los resultados positivos de la manifestación cíclica son "cristalizados" para ser después "transmutados" en gérmenes de las posibilidades del ciclo futuro, lo que constituye la conclusión de la "solidificación" bajo su aspecto "benéfico" (y que implica esencialmente la "sublimación" que coincide con el "vuelco" final), lo que no puede ser utilizado así, es decir, en suma, todo lo que no constituye más que los resultados negativos de esta misma manifestación, es "precipitado" bajo la forma de un *caput mortuum*, en el sentido alquímico de este término, en los "prolongamientos" más inferiores de nuestro estado de existencia, o en esa parte del dominio sutil que uno puede calificar verdaderamente de "infracorporal"[111]; pero, en los dos casos, se ha pasado igualmente a las modalidades extracorporales, superiores para uno e inferiores para el otro, de suerte que se puede decir, en definitiva, que la manifestación corporal misma, en lo que concierne al ciclo de que se trata, realmente se ha desvanecido o "volatilizado" enteramente. Se ve que, en todo eso y hasta el final, es menester considerar siempre los dos términos que corresponden a lo que el hermetismo designa

---

[111] Es lo que la Kabbala hebraica, así como ya lo hemos dicho, designa como el "mundo de las cortezas" (*ôlam qlippoth*); es ahí donde caen los "antiguos reyes de Edom", en tanto que representan los "residuos" inutilizables de los *Manvantaras* pasados.

respectivamente como "coagulación" y "solución", y eso desde los dos lados a la vez: del lado "benéfico", se tiene así la "cristalización" y la "sublimación"; del lado "maléfico" se tiene la "precipitación" y el retorno final a la indistinción del "caos"[112].

Ahora, debemos plantearnos esta cuestión: para llegar efectivamente a la disolución, ¿basta que el movimiento por el que el "reino de la cantidad" se afirma y se intensifica cada vez más sea dejado en cierto modo a sí mismo, y que se prosiga pura y simplemente hasta su término extremo? La verdad es que esta posibilidad, que hemos considerado partiendo de la consideración de las concepciones actuales de los físicos y de la significación que conllevan en cierto modo inconscientemente (ya que es evidente que los "sabios" modernos no saben de ninguna manera adónde van), responde más bien a una visión teórica de las cosas, visión "unilateral" que no representa sino de una manera muy parcial lo que debe tener lugar realmente; de hecho, para desatar los "nudos" que resultan de la "solidificación" que se ha proseguido hasta aquí (y empleamos intencionalmente aquí esta palabra de "nudos", que evoca los efectos de un cierto género de "coagulación", que depende sobre todo del orden mágico), es menester la intervención, más

---

[112] Debe estar claro que los dos lados que llamamos aquí "benéfico" y "maléfico" responden exactamente a los de la "derecha" y de la "izquierda" en los que son colocados respectivamente los "elegidos" y los "condenados" en el "Juicio Final", es decir, precisamente, en el fondo, en la "discriminación" final de los resultados de la manifestación cíclica.

directamente eficaz a este respecto, de algo que no pertenece ya a ese dominio, en suma muy restringido, al que se refiere propiamente el "reino de la cantidad". Es fácil comprender, por lo que ya hemos indicado ocasionalmente, que en eso se trata de la acción de ciertas influencias de orden sutil, acción que, por lo demás, ha comenzado a ejercerse hace ya mucho tiempo en el mundo moderno, aunque de una manera bastante poco visible primeramente, y que incluso ha coexistido siempre con el materialismo desde el momento mismo en que éste se ha constituido bajo una forma claramente definida, así como lo hemos visto a propósito del magnetismo y del espiritismo, al hablar de las "apropiaciones" que éstos se han hecho de la "mitología" científica de la época en que han tomado nacimiento. Como lo decíamos también precedentemente, si es verdad que la influencia del materialismo disminuye, no obstante conviene no felicitarse por ello, ya que, puesto que el "descenso" cíclico no ha acabado todavía, las "fisuras" a las que hacíamos alusión entonces, y sobre cuya naturaleza tenemos que volver enseguida, no pueden producirse más que por abajo; dicho de otro modo, lo que "interfiere" por ellas con el mundo sensible no puede ser nada más que el "psiquismo cósmico" inferior, en lo que tiene de más destructivo y de más "desagregante", y, por lo demás, es evidente que sólo las influencias de este tipo son verdaderamente aptas para actuar en vistas de la disolución; desde entonces, no es difícil darse cuenta de que todo lo que tiende a favorecer y extender esas "interferencias" no corresponde, consciente o inconscientemente, más que a una nueva fase de la desviación de la que el materialismo representaba en realidad una etapa menos "avanzada", sean cuales sean las apariencias exteriores, que frecuentemente son muy engañosas.

En efecto, a este propósito, debemos destacar que "tradicionalistas" mal aconsejados[113] se regocijan irreflexivamente de ver a la ciencia moderna, en sus diferentes ramas, salir un poco de los límites estrechos donde sus concepciones la encerraban hasta aquí, y tomar una actitud menos groseramente materialista que la que tenía en el siglo pasado; se imaginan incluso de buena gana que, de una cierta manera, la ciencia profana acabará por juntarse así a la ciencia tradicional (que no conocen apenas y de la cual se hacen una idea singularmente inexacta, basada sobre todo en algunas deformaciones y "contrahechuras" modernas), lo que, por razones de principio sobre las cuales hemos insistido frecuentemente, es algo completamente imposible. Estos mismos "tradicionalistas" se regocijan también, y quizás incluso todavía más, de ver producirse algunas manifestaciones de influencias sutiles cada vez más abiertamente, sin pensar de ningún modo en preguntarse cuál puede ser justamente la "cualidad" de esas influencias (y quizás no sospechan siquiera que haya lugar a plantearse una tal cuestión); y fundan grandes esperanzas sobre lo que se llama hoy día la "metapsíquica" para aportar un remedio a los males del mundo moderno, que se complacen generalmente en imputar exclusivamente al materialismo solo, lo que es todavía una ilusión bastante enojosa. De lo que no se aperciben (y en eso están mucho más afectados de lo que creen

---

[113] La palabra "tradicionalismo", en efecto, designa solo una tendencia que puede ser más o menos vaga y frecuentemente mal aplicada, porque no implica ningún conocimiento efectivo de las verdades tradicionales; por lo demás, volveremos más adelante sobre este tema.

por el espíritu moderno, con todas las insuficiencias que le son inherentes), es de que, en todo eso, se trata en realidad de una nueva etapa en el desarrollo, perfectamente lógico, pero de una lógica verdaderamente "diabólica", del "plan" según el cual se cumple la desviación progresiva del mundo moderno; bien entendido, el materialismo ha desempeñado en ella su papel, y un papel incontestablemente muy importante, pero ahora la negación pura y simple que representa ha devenido insuficiente; ha servido eficazmente para impedir al hombre el acceso a posibilidades de orden superior, pero no podría desencadenar las fuerzas inferiores que son las únicas que pueden llevar hasta su último punto la obra de desorden y de disolución.

La actitud materialista, por su limitación misma, no representa todavía más que un peligro igualmente limitado; su "espesor", si se puede decir, pone al que se acoge a ella al abrigo de todas las influencias sutiles sin distinción, y le da a este respecto una especie de inmunidad bastante comparable a la del molusco que permanece estrictamente encerrado en su concha, inmunidad de donde proviene, en el materialista, esa impresión de seguridad de la que hemos hablado; pero si a esta concha, que representa aquí el conjunto de las concepciones científicas convencionalmente admitidas y de los hábitos mentales correspondientes, con el "endurecimiento" que resulta de ello en cuanto a la constitución "psicofisiológica" del individuo[114], se le hace una abertura por abajo, como lo decíamos hace un momento, las influencias sutiles destructivas penetrarán en ella de inmediato, y tanto más fácilmente cuanto que, a consecuencia del trabajo negativo cumplido en la fase precedente, ningún elemento de orden superior podrá intervenir para oponerse a su acción. Se podría decir también que el periodo del materialismo no constituye más que una suerte de preparación sobre todo teórica, mientras que el del psiquismo inferior conlleva una "pseudorealización", dirigida propiamente al revés de una verdadera realización espiritual; en lo que sigue, tendremos que explicarnos más ampliamente sobre este último punto. Ciertamente, la irrisoria seguridad de la "vida ordinaria", que era la inseparable compañera del materialismo, está desde ahora fuertemente amenazada, y se verá sin duda cada vez más claramente, y también cada vez más generalmente, que no era más que una ilusión; ¿pero qué ventaja real hay en eso, si no es más que para caer de inmediato en otra ilusión peor que esa y más peligrosa desde todos los puntos de vista, porque conlleva consecuencias mucho más extensas y más profundas, ilusión que es la de una "espiritualidad al revés" de la que los diversos movimientos "neoespiritualistas" que nuestra época ha visto nacer y desarrollarse hasta aquí, comprendidos ahí los que presentan ya el carácter más

---

[114] Es curioso notar que el lenguaje corriente emplea de buena gana la expresión de "materialismo endurecido", sin sospechar ciertamente que no es una simple imagen, sino que corresponde a algo completamente real.

claramente "subversivo", no son todavía sino bien débiles y mediocres precursores?

CAPÍTULO XXV

LAS FISURAS DE LA GRAN MURALLA

P or lejos que haya podido ser llevada la "solidificación" del mundo sensible, nunca puede ser tal que éste sea realmente un "sistema cerrado" como lo creen los materialistas; por lo demás, ella tiene límites impuestos por la naturaleza misma de las cosas, y cuanto más se acerca a esos límites, más inestable es el estado que representa; de hecho, como lo hemos visto, el punto que corresponde a ese máximo de "solidez" ya está rebasado, y esta apariencia de "sistema cerrado" ahora ya no puede sino devenir cada vez más ilusorio e inadecuado a la realidad. También hemos hablado de "fisuras" por las cuales se introducen ya y se introducirán cada vez más ciertas fuerzas destructivas; según el simbolismo tradicional, estas "fisuras" se producen en la "Gran Muralla" que rodea a este mundo y que le protege contra la intrusión de las influencias maléficas del dominio sutil e inferior[115]. Para comprender bien este simbolismo bajo todos sus

---

[115] En el simbolismo de tradición hindú, esta "Gran Muralla" es la montaña circular *Lokâloka*, que separa el "cosmos" (*loka*) de las "tinieblas exteriores" (*aloka*); por lo demás, entiéndase bien que esto es susceptible de aplicarse analógicamente a dominios más o menos

aspectos, importa destacar que una muralla constituye a la vez una protección y una limitación; por consiguiente, en un cierto sentido, ella tiene pues, se podría decir, ventajas e inconvenientes; pero en tanto que está esencialmente destinada a asegurar una defensa contra los ataques que vienen de abajo, las ventajas predominan incomparablemente, y, para lo que se encuentra contenido en este recinto, vale más en suma estar limitado por ese lado inferior que estar incesantemente expuesto a los estragos del enemigo, si no incluso a una destrucción más o menos completa. Por otra parte, en realidad, una muralla no está cerrada por arriba y, por consiguiente, no impide la comunicación con los dominios superiores, y esto corresponde al estado normal de las cosas; en la época moderna, es la "concha" sin salida construida por el materialismo la que ha cerrado esta comunicación. Ahora bien, como lo hemos dicho, puesto que el "descenso" no está todavía acabado, esta "concha" no puede sino subsistir intacta por arriba, es decir, precisamente, por el lado donde el mundo no tiene necesidad de protección, y de donde, al contrario, no puede recibir más que influencias benéficas; las "fisuras" no se producen más que por abajo, y por consiguiente, en la verdadera muralla protectora misma, y las fuerzas inferiores que se introducen por ellas encuentran tanta menos resistencia cuanto que, en estas condiciones, ninguna potencia de orden superior puede intervenir para oponerse a ellas eficazmente; así pues, el mundo se encuentra librado sin defensa a todos los ataques de sus enemigos, y eso tanto más cuanto que, por el

---

extensos en el conjunto de la manifestación cósmica, de donde la aplicación particular que se hace de ello, en lo que decimos aquí, en relación al mundo corporal solo.

hecho mismo de la mentalidad actual, ignora completamente los peligros de los cuales está amenazado.

En la tradición islámica, estas "fisuras" son aquellas por las cuales penetrarán, en las proximidades del fin del ciclo, las hordas devastadoras de Gog y Magog[116], que, por lo demás, hacen esfuerzos incesantes para invadir nuestro mundo; estas "entidades", que representan las influencias inferiores de las que se trata, y que son consideradas como llevando actualmente una existencia "subterránea", son descritas a la vez como gigantes y como enanos, lo que, según lo que hemos visto más atrás, las identifica, al menos bajo una cierta relación, a los "guardianes de los tesoros ocultos" y a los herreros del "fuego subterráneo", que tienen también, recordémoslo, un aspecto extremadamente maléfico; en el fondo, en todo eso, se trata siempre del mismo orden de influencias sutiles "infracorporales"[117]. A decir verdad, las tentativas de estas "entidades" para insinuarse en el mundo corporal y humano están lejos de ser una cosa nueva, y se remontan al menos hasta los comienzos del *Kali-Yuga*, es decir, mucho más allá de los tiempos de la antigüedad "clásica" a los cuales se limita el horizonte de los historiadores profanos.

---

[116] En la tradición hindú, son los demonios *Koka* y *Vikoka*, cuyos nombres son evidentemente similares.

[117] El simbolismo del "mundo subterráneo", él también, es doble, y tiene igualmente un sentido superior, como lo muestran concretamente algunas de las consideraciones que hemos expuesto en *El Rey del Mundo*; pero aquí no se trata naturalmente más que de un sentido inferior, e incluso, se puede decir, literalmente "infernal".

Sobre este punto, la tradición china, en términos simbólicos, cuenta que "Niu-koua (hermana y esposa de Fo-hi, y que se dice que reinó conjuntamente con él) fundió piedras de los cinco colores[118] para reparar un desgarrón que un gigante había hecho en el cielo" (aparentemente, aunque esto no esté explicado claramente, en un punto situado sobre el horizonte terrestre)[119]; y esto se refiere a una época que, precisamente, no es posterior más que en algunos siglos al comienzo del *Kali-Yuga*.

Únicamente, si el *Kali-Yuga* todo entero es propiamente un periodo de oscurecimiento, lo que hacía posibles desde entonces tales "fisuras", este oscurecimiento está muy lejos de haber alcanzado de inmediato el grado que se puede constatar en sus últimas fases, y es por eso por lo que estas "fisuras" podían ser reparadas entonces con una relativa facilidad; por lo demás, por eso no era menos necesaria una constante vigilancia, lo que entraba naturalmente en las atribuciones de los centros espirituales de las diferentes tradiciones. Vino después una época donde,

---

[118] Estos cinco colores son el blanco, el negro, el azul, el rojo y el amarillo, que, en la tradición extremo oriental, corresponden a los cinco elementos, así como a los cuatro puntos cardinales y al centro.

[119] Se dice también que "Niu-koua cortó los cuatro pies de la tortuga para poner en ellos las cuatro extremidades del mundo", con el fin de estabilizar la tierra; si se compara a lo que hemos dicho más atrás de las correspondencias analógicas de Fo-hi y de Niu-koua, uno se puede dar cuenta de que según todo eso, la función de asegurar la estabilidad y la "solidez" del mundo pertenecen al lado substancial de la manifestación, lo que concuerda exactamente con todo lo que hemos expuesto aquí a este respecto.

a consecuencia de la excesiva "solidificación" del mundo, estas mismas "fisuras" eran mucho menos de temer, al menos temporariamente; esta época corresponde a la primera parte de los tiempos modernos, es decir, a lo que se puede definir como el periodo especialmente mecanicista y materialista, donde el "sistema cerrado" de que hemos hablado estaba más cerca de ser realizado, al menos en la medida en que la cosa es posible de hecho. Ahora, es decir, en lo que concierne al periodo que podemos designar como la segunda parte de los tiempos modernos, y que ya ha comenzado, las condiciones, en relación a las de todas las épocas anteriores, están ciertamente muy cambiadas: no solo las "fisuras" pueden producirse de nuevo cada vez más ampliamente, y presentar un carácter mucho más grave que nunca en razón del camino descendente que ha sido recorrido en el intervalo, sino que las posibilidades de reparación ya no son tampoco las mismas de antaño; en efecto, la acción de los centros espirituales se ha cerrado cada vez más, porque las influencias superiores que transmiten normalmente a nuestro mundo ya no pueden manifestarse al exterior, al estar detenidas por esa "concha" impenetrable de la que hablábamos hace un momento; así pues, en un semejante estado del conjunto humano y cósmico a la vez, ¿dónde se podría encontrar una defensa por poco eficaz que sea contra las "hordas de Gog y Magog"?

Eso no es todo aún: lo que acabamos de decir no representa en cierto modo más que el lado negativo de las dificultades crecientes que encuentra toda oposición a la intrusión de esas influencias maléficas, y a eso se puede agregar también esa suerte de inercia que se debe a la ignorancia general de estas cosas y a las "supervivencias" de la mentalidad materialista y de la actitud correspondiente, lo que puede persistir tanto más tiempo cuanto que esta actitud ha devenido por así decir instintiva entre los modernos y se ha como incorporado a su naturaleza misma. Bien entendido, buen número de "espiritualistas" e incluso de "tradicionalistas", o de aquellos que se titulan así, son, de hecho, tan materialistas como los demás bajo esta relación, ya que lo que hace la situación aún más irremediable, es que aquellos que querrían combatir más sinceramente el espíritu moderno están, ellos mismos, casi todos afectados por él sin saberlo, de suerte que todos sus esfuerzos están condenados por eso a permanecer sin ningún resultado apreciable; en efecto, aquí se trata de cosas en las que la buena voluntad está lejos de ser suficiente, y donde es menester también, e incluso ante todo, un conocimiento efectivo; pero es precisamente este conocimiento el que la influencia del espíritu moderno y de sus limitaciones hace completamente imposible, incluso en aquellos que podrían tener a este respecto algunas capacidades intelectuales si se encontraran en condiciones más normales.

Pero, además de todos estos elementos negativos, las dificultades de que hablamos tienen también un lado que se puede decir positivo, y que está representado por todo lo que, en nuestro mundo mismo, favorece activamente la intervención de las influencias sutiles inferiores, ya sea por lo demás consciente o inconscientemente. Habría lugar a considerar aquí, en primer lugar, el papel en cierto modo "determinante" de los agentes mismos de la desviación moderna toda entera, puesto que esta intervención constituye propiamente una nueva fase más "avanzada" de esta desviación, y responde exactamente a la continuación misma del "plan" según el cual es efectuada; así pues, evidentemente, es por ese lado por donde sería menester buscar a los auxiliares conscientes de estas fuerzas maléficas, aunque, también ahí, pueda haber en esta consciencia muchos grados diferentes. En cuanto a los demás auxiliares, es decir, a todos aquellos que actúan de buena fe y que, ignorando la verdadera naturaleza de estas fuerzas (gracias precisamente también a esta influencia del espíritu moderno que acabamos de señalar), no desempeñan en suma más que un simple papel de engañados, lo que no les impide ser frecuentemente tanto más activos cuanto más sinceros y cuanto más ciegos son, son ya casi innumerables y pueden clasificarse en múltiples categorías, desde los ingenuos adherentes de las organizaciones "neoespiritualistas" de todo género hasta los filósofos "intuicionistas", pasando por los sabios "metapsiquistas" y los psicólogos de las más recientes escuelas. Por lo demás, no insistiremos más en ello en este momento, ya que sería anticiparse sobre lo que tendremos que decir un poco más adelante; antes de eso, nos es menester todavía dar algunos ejemplos de cómo algunas "fisuras" pueden producirse efectivamente, así como de los "soportes" que las influencias sutiles o psíquicas de orden inferior (ya que, en el fondo, dominio sutil y dominio psíquico son para nos términos sinónimos) pueden encontrar en el medio cósmico mismo para ejercer su acción y extenderse en el mundo humano.

CAPÍTULO XXVI

CHAMANISMO Y BRUJERÍA

La época actual, por eso mismo de que corresponde a las últimas fases de una manifestación cíclica, debe agotar sus posibilidades más inferiores; por eso es por lo que utiliza en cierto modo todo lo que había sido desdeñado por las épocas anteriores: las ciencias experimentales y cuantitativas de los modernos y sus aplicaciones industriales, concretamente, no tienen, en el fondo, otro carácter que ese; de ahí viene que las ciencias profanas, como lo hemos dicho, constituyen frecuentemente, y eso incluso tanto históricamente como bajo el punto de vista de su contenido, verdaderos "residuos" de algunas de las antiguas ciencias tradicionales[120]. Otro hecho que

---

[120] Decimos de algunas, ya que hay también otras ciencias tradicionales de las que no ha quedado en el mundo moderno la menor huella, por deformada y desviada que pueda ser. Por otra parte, no hay que decir que todas las enumeraciones y clasificaciones de los filósofos conciernen únicamente a las ciencias profanas, y que las ciencias tradicionales no podrían entrar de ningún modo en esos cuadros estrechos y "sistemáticos"; ciertamente, se puede aplicar a nuestra época, mejor que nunca en otros tiempos, el dicho árabe según el cual "existen muchas ciencias, pero pocos sabios" (*el-ulûm kathîr, walakew el-ulamâ balîl*).

concuerda con éstos, por poco que se aprehenda su verdadera significación, es la obstinación con la que los modernos han emprendido exhumar los vestigios de épocas pasadas y de civilizaciones desaparecidas, vestigios que, por otra parte, son incapaces de comprender en realidad; y eso mismo es un síntoma bastante poco tranquilizador, a causa de la naturaleza de las influencias sutiles que permanecen vinculadas a esos vestigios y que, sin que los investigadores lo sospechen de ninguna manera, son sacadas así a la luz y puestas por así decir en libertad por esa exhumación misma. Para que esto pueda comprenderse mejor, vamos a estar obligados a hablar primero un poco de algunas cosas que, en sí mismas, están, a decir verdad, completamente fuera del mundo moderno, pero que por ello no son menos susceptibles de ser empleadas para ejercer, en relación a éste, una acción particularmente "desagregante"; así pues, lo que diremos de ellas no será una disgresión más que en apariencia, y, por lo demás, al mismo tiempo, será una ocasión para elucidar algunas cuestiones muy poco conocidas.

Aquí, nos es menester, ante todo, disipar todavía una confusión y un error de interpretación debidos a la mentalidad moderna: en el fondo, la idea de que existen cosas puramente "materiales", concepción exclusivamente propia a ésta, no es, si se la desembaraza de todas las complicaciones secundarias que le agregan las teorías especiales de los físicos, nada más que la idea de que existen seres y cosas que no son más que corporales, y cuya existencia y constitución no implican ningún elemento de un orden diferente de éste. Esta idea está ligada en suma directamente al punto de vista profano tal como se afirma, bajo su forma en cierto modo más completa, en las ciencias actuales, ya que, puesto que éstas se caracterizan por la ausencia de todo vinculamiento a principios de orden superior, las cosas que toman como objeto de su estudio deben ser concebidas ellas mismas como desprovistas de un tal vinculamiento (en lo cual se muestra también, por otra parte, el carácter residual de estas ciencias); esa es, se podría decir, una condición para que la ciencia sea adecuada a su objeto, puesto que, si admitiera que ello es de otro modo, debería admitir por eso mismo que la verdadera naturaleza de ese objeto se le escapa. Quizás no sea menester buscar en otra parte la razón por la que los "cientificistas" se han obstinado tanto en desacreditar toda concepción diferente de esa, presentándola como una "superstición" debida a la imaginación de los "primitivos", los cuales, para ellos, no pueden ser otra cosa que salvajes u hombres de mentalidad infantil, como lo quieren las teorías "evolucionistas"; y, ya sea por su parte incomprehensión pura y simple o partido tomado voluntario, logran de hecho dar de ellos una idea suficientemente caricaturesca como para que una tal apreciación parezca enteramente justificada a todos los que les creen bajo palabra, es decir, a la gran mayoría de nuestros contemporáneos. Ello es así, en particular, en lo que concierne a las teorías de los etnólogos sobre lo que han convenido llamar el "animismo"; por lo demás, en todo rigor, un tal término podría tener un sentido aceptable, pero, bien entendido, a condición de comprenderle de un modo muy diferente a como lo entienden ellos y a condición de no ver en él más que lo que puede significar etimológicamente.

En efecto, el mundo corporal, en realidad, no puede ser considerado como un todo que se basta a sí mismo, ni como algo aislado en el conjunto de la manifestación universal; al contrario, y cualesquiera que puedan ser las apariencias debidas actualmente a la "solidificación", procede todo entero del orden sutil, en el cual tiene, se puede decir, su principio inmediato, y por la intermediación del cual se vincula, de próximo en próximo, a la manifestación informal y después a lo no manifestado; si ello fuera de otro modo, su existencia no podría ser más que una ilusión pura y simple, una especie de fantasmagoría detrás de la cual no habría nada, lo que, en suma, equivale a decir que no existiría de ninguna manera. En estas condiciones, no puede haber, en este mundo corporal, ninguna cosa cuya existencia no repose en definitiva sobre elementos de orden sutil, y, más allá de éstos, sobre un principio que puede ser dicho "espiritual", y sin el cual ninguna manifestación es posible, a cualquier grado que sea. Si nos atenemos a la consideración de los elementos sutiles, que deben estar así presentes en todas las cosas, pero que están en ellas solamente más o menos ocultos según los casos, podemos decir que corresponden en éstas a lo que constituye propiamente el orden "psíquico" en el ser humano; así pues, por una extensión completamente natural y que no implica ningún "antropomorfismo", sino solo una analogía perfectamente legítima, se les puede llamar también "psíquicos" en todos los casos (y es por eso por lo que ya hemos hablado precedentemente de "psiquismo cósmico"), o también "anímicos", ya que estas dos palabras, si se reducen a su sentido primero, según su derivación respectivamente griega y latina, son exactamente sinónimas en el fondo. Resulta de eso que no podrían existir realmente objetos "inanimados", y, por lo demás, es por eso por lo que la "vida" es una de las condiciones a las que está sometida toda existencia corporal sin excepción; es también por eso por lo que nadie ha podido llegar nunca a definir de una manera satisfactoria la distinción de lo "vivo" y de lo "no vivo", cuestión que, como tantas otras en la filosofía y la ciencia modernas, no es insoluble más que porque no tiene razón ninguna de plantearse verdaderamente, puesto que lo "no vivo" no tiene lugar en el dominio considerado, y puesto que, en suma, todo se reduce a este respecto a simples diferencias de grados.

Así pues, si se quiere, se puede llamar "animismo" a una tal manera de considerar las cosas, no entendiendo por esta palabra nada más que la afirmación de qué hay en éstas elementos "anímicos"; y se ve que este "animismo" se opone directamente al mecanicismo, como la realidad misma se opone a la simple apariencia exterior; por lo demás, es evidente que esta concepción es "primitiva", pero simplemente porque es verdadera, lo que es casi exactamente lo contrario de lo que los "evolucionistas" quieren decir cuando la califican así. Al mismo tiempo, y por la misma razón, esta concepción es necesariamente común a todas las doctrinas tradicionales; así pues, podríamos decir también que es "normal", mientras que la idea opuesta, la de las cosas "inanimadas" (que ha encontrado una de sus expresiones más extremas en la teoría cartesiana de los "animales máquinas"), representa una verdadera anomalía, como ocurre con todas las ideas específicamente modernas y profanas. Pero debe entenderse bien que en todo eso no se trata de ningún modo de una "personificación" de las fuerzas naturales que los físicos estudian a su manera, y todavía menos de su "adoración", como lo pretenden aquellos para quienes el "animismo" constituye lo que creen poder llamar la "religión primitiva"; en realidad son consideraciones que dependen únicamente del dominio de la cosmología, y que pueden encontrar su aplicación en diversas ciencias tradicionales. No hay que decir también que, cuando se trata de los elementos "psíquicos" inherentes a las cosas, o de fuerzas de este orden que se expresan y se manifiestan a través de éstas, todo eso no tiene nada en absoluto de "espiritual"; la confusión de estos dos dominios es, ella también, puramente moderna, y no es extraña sin duda a la idea de hacer una "religión" de lo que es ciencia en el sentido más exacto de esta palabra; ¡a pesar de su pretensión a las "ideas claras" (herencia directa, por lo demás, del mecanicismo y del "materialismo universal" de Descartes), nuestros contemporáneos mezclan muy singularmente las cosas más heterogéneas y más esencialmente distintas!

Ahora, para aquello a lo que queremos llegar al presente, importa destacar que los etnólogos tienen el hábito de considerar como "primitivas" formas que, al contrario, están degeneradas a un grado o a otro; no obstante, muy frecuentemente, no son realmente de un nivel tan bajo como sus interpretaciones lo hacen suponer; pero, sea como sea, esto explica que el "animismo", que no constituye en suma más que un punto particular de una doctrina, haya podido ser tomado para caracterizar esa doctrina toda entera. En efecto, en los casos de degeneración, es naturalmente la parte superior de la doctrina, es decir, su lado metafísico y "espiritual", el que desaparece siempre más o menos completamente; por consiguiente, lo que no era originariamente más que secundario, y concretamente el lado cosmológico y "psíquico", al que pertenece propiamente el "animismo" y sus aplicaciones, toma inevitablemente una importancia preponderante; el resto, incluso si subsiste todavía en una cierta medida, puede escapar fácilmente al observador del exterior, tanto más cuanto que éste, al ignorar la significación profunda de los ritos y de los símbolos, es incapaz de reconocer en ello lo que procede de un orden superior (como tampoco lo reconoce en los vestigios de las civilizaciones enteramente desaparecidas), y cree poder explicarlo todo indistintamente en términos de "magia", cuando no de "brujería" pura y simple.

Se puede encontrar un ejemplo muy claro de lo que acabamos de indicar en un caso como el del "chamanismo", que se considera generalmente como una de las formas típicas del "animismo"; esta denominación, cuya derivación es por lo demás bastante incierta, designa propiamente el conjunto de las doctrinas y de las prácticas tradicionales de algunos pueblos mongoles de la Siberia; pero algunos la extienden a lo que, en otras partes, presenta caracteres más o menos similares. Para muchos, "chamanismo" es casi sinónimo de brujería, lo que es ciertamente inexacto, ya que en eso hay algo muy diferente; esta palabra ha sufrido así una desviación inversa de la de "fetichismo", que, ella sí, tiene etimológicamente el sentido de brujería, pero que ha sido aplicada a cosas en las que no hay sólo eso tampoco. Señalamos, a este propósito, que la distinción que algunos han querido establecer entre "chamanismo" y "fetichismo", considerados como dos variedades del "animismo", no es quizás tan clara ni tan importante como lo piensan: que sean seres humanos, como el primero, u objetos cualesquiera, como en el segundo, los que sirven principalmente de "soportes" o de "condensadores", si se puede decir, a ciertas influencias sutiles, en eso se trata de una simple diferencia de modalidades "técnicas", que, en suma, no tiene nada en absoluto de esencial[121].

Si se considera el "chamanismo" propiamente dicho, se constata en él la existencia de una cosmología muy desarrollada, y que podría dar lugar a aproximaciones con las de otras tradiciones sobre numerosos puntos, comenzando por la división de los "tres mundos" que parece constituir su base misma. Por otra parte, se encuentran en él ritos comparables a algunos de los que pertenecen a las tradiciones del orden más elevado: algunos, por ejemplo, recuerdan de una manera sorprendente a ritos vêdicos, y a los que están incluso entre los que proceden más manifiestamente de la tradición primordial, como aquellos donde los símbolos del árbol y del cisne desempeñan el papel principal. Así pues, no es dudoso que haya en eso algo que, en sus orígenes al menos, constituía una forma tradicional regular y normal; por lo demás, se ha conservado en ella, hasta la época actual, una cierta "transmisión" de los poderes necesarios para el ejercicio de las funciones del "chaman"; pero, cuando se ve que éste consagra su actividad a las ciencias tradicionales más inferiores sobre todo, tales como la magia y la adivinación, se puede sospechar por eso que ahí hay una degeneración muy real, e incluso se puede preguntar si a veces no llegará hasta una

---

[121] En lo que sigue, tomamos un cierto número de indicaciones concernientes al "chamanismo" de una exposición titulada *Shamanism of the Natives of Siberia*, por I. M. Casanowicz (extraído del *Smithsonian Report for 1924*), cuya comunicación la debemos a la deferencia de A. K. Coomaraswamy.

verdadera desviación, a la que las cosas de este orden, cuando toman un desarrollo tan excesivo, pueden dar lugar muy fácilmente. A decir verdad, hay, a este respecto, indicios bastante inquietantes: uno de ellos es el lazo establecido entre el "chaman" y un animal, lazo que concierne exclusivamente a un individuo, y que, por consiguiente, no es asimilable de ningún modo al lazo colectivo que constituye lo que se llama con razón o sin ella el "totemismo". Por lo demás, debemos decir que aquello de lo que se trata aquí podría, en sí mismo, ser susceptible de una interpretación completamente legítima y que no tiene nada que ver con la brujería; pero lo que le da un carácter más sospechoso, es que, en algunos pueblos, si no en todos, el animal es entonces considerado en cierto modo como una forma del "chaman" mismo; y, desde una semejante identificación a la "licantropía", tal como existe sobre todo en pueblos de raza negra[122], no hay quizás mucho trecho.

Pero hay también otra cosa, y que toca más directamente a nuestro tema: los "chamanes", entre las influencias psíquicas que tratan, distinguen de modo natural dos tipos, unas benéficas y otras maléficas, y, como evidentemente no hay nada que temer de las primeras, es de las segundas de las que se ocupan casi exclusivamente; tal parece ser al

---

[122] Según testimonios dignos de fe, concretamente, en una región remota del Sudán, hay todo un poblado "licántropo", que comprende al menos unos veinte mil individuos; hay también, en otras regiones africanas, organizaciones secretas, tales como aquella a la que se ha dado el nombre de "Sociedad del Leopardo", en las que algunas formas de "licantropía" desempeñan un papel predominante.

menos el caso más frecuente, ya que puede ser que el "chamanismo" comprenda formas bastante variadas y entre las cuales habría que hacer diferencias bajo esta relación. Por lo demás, no se trata de ningún modo de un "culto" rendido a esas influencias maléficas, y que sería una suerte de "satanismo" consciente, como se ha supuesto a veces sin razón; se trata solo, en principio, de impedirles hacer daño, de neutralizar o de desviar su acción. La misma precisión podría aplicarse también a otros pretendidos "adoradores del diablo" que existen en diversas regiones; de una manera general, apenas es verosímil que el "satanismo" real pueda ser el hecho de todo un pueblo. No obstante, por ello no es menos verdad que, cualquiera que pueda ser su intención primera, el manejo de influencias de este género, sin que se haga ninguna llamada a influencias de un orden superior (y todavía mucho menos a influencias propiamente espirituales), llega a constituir, por la fuerza misma de las cosas, una verdadera brujería, muy diferente por lo demás de la de los vulgares "brujos del campo" occidentales, que no representan más que los últimos restos de un conocimiento mágico tan degenerado y reducido como es posible y a punto de extinguirse enteramente. Ciertamente, la parte mágica del "chamanismo" tiene mucha más vitalidad, y es por eso por lo que representa algo verdaderamente temible bajo más de un aspecto; en efecto, el contacto, por así decir constante, con fuerzas psíquicas inferiores es de los más peligrosos, primero, no hay que decirlo, para el "chaman" mismo, pero también desde otro punto de vista cuyo interés está mucho menos estrechamente "localizado". En efecto, puede ocurrir que algunos, que operan de manera más consciente y con conocimientos más extensos, lo que no quiere decir de orden más elevado, utilicen esas mismas fuerzas para fines completamente diferentes, sin que lo sepan los "chamanes" o aquellos que actúan como ellos, que ya no desempeñan en eso más que el papel de simples instrumentos para la acumulación de las fuerzas en cuestión en puntos determinados. Sabemos que hay así, por el mundo, un cierto número de "depósitos" de influencias cuya repartición no tiene ciertamente nada de "fortuito", y que sirven muy bien a los designios de ciertos "poderes" responsables de toda la desviación moderna; pero eso requiere aún otras explicaciones, ya que, a primera vista, uno podría sorprenderse de que los restos de lo que fue antaño una tradición auténtica se presten a una "subversión" de este género.

CAPÍTULO XXVII

RESIDUOS PSÍQUICOS

Para comprender lo que hemos dicho en último lugar a propósito del "chamanismo", y que es en suma la razón principal por la que hemos dado aquí esta apercepción de él, es menester destacar que este caso de los vestigios que subsisten de una tradición degenerada y cuya parte superior o "espiritual" ha desaparecido es, en el fondo, completamente comparable al de los restos psíquicos que un ser humano deja tras de él al pasar a otro estado, y que, desde que han sido abandonados así por el "espíritu", pueden servir también a no importa qué; por lo demás, que sean utilizados conscientemente por un mago o un brujo, o inconscientemente por espiritistas, los efectos más o menos maléficos que pueden resultar de ello no tienen nada que ver evidentemente con la cualidad propia del ser al cual esos elementos han pertenecido anteriormente; ya no son más que una categoría especial de "influencias errantes", según la expresión empleada por la tradición extremo oriental, que, todo lo más, han guardado de ese ser más que una apariencia puramente ilusoria. Aquello de lo que es menester darse cuenta para comprender bien una tal similitud, es que las influencias espirituales mismas, para entrar en acción en nuestro mundo, deben tomar necesariamente "soportes" apropiados, primeramente en el orden psíquico, y después en el orden corporal mismo, de suerte que en eso hay algo análogo a la constitución de un ser humano. Si estas influencias espirituales se retiran después, por una razón cualquiera, sus antiguos "soportes" corporales, lugares u objetos (y, cuando se trata de lugares, su situación está en relación naturalmente con la "geografía sagrada" de la que hemos hablado más atrás), por ello no permanecerán menos cargados de elementos psíquicos, los cuales serán incluso tanto más fuertes y más persistentes cuanto más poderosa haya sido la acción a la que hayan servido de intermediarios y de instrumentos. De eso se podría concluir lógicamente que el caso donde se trata de centros tradicionales e iniciáticos importantes, extinguidos desde un tiempo más o menos largo, es en suma el que presenta los mayores peligros a este respecto, ya sea que simples imprudencias provoquen reacciones violentas de "conglomerados" psíquicos que subsisten en ellos, ya sea sobre todo que "magos negros", para emplear la expresión corrientemente admitida, se apoderen de éstos para manejarlos a su antojo y obtener de ellos efectos conformes a sus designios.

El primero de los dos casos que acabamos de indicar basta para explicar, al menos en una buena parte, el carácter nocivo que presentan algunos vestigios de civilizaciones desaparecidas, cuando vienen a ser exhumados por gentes que, como los arqueólogos modernos, al ignorar todo de estas cosas, actúan forzosamente como imprudentes por eso mismo. Esto no quiere decir que a veces no pueda haber ahí otra cosa también: así, tal o cual civilización antigua, en su último periodo, ha podido degenerar por un desarrollo excesivo de la magia[123], y sus restos guardarán entonces su huella natualmente, bajo la forma de influencias

---

[123] Bien parece que este caso haya sido, en particular, el del Egipto antiguo.

psíquicas de un orden muy inferior. Puede ocurrir también que, incluso fuera de toda degeneración de este tipo, algunos lugares u objetos hayan sido preparados especialmente en vistas de una acción defensiva contra aquellos que los toquen indebidamente, ya que tales precauciones no tienen en sí nada de ilegítimo, aunque, no obstante, el hecho de vincularles una importancia demasiado grande no sea un indicio de los más favorables, puesto que da testimonio de preocupaciones bastante alejadas de la pura espiritualidad, e incluso quizás de un cierto desconocimiento del poder propio que ésta posee en sí misma y sin que haya necesidad de recurrir a semejantes "ayudas". Pero, si ponemos aparte todo eso, las influencias psíquicas subsistentes, desprovistas del "espíritu" que las dirigía antaño y reducidas así a una suerte de estado "larvario", pueden muy bien reaccionar por sí mismas a una provocación cualquiera, por involuntaria que sea, de una manera más o menos desordenada y que, en todo caso, no tiene ninguna relación con las intenciones de aquellos que las emplearon en el pasado en una acción de un orden diferente, como tampoco las manifestaciones grotescas de los "cadáveres" psíquicos que intervienen a veces en las sesiones espiritistas tienen ninguna relación con lo que hubieran podido hacer o querer hacer, en no importa cuál circunstancia, las individualidades de las que constituyeron la forma sutil y de las cuales simulan todavía mal que bien la "identidad" póstuma, para gran maravilla de los ingenuos que quieren tomarlos por "espíritus".

Así pues, las influencias en cuestión, en muchas ocasiones, pueden ser ya suficientemente malhechoras cuando están simplemente libradas a sí mismas; eso es un hecho que no resulta de nada más que de la naturaleza misma de estas fuerzas del "mundo intermediario", y en el cual nadie puede nada, como tampoco se puede impedir que la acción de las fuerzas "físicas", queremos decir, de las que pertenecen al orden corporal y de las cuales se ocupan los físicos, cause también, en algunas condiciones, accidentes de los cuales ninguna voluntad humana podría ser hecha responsable; únicamente, por esto mismo se puede comprender la verdadera significación de las excavaciones modernas y el papel que desempeñan efectivamente para abrir algunas de esas "fisuras" de las que hemos hablado. Pero, además, esas mismas influencias están a merced de quienquiera que sepa "captarlas", como las fuerzas "físicas" lo están igualmente; no hay que decir que las unas y las otras podrán servir entonces a los fines más diversos e incluso más opuestos, según las intenciones de quien se haya apoderado de ellas y que las dirigirá como quiera; y, en lo que concierne a las influencias sutiles, si se encuentra que ese sea un "mago negro", es muy evidente que hará de ellas un uso completamente contrario al que han podido hacer, en el origen, los representantes cualificados de una tradición regular.

Todo lo que hemos dicho hasta aquí se aplica a los vestigios dejados por una tradición enteramente extinguida; pero, junto a este caso, hay lugar a considerar otro: el de una antigua civilización tradicional que se sobrevive por así decir a sí misma, en el sentido de que su degeneración ha sido llevada hasta un punto tal que el "espíritu" haya acabado por retirarse totalmente de ella; algunos conocimientos, que no tienen en sí mismos nada de "espiritual" y que no dependen más que del orden de las aplicaciones contingentes, podrán todavía continuar transmitiéndose, sobre todo los más inferiores de entre ellos, pero, naturalmente, desde entonces serán susceptibles de todas las desviaciones, ya que, ellos también, no representan más que "residuos" de otro tipo, al haber desaparecido la doctrina pura de la que debían depender normalmente. En un parecido caso de "supervivencia", las influencias psíquicas anteriormente puestas en obra por los representantes de la tradición podrán ser "captadas" todavía, incluso sin saberlo sus continuadores aparentes, pero en adelante ilegítimos y desprovistos de toda verdadera autoridad; aquellos que se servirán realmente de ellas a su través tendrán así la ventaja de tener a su disposición, como instrumentos inconscientes de la acción que quieren ejercer, ya no solo objetos dichos "inanimados", sino también hombres vivos que sirven igualmente de "soportes" a esas influencias, y cuya existencia actual confiere naturalmente a éstas una vitalidad mucho mayor. Eso es muy exactamente lo que teníamos en vista al considerar un ejemplo como el del "chamanismo", bajo la reserva, bien entendido, de que esto no puede aplicarse indistintamente a todo lo que se tiene el hábito de colocar bajo esta designación un poco convencional, y de que, de hecho, quizás no ha llegado a un igual grado de decadencia.

Una tradición que está desviada así está verdaderamente muerta como tal, tanto como aquella para la cual ya no existe ninguna apariencia de continuación; por lo demás, si estuviera todavía viva, por poco que esto fuera, una semejante "subversión", que no es en suma otra cosa que un vuelco de lo que subsiste de ella para hacerlo servir en un sentido antitradicional por definición misma, evidentemente no podría tener lugar de ninguna manera. No obstante, conviene agregar que, antes incluso de que las cosas estén en ese punto, y desde que algunas organizaciones tradicionales están suficientemente disminuidas y debilitadas como para no ser ya capaces de una resistencia suficiente, agentes más o menos directos del "adversario"[124] pueden introducirse ya en ellas a fin de trabajar para apresurar el momento en el que la "subversión" devendrá posible; no es cierto que lo logren en todos los casos, ya que todo lo que tiene todavía alguna vida siempre puede rehacerse; pero, si se produce la muerte, el enemigo se encontrará así en

---

[124] Se sabe que "adversario" es el sentido literal de la palabra hebrea "Shatan", y aquí se trata en efecto de "poderes" cuyo carácter es verdaderamente "satánico".

el lugar, se podría decir, completamente preparado para sacar partido de ello y para utilizar de inmediato el "cadáver" para sus propios fines. Los representantes de todo lo que, en el mundo occidental, posee todavía actualmente un carácter tradicional auténtico, tanto en el dominio exotérico como en el dominio iniciático, tendrían, pensamos, el mayor interés en aprovechar esta última observación mientras todavía hay tiempo, ya que, a su alrededor, los signos amenazadores que constituyen las "infiltraciones" de este género no faltan desafortunadamente para quien sabe apercibirlos.

Otra consideración que tiene también su importancia es ésta: si el "adversario" (cuya naturaleza intentaremos precisar un poco más después) tiene ventaja en apoderarse de los lugares que fueron la sede de antiguos centros espirituales, toda vez que puede, no es únicamente a causa de las influencias psíquicas que están acumuladas en ellos y que se encuentran en cierto modo "disponibles"; es también en razón misma de la situación particular de estos lugares, ya que, bien entendido, no fueron elegidos arbitrariamente para el papel que les fue asignado en una u otra época y en relación a tal o a cual forma tradicional. La "geografía sagrada", cuyo conocimiento determina una tal elección del lugar, es, como toda otra ciencia tradicional de orden contingente, susceptible de ser desviada de su uso legítimo y aplicada "al revés": si un punto es "privilegiado" para servir a la emisión y a la dirección de las influencias psíquicas cuando éstas son el vehículo de una acción espiritual, no lo será menos cuando estas mismas influencias psíquicas sean utilizadas de manera muy diferente y para fines contrarios a toda espiritualidad. Este peligro de desvío de algunos conocimientos, del que encontramos aquí un ejemplo muy claro, explica por otra parte, notémoslo de pasada, muchas de las reservas que son algo completamente natural en una civilización normal, pero que los modernos se muestran enteramente incapaces de comprender, puesto que atribuyen comúnmente a una voluntad de "monopolizar" esos conocimientos lo que no es en realidad más que una medida destinada a impedir el abuso de ellos tanto como sea posible. Por lo demás, a decir verdad esta medida no deja de ser eficaz más que en el caso en el que las organizaciones depositarias de los conocimientos en cuestión dejen penetrar en su seno a individuos no cualificados, o incluso, como acabamos de decirlo, a agentes del "adversario", uno de cuyos fines más inmediatos será entonces precisamente descubrir esos secretos. Todo eso no tiene ciertamente ninguna relación directa con el verdadero secreto iniciático, que, así como lo hemos dicho más atrás, reside exclusivamente en lo "inefable" y en lo "incomunicable", y que, evidentemente, está por eso mismo al abrigo de toda investigación indiscreta; pero, aunque no se trate aquí más que de cosas contingentes, no obstante, se deberá reconocer que las precauciones que pueden tomarse en este orden para evitar toda desviación, y por consiguiente toda acción malhechora que es susceptible de resultar de ella, están lejos de no tener prácticamente más que un interés a desdeñable.

De todas maneras, ya sea que se trate de los lugares mismos, de las influencias que permanecen vinculados a ellos, o incluso de los conocimientos del género de los que acabamos de mencionar, se puede recordar a este respecto el adagio antiguo: "*corruptio optimi pessima*", que se aplica quizás más exactamente todavía aquí que en cualquier otro caso; es de "corrupción" de lo que conviene hablar en efecto, incluso en el sentido más literal de esta palabra, puesto que los "residuos" que están en causa aquí, como lo decíamos al comienzo, son comparables a los productos de la descomposición de lo que fue un ser vivo; y, como toda corrupción es en cierto modo contagiosa, esos productos de la disolución de las cosas pasadas tendrán ellos mismos, por todas partes donde sean "proyectados" una acción particularmente disolvente y desagregante, sobre todo si son utilizados por una voluntad claramente consciente de sus fines. Hay en eso, se podría decir, una suerte de "necromancia" que pone en obra restos psíquicos muy diferentes de los de las individualidades humanas, y no es ciertamente la menos temible, ya que tiene por eso posibilidades de acción mucho más extensas que las de la vulgar brujería, y no hay siquiera ninguna comparación posible bajo esta relación; ¡Por lo demás, en el punto en que están las cosas hoy día, es menester que nuestros contemporáneos estén verdaderamente muy ciegos para no tener siquiera la menor sospecha de ello!

CAPÍTULO XXVIII

LAS ETAPAS DE LA ACCIÓN ANTITRADICIONAL

Después de las consideraciones que hemos expuesto y de los ejemplos que hemos dado hasta aquí, se podrá comprender mejor en qué consisten exactamente, de una manera general, las etapas de la acción antitradicional que verdaderamente ha "hecho" el mundo moderno como tal; pero, ante todo, es menester darse cuenta bien de que, puesto que toda acción efectiva supone necesariamente agentes, ésta acción no puede ser, como tampoco ninguna otra, una suerte de producción espontánea y "fortuita", y de que, al ejercerse especialmente en el dominio humano, debe implicar forzosamente la intervención de agentes humanos. El hecho de que esta acción concuerda con los caracteres propios del periodo cíclico donde se ha producido, explica que haya sido posible y que haya triunfado, pero no basta para explicar la manera en que ha sido realizada y no indica los medios que han sido puestos en obra para llegar a ello. Por lo demás, para convencerse de ello, basta reflexionar un poco en esto: las influencias espirituales mismas, en toda organización tradicional, actúan siempre por la intermediación de seres humanos, que son los representantes autorizados de la tradición, aunque ésta sea realmente "suprahumana" en su esencia; con mayor razón debe ser así en un caso donde no entran en juego más que influencias psíquicas, e incluso del orden más inferior, es decir, todo lo contrario de un poder transcendente en relación a nuestro mundo, sin contar con que el carácter de "contrahechura" que se manifiesta por todas partes en este dominio, y sobre el que tendremos que volver todavía, exige aún más rigurosamente que ello sea así. Por otra parte, como la iniciación bajo cualquier forma que se presente, es lo que encarna verdaderamente el "espíritu" de una tradición, y también lo que permite la realización efectiva de los estados "suprahumanos", es evidente que es a ella a lo que debe oponerse más directamente (en la medida, no obstante, en que una tal oposición es concebible) aquello de lo que se trata aquí, y que tiende al contrario, por todos los medios, a arrastrar a los hombres hacia lo "infrahumano"; así el término de "contrainiciación" es el que conviene mejor para designar aquello a lo que se vinculan, en su conjunto y a grados diversos (ya que, como en la iniciación, en eso hay también forzosamente grados), los agentes humanos por los cuales se cumple la acción antitradicional; y eso no es una simple denominación convencional empleada para hablar más cómodamente de lo que no tiene verdaderamente ningún nombre, sino más bien una expresión que corresponde tan exactamente como es posible a realidades muy precisas.

Es bastante destacable que, en todo el conjunto de lo que constituye propiamente la civilización moderna, cualquiera que sea el punto de vista desde el que se la considere, siempre se haya podido constatar que todo aparece como cada vez más artificial, desnaturalizado y falsificado; por lo demás, muchos de aquellos que hacen hoy día la crítica de esta civilización están asombrados por ello, incluso cuando no saben ir más lejos y cuando no tienen la menor sospecha de lo que se oculta en realidad detrás de todo eso. No obstante, bastaría, nos parece, un poco de lógica para decirse que, si todo ha devenido así artificial, la mentalidad misma a la que corresponde este estado de cosas no debe serlo menos que lo demás, que ella también debe ser "fabricada" y no espontánea; y, desde que se hubiera hecho esta simple reflexión, ya no se podría dejar de ver como se multiplican por todas partes y casi indefinidamente los indicios concordantes en este sentido; pero es menester creer que es desgraciadamente muy difícil escapar completamente a las "sugestiones" a las que el mundo moderno como tal debe su existencia misma y su duración, ya que aquellos mismos que se declaran más resueltamente "antimodernos" no ven generalmente nada de todo eso, y, por lo demás, es por eso por lo que sus esfuerzos son tan frecuentemente dispensados en pura pérdida y están casi desprovistos de todo alcance real.

La acción antitradicional debía apuntar necesariamente a la vez a cambiar la mentalidad general y a destruir todas las instituciones tradicionales en Occidente, puesto que es ahí donde se ha ejercido primero y directamente, a la espera de poder buscar el extenderse después al mundo entero por medio de los occidentales así preparados para devenir sus instrumentos. Por lo demás, al haber cambiado la mentalidad, las instituciones, que desde entonces ya no se le correspondían, debían por eso mismo ser fácilmente destruidas; así pues, es el trabajo de desviación de la mentalidad el que aparece aquí como verdaderamente fundamental, como aquello de lo que todo el resto depende en cierto modo, y, por consiguiente es sobre esto donde conviene insistir más particularmente. Este trabajo, evidentemente, no podía ser operado de un solo golpe, aunque quizás lo más sorprendente sea la rapidez con la que los occidentales han podido ser conducidos a olvidar todo lo que, en ellos, había estado ligado a la existencia de una civilización tradicional; si se piensa en la incomprehensión total de la que los siglos XVII y XVIII han hecho prueba con respecto a la Edad Media, y eso bajo todos los aspectos, debería ser fácil comprender que un cambio tan completo y tan brusco no ha podido cumplirse de una manera natural y espontánea. Sea como sea, era menester primero reducir en cierto modo al individuo a sí mismo, y esa fue sobre todo, como lo hemos explicado, la obra del racionalismo, que niega al ser la posesión y el uso de toda facultad de orden transcendente; por lo demás, no hay que decir que el racionalismo ha comenzado a actuar antes incluso de recibir ese nombre con su forma más especialmente filosófica, así como lo hemos visto a propósito del Protestantismo; y, por lo demás, el "humanismo" del Renacimiento no era, él mismo, nada más que el precursor directo del racionalismo propiamente dicho, puesto que quien dice "humanismo" dice pretensión de reducir todas las cosas a elementos puramente humanos, y por consiguiente, (de hecho al menos, si no todavía en virtud de una teoría expresamente formulada) exclusión de todo lo que es de orden supraindividual. Era menester después volver enteramente la atención del individuo hacia las cosas exteriores y sensibles, a fin de encerrarle por así decir, no solo en el dominio humano, sino, por una limitación más estrecha todavía, únicamente en el mundo corporal; ese es el punto de partida de toda la ciencia moderna, que, dirigida constantemente en este sentido, debía hacer esta limitación cada vez más efectiva. La constitución de las teorías científicas, o filosófico científicas si se quiere, debió proceder así mismo gradualmente; y (aquí también, tenemos que recordar sumariamente lo que ya hemos expuesto) el mecanicismo preparó directamente la vía al materialismo, que debía marcar, de una manera en cierto modo irremediable, la reducción del horizonte mental al dominio corporal, considerado en adelante como la única "realidad", y, por lo demás, despojado él mismo de todo lo que no podría ser considerado como simplemente "material"; naturalmente, la elaboración de la noción misma de "materia" por los físicos debía desempeñar aquí un papel importante. Desde entonces se había entrado propiamente en el "reino de la cantidad": la ciencia profana, siempre mecanicista después de Descartes, y devenida más especialmente materialista a partir de la segunda mitad del siglo XVIII, debía devenir, en sus teorías sucesivas, cada vez más exclusivamente cuantitativa, al mismo tiempo que el materialismo, al insinuarse en la mentalidad general, llegaba a determinar en ella esta actitud, independiente de toda afirmación teórica, pero tanto más difundida y pasada finalmente al estado de una suerte de "instinto", que hemos llamado el "materialismo práctico", y esta actitud misma debía ser reforzada también por las aplicaciones industriales de la ciencia cuantitativa, que tenían como efecto vincular cada vez más completamente a los hombres únicamente a las realizaciones "materiales". El hombre "mecanizaba" todas las cosas, y finalmente llegaba a "mecanizarse" él mismo, cayendo poco a poco en el estado de las falsas "unidades" numéricas perdidas en la uniformidad y en la indistinción de la "masa", es decir, en definitiva en la multiplicidad; eso es, ciertamente, el triunfo más completo que se pueda imaginar de la cantidad sobre la cualidad.

No obstante, al mismo tiempo que se proseguía este trabajo de "materialización" y de "cuantificación", que por lo demás no está todavía acabado y que ni siquiera puede estarlo nunca, puesto que la reducción total a la cantidad pura es irrealizable en la manifestación, otro trabajo, contrario solo en apariencia, ya había comenzado, y eso, recordémoslo, desde la aparición misma del materialismo propiamente dicho. Esta segunda parte de la acción antitradicional debía tender, ya no a la "solidificación", sino a la disolución; pero, muy lejos de contrariar a la primera tendencia, la que se caracteriza por la reducción a lo cuantitativo, debía ayudarla cuando el máximo de "solidificación" posible hubiera sido alcanzado, y cuando esta tendencia, al haber rebasado su primera meta de querer llegar hasta reducir lo continuo a lo discontinuo, hubiera devenido ella misma una tendencia hacia la disolución. Así, es en este momento cuando este segundo trabajo, que primeramente no se había efectuado, a título de preparación, más que de una manera más o menos oculta y en todo caso en unos medios restringidos, debía aparecer a la luz y tomar a su vez un alcance cada vez más general, al mismo tiempo que la ciencia cuantitativa misma devenía menos estrictamente materialista, en el sentido propio de la palabra, y acababa incluso por cesar de apoyarse sobre la noción de "materia", vuelta cada vez más inconsistente y "huidiza" a consecuencia mismo de sus elaboraciones teóricas. Es éste el estado donde nos encontramos ahora: el materialismo ya no hace más que sobrevivirse a sí mismo, y sin duda puede sobrevivirse más o menos tiempo todavía, sobre todo en tanto que "materialismo práctico"; pero, en todo caso, en adelante ha dejado de desempeñar el papel principal de la acción antitradicional.

Después de haber cerrado el mundo corporal tan completamente como es posible, era menester, al tiempo que no se permitía el restablecimiento de ninguna comunicación con los dominios superiores, abrirle por abajo, a fin de hacer penetrar en él a las fuerzas disolventes y destructivas del dominio sutil inferior; así pues, es el "desencadenamiento" de estas fuerzas, se podría decir; y su puesta en obra para acabar la desviación de nuestro mundo y llevarle efectivamente hacia la disolución final, lo que constituye esta segunda parte o esta segunda fase de la que acabamos de hablar. En efecto, se puede decir que hay dos fases distintas, aunque hayan sido en parte simultáneas, ya que, en el "plan" de conjunto de la desviación moderna, se siguen lógicamente y no tienen su pleno efecto sino sucesivamente; por lo demás, desde que el materialismo estuvo constituido, la primera parte estaba en cierto modo virtualmente completa y ya no tenía más que desenvolverse por el desarrollo de lo que estaba implicado en el materialismo mismo; y es precisamente entonces cuando comenzó la preparación de la segunda, de la cual todavía no se han visto actualmente más que los primeros efectos, pero, no obstante, efectos ya lo suficientemente aparentes para permitir prever lo que seguirá, y para que se pueda decir, sin ninguna exageración, que es este segundo aspecto de la acción antitradicional el que, desde ahora, pasa verdaderamente al primer plano en los designios de lo que hemos llamado primero colectivamente como el "adversario", y que, con mayor precisión, podemos nombrar la "contrainiciación".

CAPÍTULO XXIX

DESVIACIÓN Y SUBVERSIÓN

Hemos considerado la acción antitradicional, por la que, en cierto modo, ha sido "fabricado" el mundo moderno, como constituyendo en su conjunto una obra de desviación en relación al estado normal que es el de todas las civilizaciones tradicionales, cualesquiera que sean por lo demás sus formas particulares; eso es fácil de comprender y no tiene necesidad de comentarios más amplios. Por otra parte, hay que hacer una distinción entre desviación y subversión: la desviación, se podría decir, es susceptible de grados indefinidamente múltiples, de suerte que puede operarse poco a poco y como insensiblemente; tenemos un ejemplo de ello en el paso gradual de la mentalidad moderna desde el "humanismo" y desde el racionalismo al mecanicismo, y después al materialismo, y también en el proceso según el cual la ciencia profana ha elaborado sucesivamente teorías de un carácter cada vez más exclusivamente cuantitativo, lo que permite decir que toda esta desviación, desde su comienzo mismo, ha tendido constantemente a establecer progresivamente el "reino de la cantidad". Pero, cuando la desviación llega a su término extremo, desemboca en una verdadera "inversión", es decir, en un estado que es diametralmente opuesto al orden normal, y es entonces cuando se puede hablar propiamente de "subversión", según el sentido etimológico de esta palabra; bien entendido, esta "subversión" no debe ser confundida de ninguna manera con el "vuelco" del que hemos hablado a propósito del instante final del ciclo, e incluso es exactamente su contrario, puesto que este "vuelco", al venir precisamente después de la "subversión" y en el momento mismo donde ésta parece completa, es en realidad un "enderezamiento" que restablece el orden normal, y que restaura el "estado primordial" que representa su perfección en el dominio humano.

Se podría decir que la subversión, entendida así, no es en suma más que el último grado y la conclusión misma de la desviación, o también, lo que equivale a lo mismo, que la desviación toda entera no tiende en definitiva más que a llevar a la subversión, y eso es verdad en efecto; en el estado presente de las cosas, aunque no se pueda decir todavía que la subversión sea completa, se tienen ya signos muy visibles de ella en todo lo que presenta el carácter de "contrahechura" o de "parodia" al que hemos hecho alusión varias veces, y sobre el que volveremos más ampliamente después. Por el momento, nos limitaremos a hacer destacar, a este respecto, que este carácter constituye, por sí mismo, una marca muy significativa en cuanto al origen real de aquello que está afectado por él, y, por consiguiente, de la desviación moderna misma, cuya naturaleza verdaderamente "satánica" pone bien en evidencia; esta última palabra, en efecto, se aplica propiamente a todo lo que es negación e inversión del orden, y es en efecto eso, sin la menor duda, aquello cuyos efectos podemos constatar alrededor de nosotros; ¿es el mundo moderno mismo otra cosa en suma que la negación pura y simple de toda verdad tradicional? Pero, al mismo tiempo, este espíritu de negación es también, y en cierto modo por necesidad, el espíritu de mentira; reviste todos los disfraces, y frecuentemente los más inesperados, para no ser reconocido por lo que es, para hacerse pasar incluso por todo lo contrario, y es justamente en eso donde aparece la contrahechura; ésta es la ocasión de recordar que se dice que "Satán es el mico de Dios", y también que "se transfigura en ángel de luz". En el fondo, eso equivale a decir que imita a su manera, alterándolo y falseándolo para hacerlo servir a sus fines siempre, eso mismo a lo que quiere oponerse: así, conseguirá que el desorden tome las apariencias de un falso orden, disimulará la negación de todo principio bajo la afirmación de falsos principios, y así sucesivamente. Naturalmente, todo eso no puede ser nunca, en realidad, más que simulacro e incluso caricatura, pero bastante hábilmente presentado como para que la inmensa mayoría de los hombres se dejen engañar por ello; ¿y cómo sorprenderse de ello cuando se ve cuántas supercherías, incluso muy groseras, logran imponerse fácilmente a la muchedumbre, y cuan difícil es, por el contrario, llegar después a desengañar a ésta? *"Vulgus vult decipi"*, decían ya los antiguos de la época "clásica"; ¡y sin duda siempre se han encontrado, aunque nunca hayan sido tan numerosas como en nuestros días, gentes dispuestas a agregar: *"ergo decipiatur"*!

No obstante, como quien dice contrahechura dice por eso mismo parodia, ya que son casi sinónimos, hay invariablemente, en todas las cosas de este género, un elemento grotesco que puede ser más o menos aparente, pero que, en todo caso, no debería escapar a algunos observadores por poco perspicaces que sean, si todavía las "sugestiones" que sufren inconscientemente no abolieran a este respecto su perspicacia natural. Ese es el lado por el que, la mentira, por hábil que sea, no puede hacer otra cosa que traicionarse; y, bien entendido, eso también es una "marca" de origen, inseparable de la contrahechura en ella misma, que normalmente debe permitir reconocerla como tal. Si se quisieran citar aquí ejemplos tomados entre las manifestaciones diversas del espíritu moderno, no se tendría ciertamente más que el problema de la elección, desde los pseudoritos "cívicos" y "laicos" que han tomado tanta extensión por todas partes en estos últimos años, y que apuntan a proporcionar a la "masa" un substituto puramente humano de los verdaderos ritos religiosos, hasta las extravagancias de un supuesto "naturismo" que, a pesar de su nombre, no es menos artificial, por no decir "antinatural", que las inútiles complicaciones de la existencia contra las cuales tiene la pretensión de reaccionar mediante una irrisoria comedia, cuyo verdadero propósito es, por lo demás, hacer creer que el "estado de naturaleza" se confunde con la animalidad; ¡y ya no queda ni siquiera el simple reposo del ser humano sin que haya acabado por estar amenazado de desnaturalización por la idea contradictoria en sí misma, pero muy conforme con el "igualitarismo" democrático, de una "organización de los ocios"![125]. No mencionamos aquí, con intención, sino hechos que son conocidos por todo el mundo, que pertenecen incontestablemente a lo que se puede llamar el "dominio" público, y que cada uno puede pues constatar sin esfuerzo; ¿no es increíble que los que sienten, no diremos su peligro, sino simplemente su ridículo, sean tan raros que representen verdaderas excepciones? "Pseudoreligión", se debería decir a este propósito, "pseudonaturaleza", "pseudoreposo", y así para tantas otras cosas; si se quisiera hablar siempre estrictamente según la verdad, sería menester colocar constantemente esta palabra "pseudo" delante de la designación de todos los productos específicos del mundo moderno, comprendida ahí la ciencia profana que no es ella misma más que una "pseudociencia" o un simulacro de conocimiento, para indicar lo que todo eso es en realidad: falsificaciones y nada más, y falsificaciones cuyo propósito es muy evidente para aquellos que son todavía capaces de reflexionar.

Dicho esto, volvamos de nuevo a consideraciones de un orden más general: ¿qué es lo que hace esta contrahechura posible, e incluso tanto más posible y tanto más perfecta en su género, si es permisible expresarse así en un parecido caso, cuanto más se avanza en la marcha

---

[125] Como lo hemos señalado más atrás, hay lugar a agregar que esta "organización de los ocios" forma parte integrante de los esfuerzos que se hacen para obligar a los hombres a vivir "en común" lo más posible.

descendente del ciclo? La razón profunda está en la relación de analogía inversa que existe, así como lo hemos explicado, entre el punto más alto y el punto más bajo; eso es lo que permite realizar concretamente, en una medida correspondiente a aquella en la que uno se acerca al dominio de la cantidad pura, estas suertes de contrahechuras de la unidad principal que se manifiestan en la "uniformidad" y en la "simplicidad" hacia las que tiende el espíritu moderno, y que son como la expresión más completa de su esfuerzo de reducción de todas las cosas al punto de vista cuantitativo. Eso es quizás lo que muestra mejor que la desviación no tiene, por así decir, más que desarrollarse y proseguirse hasta su término para conducir finalmente a la subversión propiamente dicha, ya que, cuando lo más inferior que hay (puesto que se trata de lo que es incluso inferior a toda existencia posible) busca imitar y contrahacer así a los principios superiores y transcendentes, es de subversión de lo que hay lugar a hablar efectivamente. No obstante, conviene recordar que, por la naturaleza misma de las cosas, la tendencia hacia la cantidad pura no puede llegar nunca a producir su pleno efecto; así pues, para que la subversión pueda ser completada de hecho, es menester que algo más intervenga, y podríamos repetir en suma a este propósito, colocándonos solamente en un punto de vista algo diferente, lo que hemos dicho precedentemente sobre el tema de la disolución; en los dos casos, por lo demás, es evidente que se trata igualmente de lo que se refiere al término final de la manifestación cíclica; y es por eso precisamente por lo que el "enderezamiento" del instante último debe aparecer, de la manera más exacta, como una inversión de todas las cosas en relación al estado de subversión en el que se encontraban inmediatamente antes de ese instante mismo.

Teniendo en cuenta la última precisión que acabamos de hacer, se podría decir también esto: la primera de las dos fases que hemos distinguido en la acción antitradicional representa simplemente una obra de desviación, cuya conclusión propia es el materialismo más completo y más grosero; en cuanto a la segunda fase, podría ser caracterizada más especialmente como una obra de subversión (ya que es efectivamente a eso a lo que tiende más directamente), que debe desembocar en la constitución de lo que ya hemos llamado una "espiritualidad al revés", así como la continuación de este estudio lo mostrará todavía más claramente. Las fuerzas sutiles inferiores a las que se hace llamada en esta segunda fase pueden ser calificadas verdaderamente de fuerzas "subversivas" bajo todos los puntos de vista; y hemos podido aplicar también más atrás la palabra de "subversión" a la utilización "al revés" de lo que queda de las antiguas tradiciones que el "espíritu" ha abandonado; por lo demás, en efecto, es siempre de casos similares de lo que se trata en todo eso, ya que esos vestigios corrompidos, en tales condiciones, caen necesariamente por sí mismos en las regiones inferiores del dominio sutil. Vamos a dar otro ejemplo particularmente claro de la obra de subversión, que es la inversión intencional del sentido legítimo y normal de los símbolos tradicionales; por lo demás, será, al mismo tiempo, una ocasión para explicarnos más completamente sobre la cuestión del doble sentido que los símbolos contienen generalmente en sí mismos, y sobre lo cual hemos debido apoyarnos con bastante frecuencia en el curso de la presente exposición como para que no esté fuera de propósito dar sobre ello unas pocas precisiones más.

CAPÍTULO XXX

La inversión de los símbolos

Uno se sorprende a veces de que un mismo símbolo pueda ser tomado en dos sentidos que, aparentemente al menos, son directamente opuestos uno al otro; en eso no se trata simplemente, bien entendido, de la multiplicidad de los sentidos que, de una manera general, puede presentar todo símbolo según el punto de vista o el nivel en el que se le considere, y que hace por lo demás que el simbolismo no pueda ser "sistematizado" nunca de ninguna manera, sino, más especialmente, de dos aspectos que están ligados entre sí por una cierta relación de correlación, que toma la forma de una oposición, de tal suerte que uno de los dos sea por así decir el inverso o el "negativo" del otro. Para comprenderlo, es menester partir de la consideración de la dualidad como presupuesta por toda manifestación, y, por consiguiente, como condicionándola en todos sus modos, donde debe encontrarse siempre bajo una forma o bajo otra[126]; es verdad que

---

[126] Como hay errores de lenguaje que se producen bastante frecuentemente y que no dejan de tener graves inconvenientes, no es inútil precisar que "dualidad" y "dualismo" son dos cosas completamente diferentes: el dualismo (del que la concepción cartesiana del "espíritu"

esta dualidad es propiamente un complementarismo, y no una oposición; pero dos términos que son en realidad complementarios pueden también, bajo un punto de vista más exterior y más contingente aparecer como opuestos[127]. Toda oposición no existe como tal sino a un cierto nivel, ya que no puede haber ninguna que sea irreductible; a un nivel más elevado, se resuelve en un complementarismo, en el que sus dos términos se encuentran ya conciliados y armonizados, antes de entrar finalmente en la unidad del principio común del que proceden el uno y el otro. Así pues, se podría decir que el punto de vista del complementarismo es, en un cierto sentido, intermediario entre el de la oposición y el de la unificación; y cada uno de estos puntos de vista tiene su razón de ser y su valor propio en el orden al cual se aplica, aunque, evidentemente, no se sitúan en el mismo grado de realidad; así pues, lo que importa es saber poner cada aspecto en su lugar jerárquico, y no pretender transportarle a un dominio donde ya no tendría ninguna significación aceptable.

En estas condiciones, se puede comprender que el hecho de considerar en un símbolo dos aspectos contrarios no tiene, en sí mismo, nada que no sea perfectamente legítimo, y que la consideración de uno

---

y de la "materia" es uno de los ejemplos más conocidos) consiste propiamente en considerar una dualidad como irreductible y en no considerar nada más allá, lo que implica la negación del principio común del que, en realidad, los dos términos de esta dualidad proceden por "polarización".

[127] Ver El Simbolismo de la Cruz, cap. VII.

de estos aspectos no excluye de ninguna manera el del otro, puesto que cada uno de ellos es igualmente verdadero bajo una cierta relación, y puesto que, por el hecho de su correlación misma, su existencia es en cierto modo solidaria. Así pues, es un error, bastante frecuente por lo demás, pensar que la consideración respectiva del uno y del otro de estos aspectos debe ser atribuida a doctrinas o a escuelas que se encuentran ellas mismas en oposición[128]; aquí, todo depende solo del predominio que puede ser atribuido a uno en relación al otro, o a veces también de la intención según la cual puede ser empleado el símbolo, por ejemplo, como elemento que interviene en algunos ritos, o también como medio de reconocimiento para los miembros de algunas organizaciones; pero ese es un punto sobre el que vamos a tener que volver. Lo que muestra bien que los dos aspectos no se excluyen y que son susceptibles de ser considerados simultáneamente, es que pueden encontrarse reunidos en una misma figuración simbólica compleja; a este respecto, conviene destacar, aunque no podemos pensar en desarrollar esto completamente, que una dualidad, que podrá ser oposición o complementarismo según el punto de vista en el que uno se coloque, puede, en cuanto a la situación de sus términos uno en relación al otro, disponerse en un sentido vertical o en un sentido horizontal; esto resulta inmediatamente del esquema crucial del cuaternario, que se puede descomponer en dos

---

[128] Hemos tenido que destacar concretamente un error de este género sobre el tema de la figuración del *swastika* con los brazos dirigidos de manera que indican dos sentidos de rotación opuestos (*El Simbolismo de la Cruz*, cap. X).

dualidades, una vertical y la otra horizontal. La dualidad vertical puede ser referida a las dos extremidades de un eje, o a las dos direcciones contrarias según las cuales este eje puede ser recorrido; la dualidad horizontal es la de dos elementos que se sitúan simétricamente de una parte y de otra de ese mismo eje. Se puede dar como ejemplo del primer caso los dos triángulos del sello de Salomón (y también todos los demás símbolos de la analogía que se disponen según un esquema geométrico similar), y como ejemplo del segundo las dos serpientes del caduceo; y se destacará que es solo en la dualidad vertical donde los dos términos se distinguen claramente uno del otro por su posición inversa, mientras que, en la dualidad horizontal, pueden parecer completamente semejantes o equivalentes cuando se los considera separadamente, aunque, no obstante, su significación no es menos realmente contraria en este caso que en el otro. Se puede decir también que, en el orden espacial, la dualidad vertical es la de arriba y la de abajo, y la dualidad horizontal la de la derecha y de la izquierda; está observación parecerá quizás muy evidente, pero por eso no tiene menos importancia, porque, simbólicamente (y esto nos lleva al valor propiamente cualitativo de las direcciones del espacio), estas dos parejas de términos son, ellas mismas, susceptibles de aplicaciones múltiples, cuyos rastros no serían difíciles de descubrir hasta en el lenguaje corriente, lo que indica bien que se trata de cosas de un alcance muy general.

Una vez planteado todo eso en principio, se podrá deducir de ello sin esfuerzo algunas consecuencias concernientes a lo que se podría llamar el uso práctico de los símbolos; pero, a este respecto, es menester hacer intervenir primero una consideración de carácter más particular, la del caso en el que los dos aspectos contrarios son tomados respectivamente como "benéfico" y como "maléfico". Debemos decir que empleamos estas dos expresiones a falta de algo mejor, como ya lo hemos hecho precedentemente; en efecto, tienen el inconveniente de poder hacer suponer que hay en eso alguna interpretación más o menos "moral", mientras que en realidad no hay nada de tal, y que aquí deben ser entendidas en un sentido puramente "técnico". Además, debe comprenderse bien igualmente que la cualidad "benéfica" o "maléfica" no se vincula de una manera absoluta a uno de los dos aspectos, puesto que no conviene propiamente más que a una aplicación especial, a la que sería imposible reducir indistintamente toda oposición cualquiera que sea, y puesto que, en todo caso, desaparece necesariamente cuando se pasa del punto de vista de la oposición al del complementarismo, al que una tal consideración es totalmente extraña. En estos límites y teniendo en cuenta estas reservas, ese es un punto de vista que tiene normalmente su lugar entre los otros; pero es también de este punto de vista mismo, o más bien de los abusos a los que da lugar, de donde puede resultar, en la interpretación y el uso del simbolismo, la subversión de la que queremos hablar más especialmente aquí, subversión que constituye una de las "marcas" características de lo que, conscientemente o no, depende del dominio de la "contrainiciación" o se encuentra más o menos directamente sometido a su influencia.

Esta subversión puede consistir, ya sea en atribuir al aspecto "maléfico", reconociéndole expresamente como tal, el lugar que debe corresponder normalmente al aspecto "benéfico", reconociéndole incluso una suerte de supremacía sobre éste, ya sea en interpretar los símbolos al revés de sus sentidos legítimos, considerando como "benéfico" el aspecto que es en realidad "maléfico" e inversamente. Por lo demás, es menester destacar que, según lo que hemos dicho hace un momento, una tal subversión puede no aparecer visiblemente en la representación de los símbolos, puesto que hay símbolos para los que los dos aspectos opuestos no están marcados por ninguna diferencia exterior, reconocible a primera vista: así, en las figuraciones que se refieren a lo que se tiene la costumbre de llamar, muy impropiamente por lo demás, el "culto de la serpiente", sería frecuentemente imposible, al menos si no se considera más que la serpiente misma, decir *a priori* si se trata del *Agathodaimôn* o del *Kakodaimôn*; de ahí vienen numerosas equivocaciones, sobre todo por parte de aquellos que, ignorando esta doble significación, están tentados de no ver en ella por todas partes y siempre más que un símbolo "maléfico", lo que es, desde hace mucho tiempo ya, el caso de la generalidad de los occidentales[129]; y lo que decimos aquí de la serpiente se podría aplicar igualmente a muchos otros animales simbólicos, para los que se ha tomado comúnmente el hábito, cualesquiera que sean, por lo demás, las razones de ello, de no considerar ya más que uno solo de los dos aspectos opuestos que poseen en realidad. Para los símbolos que son susceptibles de tomar dos posiciones inversas, y especialmente para los que se reducen a formas geométricas, puede parecer que la diferencia deba aparecer mucho más claramente; y sin embargo, de hecho, no es siempre así, puesto que las dos posiciones del mismo símbolo son susceptibles de tener la una y la otra una significación legítima, y puesto que su relación no es forzosamente la de lo "benéfico" y de lo "maléfico", que no es, lo repetimos todavía, más que una simple aplicación particular entre todas las demás. Lo que importa saber en parecido caso, es si hay realmente una voluntad de "inversión", se podría decir, en contradicción formal con el valor legítimo y normal del símbolo; por eso es por lo que, por ejemplo, el empleo del triángulo invertido está muy lejos de ser siempre

---

[129] Es por esta razón por lo que el dragón extremo oriental mismo, que es en realidad un símbolo del Verbo, ha sido frecuentemente interpretado como un símbolo "diabólico" por la ignorancia occidental.

un signo de "magia negra" como lo creen algunos[130], aunque lo sea efectivamente en algunos casos, concretamente en aquellos en los que se le vincula una intención de tomar el contrapié de lo que representa el triángulo cuyo vértice está vuelto hacia arriba; y, notémoslo incidentalmente, una tal "inversión" intencional se ejerce también sobre palabras o fórmulas, para formar suertes de "mantras" al revés, como se puede constatar en algunas prácticas de brujería, incluso en la simple "brujería de los campos" tal como existe todavía en Occidente.

Así pues, se ve que la cuestión de la inversión de los símbolos es bastante compleja, y diríamos de buena gana bastante sutil, ya que lo que es menester examinar para saber de qué se trata verdaderamente en tal o en cual caso, son menos las figuraciones, tomadas en lo que se podría llamar su "materialidad", que las interpretaciones de que se acompañan y por las que se explica la intención que ha presidido en su adopción. Es más, la subversión más hábil y más peligrosa es ciertamente la que no se traiciona por singularidades demasiado manifiestas y que no importa quién puede percibir fácilmente, sino la que deforma el sentido de los símbolos o invierte su valor sin cambiar nada en sus apariencias exteriores. Pero la astucia más diabólica de todas es quizás la que consiste en atribuir al simbolismo ortodoxo mismo, tal como existe en las organizaciones verdaderamente tradicionales, y más particularmente en las organizaciones iniciáticas, que son a las que se

---

[130] ¡Hemos visto llegar hasta interpretar así los triángulos que figuran en los símbolos alquímicos de los elementos!

apunta sobre todo en parecido caso, la interpretación al revés que es propiamente el hecho de la "contrainiciación"; y ésta no se priva de usar este medio para provocar las confusiones y los equívocos de los que tenga algún provecho que sacar. Ese es, en el fondo, todo el secreto de algunas campañas, también muy significativas en cuanto al carácter de la época contemporánea, dirigidas, ya sea contra el esoterismo en general, ya sea contra tal o cual forma iniciática en particular, con la ayuda inconsciente de gentes cuya mayor parte se sorprenderían muchísimo, e incluso se espantarían, si pudieran darse cuenta de aquello para lo cual se les utiliza: ¡desgraciadamente, a veces ocurre que aquellos que creen combatir al diablo, cualquiera que sea la idea que se hagan de él, se encuentran así simplemente, sin sospecharlo lo más mínimo, transformados en sus mejores servidores!

CAPÍTULO XXXI

TRADICIÓN Y TRADICIONALISMO

Hablando propiamente, la falsificación de todas las cosas, que es, como lo hemos dicho, uno de los rasgos característicos de nuestra época, no es todavía la subversión, pero contribuye bastante directamente a prepararla; lo que lo muestra quizás mejor, es lo que se puede llamar la falsificación del lenguaje, es decir, el empleo abusivo de algunas palabras desviadas de su verdadero sentido, empleo que, en cierto modo, es impuesto por una sugestión constante por parte de todos aquellos que, a un título o a otro, ejercen una influencia cualquiera sobre la mentalidad pública. En eso ya no se trata solo de esa degeneración a la que hemos hecho alusión más atrás, y por la que muchas palabras han llegado ha perder el sentido cualitativo que tenían en el origen, para no guardar ya más que un sentido completamente cuantitativo; se trata más bien de un "vuelco" por el que algunas palabras son aplicadas a cosas a las que no convienen de ninguna manera, y que a veces son incluso opuestas a lo que significan normalmente. Ante todo, en eso hay un síntoma evidente de la confusión intelectual que reina por todas partes en el mundo actual; pero es menester no olvidar que esta confusión misma es querida por lo que se oculta detrás de toda la desviación moderna; esta reflexión se impone concretamente cuando se ven surgir, desde diversos lados a la vez, tentativas de utilización ilegítima de la idea misma de "tradición" por gentes que querrían asimilar indebidamente lo que ésta implica a sus propias concepciones en un dominio cualquiera. Bien entendido, no se trata de sospechar de la buena fe de los unos o de los otros, ya que, en muchos casos, puede muy bien que no haya otra cosa que incomprehensión pura y simple; la ignorancia de la mayoría de nuestros contemporáneos al respecto de todo lo que posee un carácter realmente tradicional es tan completa que ni siquiera hay lugar a sorprenderse de ello; pero, al mismo tiempo, uno está forzado a reconocer también que esos errores de interpretación y esas equivocaciones involuntarias sirven demasiado bien a ciertos "planes" para que no esté permitido preguntarse si su difusión creciente no será debida a alguna de esas "sugestiones" que dominan la mentalidad moderna y que, precisamente, tienden siempre en el fondo a la destrucción de todo lo que es tradición en el verdadero sentido de esta palabra.

La mentalidad moderna misma, en todo lo que la caracteriza específicamente como tal, no es en suma, lo repetimos todavía una vez más (ya que son cosas sobre las que nunca se podría insistir demasiado), más que el producto de una vasta sugestión colectiva, que, al ejercerse continuamente en el curso de varios siglos, ha determinado la formación y el desarrollo progresivo del espíritu antitradicional, en el que se resume en definitiva todo el conjunto de los rasgos distintivos de esta mentalidad. Pero, por poderosa y por hábil que sea esta sugestión, puede llegar no obstante un momento donde el estado de desorden y de desequilibrio que resulta de ella devenga tan manifiesto que algunos ya no puedan dejar de apercibirse de él, y entonces existe el riesgo de que produzca una "reacción" que comprometa ese resultado mismo; parece efectivamente que hoy día las cosas estén justamente en ese punto, y es destacable que este momento coincide precisamente, por una suerte de "lógica inmanente", con aquel donde se termina la fase pura y simplemente negativa de la desviación moderna, representada por la dominación completa e incontestada de la mentalidad materialista. Es aquí donde interviene eficazmente, para desviar esta "reacción" de la meta hacia la que tiende, la falsificación de la idea tradicional, hecha posible por la ignorancia de la que hemos hablado hace un momento, y que no es, ella misma, más que uno de los efectos de la fase negativa: la idea misma de la tradición ha sido destruida hasta tal punto que aquellos que aspiran a recuperarla no saben ya de qué lado inclinarse, y no están sino enormemente dispuestos a aceptar todas las falsas ideas que se les presentan en su lugar y bajo su nombre. Esos se han dado cuenta, al menos hasta un cierto punto, de que habían sido engañados por las sugestiones abiertamente antitradicionales, y de que las creencias que se les habían impuesto así no representaban más que error y decepción; ciertamente, se trata de algo en el sentido de la "reacción" que acabamos de decir, pero, a pesar de todo, si las cosas se quedan en eso, ningún resultado efectivo puede seguirse de ello. Uno se apercibe bien de ello al leer los escritos, cada vez menos raros, donde se encuentran las críticas más justas con respecto a la "civilización" actual, pero donde, como ya lo decíamos precedentemente, los medios considerados para remediar los males así denunciados tienen un carácter extrañamente desproporcionado e insignificante, infantil incluso en cierto modo: proyectos "escolares" o "académicos", se podría decir, pero nada más, y, sobre todo, nada que dé testimonio del menor conocimiento de orden profundo. Es en esta etapa donde el esfuerzo, por loable y por meritorio que sea, puede dejarse desviar fácilmente hacia actividades que, a su manera y a pesar de algunas apariencias, no harán más que contribuir finalmente a acrecentar todavía el desorden y la confusión de esta "civilización" cuyo enderezamiento se considera que deben operar.

Aquellos de los que acabamos de hablar son los que se pueden calificar propiamente de "tradicionalistas", es decir, aquellos que tienen solo una suerte de tendencia o de aspiración hacia la tradición, sin ningún conocimiento real de ésta; se puede medir por eso toda la distancia que separa el espíritu "tradicionalista" del verdadero espíritu tradicional, que implica al contrario esencialmente un tal conocimiento, y que no forma en cierto modo más que uno con este conocimiento mismo. En suma, el "tradicionalista" no es y no puede ser mas que un simple "buscador", y es por eso por lo que está siempre en peligro de extraviarse, puesto que no está en posesión de los principios que son los únicos que le darían una dirección infalible; y ese peligro será naturalmente tanto mayor cuanto que encontrará en su camino, como otras tantas emboscadas, todas esas falsas ideas suscitadas por el poder de ilusión que tiene un interés capital en impedirle llegar al verdadero término de su búsqueda. Es evidente, en efecto, que ese poder no puede mantenerse y continuar ejerciendo su acción sino a condición de que toda restauración de la idea tradicional sea hecha imposible, y eso más que nunca en el momento donde se apresta a ir más lejos en el sentido de la subversión, lo que constituye, como lo hemos explicado, la segunda fase de esta acción. Así pues, es tanto más importante para él desviar las investigaciones que tienden hacia el conocimiento tradicional cuanto que, por otra parte, estas investigaciones, al recaer sobre los orígenes y las causas reales de la desviación moderna, serían susceptibles de desvelar algo de su propia naturaleza y de sus medios de influencia; hay en eso, para él, dos necesidades en cierto modo complementarias la una de la otra, y que, en el fondo, se podrían considerar incluso como los dos aspectos positivo y negativo de una misma exigencia fundamental de su dominación.

A un grado o a otro, todos los empleos abusivos de la palabra "tradición" pueden servir a este fin, comenzando por el más vulgar de todos, el que la hace sinónimo de "costumbre" o de "uso", provocando con eso una confusión de la tradición con las cosas más bajamente humanas y más completamente desprovistas de todo sentido profundo. Pero hay otras deformaciones más sutiles, y por eso mismo más peligrosas; por lo demás, todas tienen como carácter común hacer descender la idea de tradición a un nivel puramente humano, mientras que, antes al contrario, no hay y no puede haber nada verdaderamente tradicional que no implique un elemento de orden suprahumano. Ese es en efecto el punto esencial, el que constituye en cierto modo la definición misma de la tradición y de todo lo que se vincula a ella; y eso es también, bien entendido, lo que es menester impedir reconocer a toda costa para mantener la mentalidad moderna en sus ilusiones, y con mayor razón para darle todavía otras nuevas, que, muy lejos de concordar con una restauración de lo suprahumano, deberán dirigir, al contrario, más efectivamente esta mentalidad hacia las peores modalidades de lo infrahumano. Por lo demás, para convencerse de la importancia que es dada a la negación de lo suprahumano por los agentes conscientes e inconscientes de la desviación moderna, no hay más que ver de qué modo todos los que pretenden hacerse los "historiadores" de las religiones y de las otras formas de la tradición (que confunden generalmente bajo el mismo nombre de "religiones") se obstinan en explicarlas ante todo por factores exclusivamente humanos; poco importa que, según las escuelas, esos factores sean psicológicos, sociales u otros, e incluso la multiplicidad de las explicaciones así presentadas permite seducir más fácilmente a un mayor número; lo que es constante, es la voluntad bien decidida de reducirlo todo a lo humano y de no dejar subsistir nada que lo rebase; y aquellos que creen en el valor de esta "crítica" destructiva están desde entonces completamente dispuestos a confundir la tradición con no importa qué, puesto que ya no hay en efecto, en la idea de ella que se les ha inculcado, nada que pueda distinguirla realmente de lo que está desprovisto de todo carácter tradicional.

Desde que todo lo que es de orden puramente humano, por esta razón misma, no podría ser calificado legítimamente de tradicional, no puede haber, por ejemplo, "tradición filosófica", ni "tradición científica" en el sentido moderno y profano de esta palabra; y, bien entendido, no puede haber tampoco "tradición política", al menos allí donde falta toda organización social tradicional, lo que es el caso del mundo occidental actual. No obstante, esas son algunas de las expresiones que se emplean corrientemente hoy, y que constituyen otras tantas desnaturalizaciones de la idea de la tradición; no hay que decir que, si los espíritus "tradicionalistas" de que hablábamos precedentemente pueden ser llevados a dejarse desviar de su actividad hacia uno u otro de estos dominios y a limitar a ellos todos sus esfuerzos, sus aspiraciones se encontraran así "neutralizadas" y hechas perfectamente inofensivas, ello, si es que no son utilizadas a veces, sin su conocimiento, en un sentido completamente opuesto a sus intenciones. Ocurre en efecto que se llega hasta aplicar el nombre de "tradición" a cosas que por su naturaleza misma, son tan claramente antitradicionales como es posible: es así como se habla de "tradición humanista", o también, de "tradición nacional", cuando el "humanismo" no es otra cosa que la negación misma de lo suprahumano, y cuando la constitución de las "nacionalidades" ha sido el medio empleado para destruir la organización social tradicional de la Edad Media. ¡No habría que sorprenderse, en estas condiciones, si se llegara algún día a hablar también de "tradición protestante", e incluso de "tradición laica" o de "tradición revolucionaria", o, también, que los materialistas mismos acabaran por proclamarse los defensores de una "tradición", aunque no fuera más que en calidad de algo que pertenece ya en gran parte al pasado! Al grado de confusión mental al que han llegado la gran mayoría de nuestros contemporáneos, las asociaciones de palabras más manifiestamente contradictorias ya no tienen nada que pueda hacerles retroceder, y ni siquiera darles simplemente que reflexionar.

Esto nos conduce directamente también a otra precisión importante: cuando algunos, habiéndose apercibido del desorden moderno al constatar el grado demasiado visible en el que está actualmente (sobre todo después de que el punto correspondiente al máximo de "solidificación" ha sido rebasado), quieren "reaccionar" de una manera o de otra, ¿no es el mejor medio de hacer ineficaz esta necesidad de reacción orientarles hacia alguna de las etapas anteriores y menos "avanzadas" de la misma desviación, donde este desorden no había devenido todavía tan manifiesto y se presentaba, si se puede decir, bajo exteriores más aceptables para quien no ha sido completamente cegado por ciertas sugestiones? Todo "tradicionalista" de intención debe afirmarse normalmente "antimoderno", pero puede no estar por ello menos afectado, sin sospecharlo, por las ideas modernas bajo alguna forma más o menos atenuada, y por eso mismo más difícilmente discernible, pero que, no obstante, corresponden siempre de hecho a una u otra de las etapas que estas ideas han recorrido en el curso de su desarrollo; ninguna concesión, ni siquiera involuntaria o inconsciente, es posible aquí, ya que, desde su punto de partida a su conclusión actual, e incluso todavía más allá de ésta, todo se encadena inexorablemente. A este propósito, agregaremos también esto: el trabajo que tiene como meta impedir toda "reacción" que apunte más lejos de un retorno a un desorden menor, disimulando el carácter de éste y haciéndole pasar por el "orden", se junta muy exactamente con el que se lleva a cabo, por otra parte, para hacer penetrar el espíritu moderno en el interior mismo de lo que todavía puede subsistir, en Occidente, de las organizaciones tradicionales de todo orden; el mismo efecto de "neutralización" de las fuerzas cuya oposición se podría temer se obtiene igualmente en los dos casos. Ni siquiera es ya suficiente hablar de "neutralización", ya que, de la lucha que debe tener lugar inevitablemente entre elementos que se encuentran así reducidos, por así decir, al mismo nivel y sobre el mismo terreno, y cuya hostilidad recíproca ya no representa por eso mismo, en el fondo, más que la que puede existir entre producciones diversas y aparentemente contrarias de la misma desviación moderna, no podrá salir finalmente más que un nuevo acrecentamiento del desorden y de la confusión, y eso no será todavía más que un paso más hacia la disolución final.

Desde el punto de vista tradicional o incluso simplemente "tradicionalista", entre todas las cosas más o menos incoherentes que se agitan y entrechocan al presente, entre todos los "movimientos" exteriores de cualquier género que sean, no hay pues que "tomar partido" de ninguna manera, según la expresión empleada comúnmente, ya que sería ser engañado, y, puesto que detrás de todo eso se ejercen en realidad las mismas influencias, mezclarse a las luchas queridas y dirigidas invisiblemente por ellas sería propiamente hacerles el juego; así pues, el solo hecho de "tomar partido" en estas condiciones constituiría ya en definitiva, por inconscientemente que fuera, una actitud verdaderamente antitradicional. No queremos hacer aquí ninguna aplicación particular, pero debemos constatar al menos, de una manera completamente general, que, en todo eso, los principios faltan igualmente por todas partes, aunque, ciertamente, no se haya hablado nunca tanto de "principios" como se habla hoy día desde todos los lados, aplicando casi indistintamente esta designación a todo lo que menos la merece, y a veces incluso a lo que implica al contrario la negación de todo verdadero principio; y este otro abuso de una palabra es también muy significativo en cuanto a las tendencias reales de esta falsificación del lenguaje de la que la desviación de la palabra "tradición" nos ha proporcionado un ejemplo típico, ejemplo sobre el que debíamos insistir más particularmente porque es el que está ligado más directamente al tema de nuestro estudio, en tanto que la tradición debe dar una visión de conjunto de las últimas fases del "descenso" cíclico. En efecto, no podemos detenernos en el punto que representa propiamente el apogeo del "reino de la cantidad", ya que lo que le sigue se vincula muy estrechamente a lo que le precede como para poder ser separado de ello de otro modo que de una manera completamente artificial; no hacemos "abstracciones", lo que no es en suma más que otra forma de la "simplificación" tan querida por la mentalidad moderna, sino que queremos considerar al contrario, tanto como sea posible, la realidad tal cual es, sin recortar de ella nada esencial para la comprehensión de las condiciones de la época actual.

CAPÍTULO XXXII

EL NEOESPIRITUALISMO

Acabamos de hablar de aquellos que, queriendo reaccionar contra el desorden actual, pero no teniendo los conocimientos suficientes para poder hacerlo de una manera eficaz, son en cierto modo "neutralizados" y dirigidos hacia vías sin salida; pero, al lado de esos, hay también aquellos a los que es enormemente fácil empujarlos al contrario más lejos todavía por el camino que lleva a la subversión. El pretexto que se les da, en el estado presente de las cosas, es lo más frecuentemente el de "combatir el materialismo", y, ciertamente, la mayoría creen sinceramente en él; pero, mientras que los otros, si quieren actuar también en ese sentido, llegan simplemente a las banalidades de una vaga filosofía "espiritualista" sin ningún alcance real, pero al menos casi inofensiva, éstos son orientados hacia el dominio de las peores ilusiones psíquicas, lo que es mucho más peligroso. En efecto, mientras que los primeros están todos más o menos afectados sin saberlo por el espíritu moderno, pero no lo bastante profundamente, no obstante, para estar completamente cegados, aquellos de los que se trata ahora están enteramente penetrados por él, y, por lo demás, generalmente se vanaglorian de ser "modernos"; la única cosa que les repugna, entre la manifestaciones diversas de este espíritu, es el materialismo, y están tan fascinados por esta idea única que no ven siquiera que muchas otras cosas, como la ciencia y la industria que admiran, son estrechamente dependientes, por sus orígenes y por su naturaleza misma, de ese materialismo que les causa tanto horror. Desde entonces es fácil comprender por qué una tal actitud debe ser ahora animada y difundida: esos son los mejores auxiliares inconscientes que sea posible encontrar para la segunda fase de la acción antitradicional; puesto que el materialismo casi ha terminado de desempeñar su papel, son ellos los que difundirán en el mundo lo que debe sucederle; y serán utilizados incluso para ayudar activamente a abrir las "fisuras" de las que hemos hablado precedentemente, ya que, en ese dominio, ya no se trata solo de "ideas" o de teorías cualesquiera, sino también, al mismo tiempo, de una "práctica" que les pone en relación directa con las fuerzas sutiles del orden más inferior; por lo demás, se prestan a ello tanto más gustosamente puesto que están completamente ilusionados sobre la verdadera naturaleza de esas fuerzas, y puesto que llegan hasta atribuirles incluso un carácter "espiritual".

Eso es lo que hemos llamado, de una manera general, el "neoespiritualismo", para distinguirle del simple "espiritualismo" filosófico; casi podríamos contentarnos con mencionarle aquí "como memoria", puesto que ya hemos consagrado en otras partes estudios especiales a dos de sus formas más extendidas[131]; pero constituye un elemento demasiado importante, entre los que son especialmente característicos de la época contemporánea, como para que podamos abstenernos de recordar al menos sus rasgos principales, reservando por el momento el aspecto "pseudoiniciático" que revisten la mayoría de las

[131] El Error Espiritista y El Teosofismo, historia de una pseudoreligión.

escuelas que se vinculan a él (a excepción no obstante de las escuelas espiritistas que son abiertamente profanas, lo que, por otra parte, es exigido por las necesidades de su extrema "vulgarización"), ya que tendremos que volver particularmente sobre esto un poco más adelante. En primer lugar, conviene destacar que en eso no se trata de un conjunto homogéneo, sino de algo que toma una multitud de formas diversas, aunque todo eso presenta siempre bastantes caracteres comunes como para poder ser reunido legítimamente bajo una misma denominación; ¡pero lo que es más curioso, es que todos los agrupamientos, escuelas y "movimientos" de este género están constantemente en concurrencia e incluso en lucha abierta los unos con los otros, hasta tal punto que sería difícil encontrar en otra parte, a menos que no sea entre los "partidos" políticos, odios más violentos que los que existen entre sus adherentes respectivos, mientras que, por otra parte, por una singular ironía, todas esas gentes tienen la manía de predicar la "fraternidad" a propósito de todo, y fuera de propósito también! En eso hay algo verdaderamente "caótico", que puede dar, incluso a algunos observadores superficiales, la impresión del desorden llevado al extremo; y, de hecho, eso es efectivamente un indicio de que ese "neoespiritualismo" representa una etapa bastante avanzada ya en la vía de la disolución.

Por otra parte, el "neoespiritualismo", a pesar de la aversión de que da testimonio con respecto al materialismo, se le parece no obstante por más de un lado, de suerte que se ha podido emplear bastante justamente, a este propósito, la expresión de "materialismo transpuesto", es decir, en suma, entendido más allá de los límites del mundo corporal; lo que lo muestra muy claramente, son esas representaciones groseras del mundo sutil y supuestamente "espiritual" a las que ya hemos hecho alusión más atrás, y que apenas están hechas de otra cosa que de imágenes tomadas al dominio corporal. Este mismo "neoespiritualismo" se encuentra también en las etapas anteriores de la desviación moderna, de una manera más efectiva, en lo que se puede llamar su lado "cientificista"; eso también, ya lo hemos señalado al hablar de la influencia ejercida sobre sus diversas escuelas por la "mitología" científica del momento en el que han tomado nacimiento; y hay lugar a notar también muy especialmente el papel considerable que desempeñan en sus concepciones, de una manera completamente general y sin ninguna excepción, las ideas "progresistas" y "evolucionistas", que son en efecto una de las marcas más típicas de la mentalidad moderna, y que bastarían así, por sí solas, para caracterizar a esas concepciones como uno de los productos más incontestables de esta mentalidad. Agregamos que las mismas de esas escuelas que afectan darse un aire "arcaico" utilizando a su manera algunos fragmentos de ideas tradicionales incomprendidas o deformadas, o disfrazando según necesidad algunas ideas modernas bajo un vocabulario tomado a alguna forma tradicional oriental u occidental (cosas que, dicho sea de pasada, están todas en contradicción formal con su creencia en el "progreso" y en la "evolución") están preocupadas constantemente en poner de acuerdo esas ideas antiguas o pretendidas tales con las teorías de la ciencia moderna; por lo demás, un trabajo tal hay que rehacerlo sin cesar a medida que esas teorías cambian, pero es menester decir que aquellos que se libran a él tienen su tarea simplificada por el hecho de que para ello se quedan casi siempre en lo que se puede encontrar en las obras de "vulgarización".

Además de eso, el "neoespiritualismo", por su parte, que hemos calificado de "práctica", es también muy conforme a las tendencias "experimentales" de la mentalidad moderna; y es por eso por lo que llega a ejercer poco a poco una influencia sensible sobre la ciencia misma, y a insinuarse en ella en cierto modo por la mediación de lo que se llama la "metapsíquica". Sin duda, los fenómenos a los que éste se refiere merecen, en sí mismos, ser estudiados tanto como los de orden corporal; pero lo que se presta a objeción, es la manera en que entiende estudiarlos, aplicándoles el punto de vista de la ciencia profana; los físicos (¡que se obstinan en emplear sus métodos cuantitativos hasta querer intentar "pesar el alma"!) e incluso los psicólogos, en el sentido "oficial" de esta palabra, están ciertamente tan mal preparados como es posible para un estudio de este género, y, por eso mismo, son más susceptibles que cualquiera para dejarse ilusionar de todas las maneras[132]. Hay todavía otra cosa: de hecho, las investigaciones "metapsíquicas" casi nunca son emprendidas de una manera independiente de todo apoyo por parte de los "neoespiritualistas", y sobre todo de los espiritistas, lo que prueba que estos entienden bien, en definitiva, hacerles servir a su "propaganda"; y lo que es quizás más grave bajo esta relación, es que los experimentadores son puestos en tales condiciones que se encuentran obligados a tener que recurrir a los "médiums" espiritistas, es decir, a individuos cuyas ideas preconcebidas modifican notablemente los fenómenos en cuestión y les dan, se podría decir, un "tinte" especial, y que por lo demás han sido entrenados con un cuidado muy particular (puesto que existen incluso "escuelas de médiums") para servir de instrumentos y de "soportes" pasivos a ciertas influencias que pertenecen a los "bajos fondos" del mundo sutil, influencias que "transportan" por todas partes con ellos, y que no dejan de afectar peligrosamente a todos aquellos que, sabios u otros, llegan a ponerse en contacto con ellos y que, por su ignorancia de lo que hay en el fondo de todo eso, son totalmente incapaces de defenderse. No insistiremos más en ello, ya que nos hemos explicado suficientemente

---

[132] No queremos hablar solamente, en eso, de la parte más o menos grande que hay lugar a hacer al fraude consciente e inconsciente, sino también de las ilusiones que recaen sobre la naturaleza de las fuerzas que intervienen en la producción real de los fenómenos llamados "metapsíquicos".

en otras partes sobre todo eso, y no haremos en suma más que remitir a esos trabajos a los que querrían más desarrollos a este respecto; pero tenemos que subrayar, porque se trata también de algo completamente especial a la época actual, lo novedoso del papel de los "médiums" y de la pretendida necesidad de su presencia para la producción de fenómenos que dependen del orden sutil; ¿por qué no existía nada de tal antaño, lo que no impedía de ningún modo a las fuerzas de ese orden manifestarse espontáneamente, en ciertas circunstancias, con una amplitud mucho mayor de lo que lo hacen en las sesiones espiritistas o "metapsíquicas" (y eso, muy frecuentemente, en casas deshabitadas o en lugares desiertos, lo que excluye la hipótesis demasiado cómoda de la presencia de un "médium" inconsciente de sus facultades)? Uno se puede preguntar si, después de la aparición del espiritismo, no ha cambiado algo realmente en la manera misma en que el mundo sutil actúa en sus "interferencias" con el mundo corporal, y eso no sería, en el fondo, más que un nuevo ejemplo de esas modificaciones del medio que ya hemos considerado en lo que concierne a los efectos del materialismo; pero lo que hay de cierto, en todo caso, es que en eso hay algo que responde perfectamente a las exigencias de un "control" ejercido sobre esas influencias psíquicas inferiores, ya esencialmente "maléficas" por sí mismas, para utilizarlas más directamente en vistas de ciertos fines determinados, conformemente al "plan" preestablecido de la obra de subversión para la cual son ahora "desencadenadas" en nuestro mundo.

CAPÍTULO XXXIII

EL INTUICIONISMO CONTEMPORÁNEO

En el dominio filosófico y psicológico, las tendencias que corresponden a la segunda fase de la acción antitradicional se traducen naturalmente por la llamada al "subconsciente" bajo todas sus formas, es decir, a los elementos psíquicos más inferiores del ser humano; eso aparece concretamente, en lo que concierne a la filosofía propiamente dicha, en las teorías de William James, así como en el "intuicionismo" bergsoniano. Ya hemos tenido la ocasión de hablar de Bergson, en lo que precede, sobre el tema de las críticas que formula justamente, aunque de una manera poco clara y en términos equívocos, contra el racionalismo y sus consecuencias; pero lo que caracteriza propiamente la parte "positiva" (si se puede decir) de su filosofía, es que, en lugar de buscar por encima de la razón lo que debe remediar sus insuficiencias, lo busca al contrario por debajo de ella; y así, en lugar de dirigirse a la verdadera intuición intelectual que ignora tan completamente como los racionalistas, invoca una pretendida "intuición" de orden únicamente sensitivo y "vital", en la noción extremadamente confusa en la que la intuición sensible propiamente dicha se mezcla a las fuerzas más obscuras del instinto y del sentimiento. Así pues, no es por un encuentro más o menos "fortuito" por lo que este "intuicionismo" tiene afinidades manifiestas, y particularmente marcadas en lo que se podría llamar su "último estado" (lo que se aplica igualmente a la filosofía de William James), con el "neoespiritualismo", sino que es porque, en el fondo, no son más que expresiones diferentes de las mismas tendencias: la actitud de uno en relación al racionalismo es en cierto modo paralela a la del otro en relación al materialismo; uno tiende a lo "infrarracional" como el otro tiende a lo "infracorporal" (y sin duda también inconscientemente), de suerte que, en los dos casos, se trata siempre, en definitiva, de una dirección en el sentido de lo "infrahumano".

Éste no es el lugar de examinar esas teorías en detalle, pero nos es menester al menos señalar algunos rasgos de las mismas que tienen una relación más directa con nuestro tema y en primer lugar su carácter tan integralmente "evolucionista" como es posible, puesto que colocan toda realidad en el "devenir" exclusivamente, lo que es la negación formal de todo principio inmutable, y por consecuencia de toda metafísica; de ahí su matiz "huidizo" e inconsistente, que da verdaderamente, en contraste con la "solidificación" racionalista y materialista, como una imagen anticipada de la disolución de todas las cosas en el "caos" final. Se encuentra concretamente un ejemplo significativo de ello en la manera en que se considera en ellas la religión, y que se expone precisamente en una de las obras de Bergson que representan ese "último estado" del que hablábamos hace un momento[133]; a decir verdad, no es que haya en eso algo enteramente nuevo, ya que los orígenes de la tesis que se sostiene ahí son muy simples en el fondo: se sabe que todas las teorías modernas, a este respecto, tienen como rasgo común querer reducir la religión a un hecho puramente humano, lo que equivale a negarla, consciente o

---

[133] Las Dos Fuentes de la moral y de la religión.

inconscientemente, puesto que es negarse a tener en cuenta lo que constituye su esencia misma; y la concepción bergsoniana no es de ninguna manera una excepción bajo este aspecto. Esas teorías sobre la religión, en su conjunto, pueden reducirse a dos tipos principales: uno "psicológico", que pretende explicarla por la naturaleza del individuo humano, y otro "sociológico", que quiere ver en ella un hecho de orden exclusivamente social, el producto de una suerte de "consciencia colectiva" que dominaría a los individuos y se impondría a ellos. La originalidad de Bergson es solo haber buscado combinar estos dos géneros de explicación, y eso de una manera bastante singular: en lugar de considerarlos como más o menos exclusivos el uno del otro, así como lo hacen ordinariamente sus partidarios respectivos, los acepta a ambos a la vez, pero refiriéndolos a cosas diferentes, designadas no obstante por la misma palabra de "religión"; las "dos fuentes" que considera para ésta no son otra cosa que eso en realidad[134]. Así pues, para él hay dos tipos de religiones, una "estática" y la otra "dinámica", que llama también, más bien extravagantemente, "religión cerrada" y "religión abierta"; la primera es de naturaleza social, la segunda de naturaleza psicológica; y, naturalmente, es a ésta a la que van sus preferencias, es ésta la que considera como la forma superior de la religión; naturalmente, decimos, ya que es muy evidente que, en una "filosofía del devenir" como la suya, ello no podría ser de otro modo, puesto que,

---

[134] En lo que concierne a la moral, que no nos interesa especialmente aquí, la explicación propuesta es naturalmente paralela a la de la religión.

para ella, lo que no cambia no responde a nada real, e impide incluso al hombre aprehender lo real tal como ella lo concibe. Pero, se dirá, una tal filosofía, para la que no hay "verdades eternas"[135], debe negar lógicamente todo valor, no solo a la metafísica, sino también a la religión; es lo que ocurre en efecto, ya que la religión, en el verdadero sentido de esta palabra, es justamente lo que Bergson llama "religión estática", y en la que no quiere ver más que una "fabulación" completamente imaginaria; y, en cuanto a su "religión dinámica", la verdad es que no es en absoluto una religión.

Ésta supuesta "religión dinámica", en efecto, no posee ninguno de los elementos característicos que entran en la definición misma de la religión: no hay dogmas, puesto que eso es algo inmutable y, como dice Bergson, "fijado"; no hay ritos tampoco, bien entendido, por la misma razón, y también a causa de su carácter social; los unos y los otros deben ser dejados a la "religión estática"; y, en lo que se refiere a la moral, Bergson ha comenzado por ponerla aparte, como algo que está fuera de la religión tal como él la entiende. Entonces, ya no queda nada, o al menos no queda más que una vaga "religiosidad", una suerte de aspiración confusa hacia un "ideal" cualquiera, bastante próximo en suma del de los modernistas y de los protestantes liberales, y que recuerda también, bajo muchos aspectos, la "experiencia religiosa" de

---

[135] Hay que destacar que Bergson parece evitar incluso emplear la palabra "verdad", y que la ha substituido casi siempre por la de "realidad", que para él no designa más que lo que está sometido a un cambio continuo.

William James, ya que todo eso se toca evidentemente muy de cerca. Es esta "religiosidad" lo que Bergson toma por una religión superior, creyendo así, como todos aquellos que obedecen a las mismas tendencias, "sublimar" la religión mientras que no ha hecho más que vaciarla de todo su contenido positivo, porque, efectivamente, en éste no hay nada que sea compatible con sus concepciones; y, por lo demás, es eso sin duda todo lo que se puede hacer salir de una teoría psicológica, ya que, de hecho, jamás hemos visto que una teoría tal se haya mostrado capaz de llegar más allá del "sentimiento religioso", que, todavía una vez más, no es la religión. Esta "religión dinámica", a los ojos de Bergson, encuentra su expresión más alta en el "misticismo", por otra parte bastante mal comprendido y visto por su peor lado, ya que no lo exalta así más que por lo que se encuentra en él de "individual", es decir, de vago, de inconsistente, y en cierto modo de "anárquico", y cuyos mejores ejemplos, aunque no los cita, se encontrarían en algunas "enseñanzas" de inspiración ocultista y teosofista; en el fondo, lo que le place en los místicos, es menester decirlo claramente, es la tendencia a la "divagación", en el sentido etimológico de la palabra, que manifiestan muy fácilmente cuando están librados a sí mismos. En cuanto a lo que constituye la base misma del misticismo propiamente dicho, dejando de lado sus desviaciones más o menos anormales o "excéntricas", es decir, se quiera o no, su vinculamiento a una "religión estática", lo tiene visiblemente por desdeñable; por lo demás, en eso se siente que hay algo que le molesta, ya que sus explicaciones sobre este punto son más bien confusas; pero esto, si quisiéramos examinarlo más de cerca, nos alejaría demasiado de lo que es para nos lo esencial de la cuestión.

Si volvemos de nuevo a la "religión estática", vemos que Bergson acepta con confianza, sobre sus pretendidos orígenes, todas las fábulas de la famosísima "escuela sociológica", comprendidas las más sujetas a caución: "Magia", "totemismo", "tabú", "mana", "culto de los animales", "culto de los espíritus", "mentalidad primitiva", aquí no falta nada de toda la jerga convenida y de todo el "batiburrillo" habitual, si es permisible expresarse así (y debe serlo en efecto cuando se trata de cosas de un carácter tan grotesco). Lo que le pertenece quizás en propiedad, es el papel atribuido en todo eso a una supuesta "función fabuladora", que nos parece mucho más verdaderamente "fabulosa" que aquello que pretende explicar; pero, efectivamente, es menester imaginar una teoría cualquiera que permita negar en bloque todo fundamento real a todo lo que se ha convenido tratar de "supersticiones"; ¡un filósofo "civilizado", y que además es "del siglo XX", estima evidentemente que toda otra actitud sería indigna de él! En todo eso, no hay nada verdaderamente interesante para nos excepto un solo punto, el que concierne a la "magia"; ésta es un gran recurso para algunos teóricos, que sin duda no saben apenas lo que es realmente, pero que quieren hacer salir de ella a la vez la religión y la ciencia. Tal no es precisamente la posición de Bergson: al buscar a la magia un "origen psicológico", hace de ella "la exteriorización de un deseo del que el corazón está lleno", y pretende que, "si se reconstituye, por un esfuerzo de introspección, la reacción natural del hombre a su percepción de las cosas, se encuentra que magia y religión se encuentran, y que no hay nada en común entre la magia y la ciencia". Es verdad que hay después alguna fluctuación: si uno se coloca en un cierto punto de vista, "la magia forma evidentemente parte de la religión", pero, bajo otro punto de vista, "la religión se opone a la magia"; lo que está más claro, es la afirmación de que "la magia es la inversa de la ciencia", y que, "muy lejos de preparar la venida de la ciencia, como se ha pretendido, ella ha sido el gran obstáculo contra el que el saber metódico ha tenido que luchar". Todo es casi exactamente al revés de la verdad, ya que la magia no tiene absolutamente nada que ver con la religión, y además, no es, ciertamente, el origen de todas las ciencias, sino simplemente una ciencia particular entre las demás; pero Bergson está sin duda bien convencido de que no podrían existir otras ciencias que las que enumeran las "clasificaciones" modernas, establecidas desde el punto de vista más estrechamente profano que se pueda concebir. Al hablar de las "operaciones mágicas" con la seguridad imperturbable de alguien que no ha visto nunca ninguna[136], escribe esta frase sorprendente: "Si la inteligencia primitiva había comenzado aquí por concebir algunos principios, muy pronto se plegó a la experiencia, que le demostró la falsedad de los mismos". Admiramos la intrepidez con la que este filósofo, encerrado en su cuarto, y por lo demás bien garantizado contra los ataques de ciertas influencias que ciertamente no se hubieran guardado de apoderarse de un auxiliar tan precioso como inconsciente, niega *a priori* todo lo que no entra en el cuadro de sus teorías; ¿cómo puede creer a los hombres tan necios como para haber repetido indefinidamente, incluso sin "principios", "operaciones" que nunca habrían triunfado, y qué diría si se encontrara que, antes al contrario, "la experiencia demuestra la falsedad" de sus propias aserciones? Evidentemente, ni siquiera concibe que una cosa semejante sea posible; tal es la fuerza de las ideas preconcebidas, en él y en sus semejantes, que no dudan un solo instante que el mundo esté estrictamente limitado a la medida de sus concepciones (que es, por lo demás, lo que les permite construir "sistemas"); ¿y cómo podría comprender un filósofo que, como el común de los mortales, debería abstenerse de hablar de lo que no conoce?

Ahora bien, ocurre esto como particularmente destacable, y muy significativo en cuanto a la conexión efectiva del "intuicionismo"

---

[136] ¡Es muy deplorable que Bergson haya estado en malos términos con su hermana Mme. Mac-Gregor (*alias* "Soror Vestigia Nulla Retrorsum") que habría podido instruirle algo a este respecto!

bergsoniano con la segunda fase de la acción antitradicional: ¡es que la magia, por un irónico revés de las cosas, se venga cruelmente de las negaciones de nuestro filósofo; reapareciendo en nuestros días, a través de las recientes "fisuras" de este mundo, en su forma más baja y más rudimentaria a la vez, bajo el disfraz de la "ciencia psíquica" (la misma que otros prefieren llamar, bastante desafortunadamente por lo demás, "metapsíquica"), logra hacerse admitir por él, sin que la reconozca, no solo como bien real, sino como debiendo desempeñar un papel capital para el porvenir de su "religión dinámica"! No exageramos nada: habla de "sobrevida" como un vulgar espiritista, y cree en una "profundización experimental" que permita "concluir en la posibilidad e incluso en la probabilidad de una supervivencia del alma" (¿qué es menester entender justamente por eso, y no se trataría más bien de la fantasmagoría de los "cadáveres psíquicos"?), sin que se pueda decir no obstante si es "para un tiempo o para siempre". Pero esta enojosa restricción no le impide proclamar en un tono ditirámbico: "No sería menester más para convertir en realidad viva y activa una creencia en el más allá que parece encontrarse en la mayoría de los hombres, pero que, lo más frecuentemente, es verbal, abstracta, ineficaz... En verdad, si estuviéramos seguros, absolutamente seguros de sobrevivir, ya no podríamos pensar en otra cosa". ¡La magia antigua era más "científica", en el verdadero sentido de esta palabra, y no tenía semejantes pretensiones!; para que algunos de sus fenómenos más elementales den lugar a tales interpretaciones, ha sido menester esperar a la invención del espiritismo, al que solo una fase ya avanzada de la desviación moderna podía dar nacimiento; y es en efecto la teoría espiritista concerniente a esos fenómenos, pura y simplemente, la que tanto Bergson, como William James antes de él, acepta así finalmente con una "alegría" que hace "palidecer a todos los placeres" (citamos textualmente estas palabras increíbles, con las que se acaba su libro) y que nos da testimonio del grado de discernimiento del que este filósofo es capaz, ya que, en lo que concierne a su buena fe, ella no está ciertamente en causa, y los filósofos profanos, en casos de este género, no son generalmente aptos más que para desempeñar un papel de engañados, y para servir así de "intermediarios" inconscientes para engañar a muchos otros; ¡sea como sea, en hechos de "superstición", ciertamente nunca la ha habido mejor, y eso da la idea más justa de lo que vale realmente toda esa "filosofía nueva", como se complacen en llamarla sus partidarios!

CAPÍTULO XXXIV

LOS DESMANES DEL PSICOANÁLISIS

Si de la filosofía pasamos a la psicología, constatamos que en ella aparecen las mismas tendencias, en las escuelas más recientes, bajo un aspecto mucho más peligroso todavía, ya que en lugar de no traducirse más que por simples opiniones teóricas, encuentran en ellas una aplicación práctica de un carácter muy inquietante; los más "representativos" de estos métodos nuevos, desde el punto de vista en el que nos colocamos, son los que se conocen bajo la designación general de "psicoanálisis". Por lo demás, hay que destacar que, por una extraña incoherencia, ese manejo de elementos que pertenecen incontestablemente al orden sutil continua acompañándose no obstante, en muchos psicólogos, de una actitud materialista, debida sin duda a su educación anterior, y también a la ignorancia en la que están con respecto a la verdadera naturaleza de esos elementos que ponen en juego[137]; ¿no es uno de los caracteres más singulares de la

---

[137] El caso de Freud mismo, el fundador del "psicoanálisis", es completamente típico desde este punto de vista, ya que jamás ha cesado de proclamarse materialista. —Una precisión de pasada: ¿por qué los principales representantes de las tendencias nuevas, como Einstein en

ciencia moderna no saber nunca exactamente con qué está tratando en realidad, incluso cuando se trata simplemente de las fuerzas del dominio corporal? Por lo demás, no hay que decir que una cierta "psicología de laboratorio", conclusión del proceso de limitación y de materialización en el que la psicología "filosófico-literaria" de la enseñanza universitaria no representaba más que una etapa menos avanzada, y que ya no es realmente más que una suerte de rama accesoria de la fisiología, coexiste todavía con las teorías y los métodos nuevos; y es a ésta a la que se aplica lo que hemos dicho precedentemente de las tentativas hechas para reducir la psicología misma a una ciencia cuantitativa.

Ciertamente, hay mucho más que una simple cuestión de vocabulario en el hecho, muy significativo en sí mismo, de que la psicología actual no considera nunca más que el "subconsciente", y no el "superconsciente" que debería ser lógicamente su correlativo; sin duda, eso es efectivamente la expresión de una extensión que se opera únicamente por abajo, es decir, por el lado que corresponde, aquí en el ser humano, como por otras parte en el medio cósmico, a las "fisuras" por las que penetran las influencias más "maléficas" del mundo sutil, y podríamos decir incluso las que tienen un carácter verdadera y

---

física, Bergson en filosofía, Freud en psicología, y muchos otros todavía de menor importancia, son casi todos de origen judío, si no es porque hay algo ahí que corresponde exactamente al lado "maléfico" y disolvente del nomadismo desviado, el cual predomina inevitablemente en los judíos desvinculados de la tradición?

literalmente "infernal"[138]. Algunos adoptan también, como sinónimo o equivalente de "subconsciente", el término "inconsciente", que, tomado al pie de la letra, parecería referirse a un nivel todavía inferior, pero que, a decir verdad, corresponde menos exactamente a la realidad; si aquello de lo que se trata fuera verdaderamente inconsciente, no vemos siquiera cómo sería posible hablar de ello, y sobre todo en términos psicológicos; y por lo demás, ¿en virtud de qué, si no es de un simple prejuicio materialista o mecanicista, sería menester admitir que existe realmente algo inconsciente? Sea como sea, lo que es también digno de observación, es la extraña ilusión por la que los psicólogos llegan a considerar algunos estados como tanto más "profundos" cuando solo son simplemente más inferiores; ¿no hay ya en eso como un indicio de la tendencia a ir contra la espiritualidad, que es la única que puede llamarse verdaderamente profunda, puesto que es la única que toca al principio y al centro mismo del ser? Por otra parte, puesto que el dominio de la psicología no está extendido hacia arriba, el "superconsciente", naturalmente, permanece para ella más completamente extraño y cerrado que nunca; y, cuando ocurre que encuentra algo que se refiere a él, pretende anexárselo pura y simplemente asimilándolo al "subconsciente"; ese es, concretamente, el carácter casi constante de sus pretendidas explicaciones concernientes a

---

[138] Hay que notar, a este propósito, que Freud ha colocado, como encabezamiento de su *Traumdentung*, este epígrafe bien significativo: "*Flectere si nequeo superos, Acheronta movebo*" (Virgilio, *Eneida*, VII, 312).

cosas tales como la religión, el misticismo, y también a algunos aspectos de las doctrinas orientales como el *Yoga*; y, en esta confusión de lo superior con lo inferior, hay ya algo que puede considerarse propiamente como constituyendo una verdadera subversión.

Destacamos también que, por la llamada al "subconsciente", la psicología, lo mismo que la "filosofía nueva", tiende a juntarse cada vez más a la "metapsíquica"[139]; y, en la misma medida, se acerca inevitablemente, aunque sin quererlo quizás (al menos en cuanto a aquellos de sus representantes que entienden permanecer materialistas a pesar de todo), al espiritismo y a otras cosas más o menos similares, cosas que se apoyan todas en definitiva, sobre los mismos elementos obscuros del psiquismo inferior. Si esas cosas, cuyo origen y carácter son más que sospechosos, hacen así figura de movimientos "precursores" y aliados de la psicología reciente, y si ésta llega, aunque sea por un camino desviado, pero por eso mismo más cómodo que el de la "metapsíquica" que todavía se discute en algunos medios, a introducir los elementos en cuestión en el dominio corriente de lo que se admite como ciencia "oficial", es muy difícil pensar que el papel verdadero de esta psicología, en el estado presente del mundo, pueda ser otro que el de concurrir activamente a la segunda fase de la acción antitradicional. A este respecto, la pretensión de la psicología ordinaria, que

---

[139] Por lo demás, es el "psiquista" Myers quien inventó la expresión de *subliminal consciousness*, la cual, para mayor brevedad, fue reemplazada un poco más tarde, en el vocabulario psicológico, por la palabra "subconsciente".

señalábamos hace un momento, de anexarse, haciéndolas entrar por la fuerza en el "subconsciente", algunas cosas que se le escapan enteramente por su naturaleza misma, no se relaciona todavía, a pesar de su carácter claramente subversivo, más que con lo que podríamos llamar el lado infantil de ese papel, ya que las explicaciones de este género, al igual que las explicaciones "sociológicas" de las mismas cosas, son, en el fondo, de una ingenuidad "simplista" que llega a veces hasta la necedad; en todo caso, eso es incomparablemente menos grave, en cuanto a sus consecuencias efectivas, que el lado verdaderamente "satánico" que vamos a tener que considerar ahora de una manera más precisa en lo que concierne a la psicología nueva.

Este carácter "satánico" aparece con una claridad muy particular en las interpretaciones psicoanalíticas del simbolismo, o de lo que se da como tal con razón o sin ella; hacemos esta restricción porque, sobre este punto como sobre tantos otros, si se quisiera entrar en el detalle, habría que hacer muchas distinciones y habría que disipar muchas confusiones: así, para tomar solo un ejemplo típico, un "sueño" en el que se expresa alguna inspiración "suprahumana" es verdaderamente simbólico, mientras que un sueño ordinario no lo es en modo alguno, cualquiera que puedan ser las apariencias exteriores. No hay que decir que los psicólogos de las escuelas anteriores ya habían intentado muy frecuentemente, ellos también, explicar el simbolismo a su manera y reducirle a la medida de sus propias concepciones; en parecido caso, si es verdaderamente de simbolismo de lo que se trata, esas explicaciones por elementos puramente humanos, ahí como por todas partes donde se tocan cosas de orden tradicional, desconocen todo lo que constituye su fondo esencial; si al contrario no se trata realmente más que de cosas humanas, ya no es más que un falso simbolismo, pero el hecho mismo de designarle por este nombre implica todavía el mismo error sobre la naturaleza del verdadero simbolismo. Esto se aplica igualmente a las consideraciones a las que se libran los psicoanalistas, pero con la diferencia de que entonces ya no es de "humano" de lo que es menester hablar solo, sino también, en una medida muy amplia, de "infrahumano"; así pues, esta vez se está en presencia, ya no de una simple reducción, sino de una subversión total; y toda subversión, incluso si no es debida, inmediatamente al menos, más que a la incomprehensión y a la ignorancia (que, por lo demás, son lo que mejor se presta a ser explotado para un tal uso), es siempre, en sí misma, propiamente "satánica". Por lo demás, el carácter generalmente innoble y repugnante de las interpretaciones psicoanalíticas constituye, a este respecto, una "marca" que no podría engañar; y lo que es todavía particularmente significativo desde nuestro punto de vista, es que, como lo hemos mostrado en otra parte[140], esta misma "marca" se encuentra precisamente también en algunas manifestaciones espiritistas; ciertamente, sería menester mucha buena voluntad, por no decir una completa ceguera, para no ver en eso nada más que una simple "coincidencia". Naturalmente, en la mayoría de los casos, los psicoanalistas pueden ser tan completamente inconscientes como los espiritistas de lo que hay realmente debajo de todo eso; pero los unos y los otros aparecen como igualmente "conducidos" por una voluntad subversiva que utiliza en los dos casos elementos del mismo orden, cuando no exactamente idénticos, voluntad que, sean cuales sean los seres en los que está encarnada, es ciertamente muy consciente en éstos al menos, y responde a unas intenciones sin duda muy diferentes de

---

[140] Ver *El Error Espiritista*, 2ª parte, cap. X.

todo lo que pueden imaginar aquellos que no son más que los instrumentos inconscientes por los cuales se ejerce su acción.

En estas condiciones, es muy evidente que el uso principal del psicoanálisis, que es su aplicación terapéutica, no puede ser sino extremadamente peligroso para los que se someten a él, e incluso para aquellos que lo ejercen, ya que esas cosas son de las que nadie maneja nunca impunemente; no sería exagerado ver en eso uno de los medios especialmente puestos en obra para acrecentar lo más posible el desequilibrio del mundo moderno y conducir a éste hacia la disolución final[141]. Aquellos que practican estos métodos están bien persuadidos, al contrario, no lo dudamos, de la beneficencia de sus resultados; pero es justamente gracias a esta ilusión por lo que su difusión se hace posible, y es en eso donde puede verse toda la diferencia que existe entre las intenciones de esos "practicantes" y la voluntad que preside la obra de la que no son más que colaboradores ciegos. En realidad, el psicoanálisis no puede tener como efecto más que hacer salir a la superficie, haciéndolo claramente consciente, todo el contenido de esos "bajos fondos" del ser que forman lo que se llama propiamente el "subconsciente"; por lo demás, ese ser es ya psíquicamente débil por hipótesis, puesto que si fuera de otro modo, no sentiría de ningún modo

---

[141] Otro ejemplo de esos medios nos lo proporciona el uso similar de la "radiestesia", ya que, ahí todavía, en muchos casos, son elementos psíquicos de la misma cualidad los que entran en juego, aunque se debe reconocer que ahí no se muestran bajo el aspecto "horrible" que es tan manifiesto en el psicoanálisis.

la necesidad de recurrir a un tratamiento de este tipo; así pues, es tanto menos capaz de resistir a esta "subversión", y se arriesga mucho a hundirse irremediablemente en ese caos de fuerzas tenebrosas imprudentemente desencadenadas; si, a pesar de todo, llega no obstante a escapar de ellas, guardará al menos, durante toda su vida, una huella que será en él como una "mancha" imborrable.

Sabemos bien lo que algunos podrían objetar aquí invocando una similitud con el "descenso a los Infiernos", tal como se encuentra en las fases preliminares del proceso iniciático; pero una tal asimilación es completamente falsa, ya que el propósito no tiene nada de común, como tampoco lo tienen, por lo demás, las condiciones del "sujeto" en los dos casos; solo se podría hablar de una suerte de parodia profana, y eso mismo bastaría para dar a eso de lo que se trata un carácter de "contrahechura" más bien inquietante. La verdad es que este pretendido "descenso a los Infiernos", que no es seguido por ningún "reascenso", es simplemente una "caída en la ciénaga", según el simbolismo usado en algunos Misterios antiguos; se sabe que esta "ciénaga" tenía concretamente su figuración sobre la ruta que llevaba a Eleusis, y que aquellos que caían en ella eran profanos que pretendían a la iniciación sin estar cualificados para recibirla, y que, por consiguiente, solo eran víctimas de su propia imprudencia. Agregaremos solo que existen efectivamente tales "ciénaga" tanto en el orden macrocósmico como en el orden microcósmico; esto se vincula directamente a la cuestión de las "tinieblas exteriores"[142], y se podrían recordar, a este respecto, algunos textos evangélicos cuyo sentido concuerda exactamente con lo que acabamos de indicar. En el "descenso a los Infiernos", el ser agota definitivamente algunas posibilidades inferiores para elevarse después a los estados superiores; en la "caída en la ciénaga", las posibilidades inferiores se apoderan al contrario de él, le dominan y acaban por sumergirle enteramente.

Acabamos de hablar también aquí de "contrahechura"; esta impresión es enormemente reforzada por otras constataciones, como la de la desnaturalización del simbolismo que hemos señalado, desnaturalización que, por lo demás, tiende a extenderse a todo lo que conlleva esencialmente elementos "suprahumanos", así como lo muestra la actitud tomada al respecto de la religión[143], e incluso de las doctrinas de orden metafísico e iniciático tales como el *Yoga*, que tampoco escapan ya a este nuevo género de interpretación, hasta tal punto que algunos llegan hasta a asimilar sus métodos de "realización" espiritual a los procedimientos terapéuticos del psicoanálisis. Hay algo ahí peor todavía que las deformaciones más groseras que tienen curso igualmente en Occidente, como la que quiere ver en esos mismos

---

[142] Uno podrá remitirse aquí a lo que hemos indicado más atrás a propósito del simbolismo de la "Gran Muralla" y de la montaña *Lokâloka*.

[143] Freud ha consagrado a la interpretación psicoanalítica de la religión un libro especial, en el que sus propias concepciones están combinadas con el "totemismo" de la "escuela sociológica".

métodos del *Yoga* una suerte de "cultura física" o de terapéutica de orden simplemente fisiológico, ya que éstas son, por su grosería misma, menos peligrosas que las que se presentan bajo aspectos más sutiles. La razón de ello no es solo el que estas últimas impliquen el riesgo de seducir algunos espíritus sobre los cuales las demás no habrían podido tener ninguna presa; esta razón existe ciertamente, pero hay otra, de un alcance mucho más general, que es la misma por la que las concepciones materialistas, como lo hemos explicado, son menos peligrosas que las que hacen llamada al psiquismo inferior. Bien entendido, la meta puramente espiritual, que es la única que constituye el *Yoga* como tal, y sin la cual el empleo mismo de esta palabra no es más que una verdadera irrisión, no es menos totalmente desconocida en un caso que en el otro; de hecho, el *Yoga* no es una terapéutica psíquica como tampoco es una terapéutica corporal, y sus procedimientos no son de ninguna manera ni a ningún grado un tratamiento para enfermos o desequilibrados cualesquiera; muy lejos de eso, se dirigen al contrario exclusivamente a seres que, para poder realizar el desarrollo espiritual que es su única razón de ser, deben estar ya, únicamente por el hecho de sus disposiciones naturales, tan perfectamente equilibrados como es posible; en eso hay condiciones que, como es fácil comprenderlo, entran estrictamente en la cuestión de las cualificaciones iniciáticas[144].

---

[144] Sobre una tentativa de aplicación de las teorías psicoanalíticas a la doctrina taoísta, lo que es también del mismo orden, ver el estudio de André Préau, *La Fleur d'or et le Taoïsme sans Tao*, que es una excelente refutación de las mismas.

No es eso todavía todo, y hay aún otra cosa que, bajo el aspecto de la "contrahechura", es quizás todavía más digna de observación que todo lo que hemos mencionado hasta aquí: es la necesidad impuesta, a quienquiera que quiere practicar profesionalmente el psicoanálisis, de ser previamente "psicoanalizado" él mismo. Eso implica ante todo el reconocimiento del hecho de que el ser que ha sufrido esta operación ya no es nunca tal cual era antes, o que, como lo decíamos hace un momento, le deja una huella imborrable, como la iniciación, pero en cierto modo en sentido inverso, puesto que, en lugar de un desarrollo espiritual, es de un desarrollo del psiquismo inferior de lo que se trata aquí. Por otra parte, en eso hay una imitación manifiesta de la transmisión iniciática; pero, dada la diferencia de naturaleza de las influencias que intervienen, y como no obstante hay un resultado efectivo que no permite considerar el asunto como reduciéndose a un simple simulacro sin ningún alcance, esta transmisión sería más bien comparable, en realidad, a la que se practica en un dominio como el de la magia, e incluso más precisamente de la brujería. Por lo demás, hay un punto muy obscuro, en lo que concierne al origen mismo de esta transmisión: como es evidentemente imposible dar a otros lo que uno mismo no posee, y como la invención del psicoanálisis es por lo demás algo reciente, ¿de dónde tienen los primeros psicoanalistas los "poderes" que comunican a sus discípulos, y por quién han podido ser ellos mismos "psicoanalizados" primero? Esta pregunta, que no obstante es lógico hacerse, al menos para quienquiera que es capaz de un poco de reflexión, es probablemente muy indiscreta, y es más que dudoso que se le dé nunca una respuesta satisfactoria; pero, a decir verdad, no hay necesidad de ella para reconocer, en una tal transmisión psíquica, otra "marca" verdaderamente siniestra por las aproximaciones a las que da lugar: ¡el psicoanálisis presenta, por ese lado, una semejanza más bien aterradora con algunos "sacramentos del diablo"!

CAPÍTULO XXXV

La confusión de lo psíquico
y de lo espiritual

Lo que hemos dicho sobre el tema de algunas explicaciones psicológicas de las doctrinas tradicionales representa un caso particular de una confusión muy extendida en el mundo moderno, la de los dominios psíquico y espiritual; y esta confusión, incluso cuando no llega hasta una subversión como la del psicoanálisis, que asimila lo espiritual a que hay de más inferior en el orden psíquico, por ello no es menos extremadamente grave en todos los casos. Por lo demás, en cierto modo, en eso hay una consecuencia natural del hecho de que los occidentales, desde hace mucho tiempo ya, no saben distinguir el "alma" y el "espíritu" (y el dualismo cartesiano ha contribuido ciertamente mucho a eso, puesto que confunde en una sola y misma cosa todo lo que no es el cuerpo, y puesto que esta cosa vaga y mal definida es designada en él indiferentemente por uno y otro nombre); así pues, esta confusión se manifiesta a cada instante hasta en el lenguaje corriente; el nombre de "espíritus" dado vulgarmente a "entidades" psíquicas que no tienen ciertamente nada de "espiritual", y la denominación misma del "espiritismo" que se deriva de ello, sin hablar de ese otro error que hace llamar también "espíritu" a lo que no es en realidad más que la "mente", serán aquí ejemplos suficientes de ello. Es muy fácil ver las consecuencias enojosas que pueden resultar de semejante estado de cosas: propagar esta confusión, sobre todo en las condiciones actuales, es, se quiera o no, arrastrar a los seres a perderse irremediablemente en el caos del "mundo intermediario", y, por eso mismo, es hacer, con frecuencia inconscientemente por lo demás, el juego de las fuerzas "satánicas" que rigen lo que hemos llamado la "contrainiciación".

Aquí, importa precisar bien a fin de evitar todo malentendido: no se puede decir que un desarrollo cualquiera de las posibilidades de un ser, incluso en un orden poco elevado como el que representa el dominio psíquico, sea esencialmente "maléfico" en sí mismo; pero es menester no olvidar que este dominio es por excelencia el de las ilusiones, y es menester saber situar siempre cada cosa en el sitio que le pertenece normalmente; en suma, todo depende del uso que se hace de un tal desarrollo, y, ante todo, es necesario considerar si se toma como un fin en sí mismo, o al contrario como un simple medio en vista de alcanzar un propósito de orden superior. En efecto, no importa qué, puede, según las circunstancias de cada caso particular, servir de ocasión o de "soporte" a aquel que se compromete en la vía que debe conducirle a una "realización" espiritual; eso es verdad sobre todo al comienzo, en razón de la diversidad de las naturalezas individuales cuya influencia está entonces en su máximo, pero la cosa es todavía así, hasta un cierto punto, en tanto que los límites de la individualidad no estén enteramente rebasados. Pero, por otro lado, no importa qué puede también ser un obstáculo más que un "soporte", si el ser se detiene en eso y se deja ilusionar y extraviar por algunas apariencias de "realización" que no tienen ningún valor propio y que no son más que resultados completamente accidentales y contingentes, si es que se les puede considerar como resultados desde un punto de vista cualquiera; y este peligro de extravío existe siempre, precisamente, mientras se esté todavía en el orden de las posibilidades individuales; por lo demás, es en lo que concierne a las posibilidades psíquicas donde el peligro es incontestablemente más grande, y eso tanto más, naturalmente, cuanto de un orden más inferior sean esas posibilidades.

El peligro es ciertamente mucho menos grave cuando no se trata más que de posibilidades de orden simplemente corporal y fisiológico; podemos citar aquí como ejemplo el error de algunos occidentales que, como lo decíamos más atrás, toman el *Yoga*, al menos lo poco que conocen de sus procedimientos preparatorios, por una suerte de método de "cultura física"; en un caso parecido, apenas se corre el riesgo de obtener, por esas "prácticas" realizadas desconsideradamente y sin control, un resultado completamente opuesto a aquel que se busca, y de arruinar su salud creyendo mejorarla. Esto no nos interesa en nada, excepto en que hay en ello una grosera desviación en el empleo de esas "prácticas" que, en realidad, están hechas para un uso completamente diferente, tan alejado como es posible de ese dominio fisiológico, y cuyas repercusiones naturales en éste no constituyen más que un simple "accidente" al que no conviene dar la menor importancia. No obstante, es menester agregar que esas mismas "prácticas" pueden tener también, sin saberlo el ignorante que se libra a ellas como a una "gimnasia" cualquiera, repercusiones en las modalidades sutiles del individuo, lo que, de hecho, aumenta considerablemente su peligro: uno puede así, sin sospecharlo siquiera de ninguna manera, abrir la puerta a influencias de todo tipo (y, bien entendido, son siempre las de la cualidad más baja las que se aprovechan de ello en primer lugar), contra las cuales se está tanto menos prevenido cuanto que a veces no se sospecha su existencia, y cuanto que con mayor razón se es incapaz de discernir su verdadera naturaleza; pero, en eso al menos, no hay ninguna pretensión "espiritual".

La cosa es muy diferente en algunos casos donde entra en juego la confusión de lo psíquico propiamente dicho y de lo espiritual, confusión que, por lo demás, se presenta bajo dos formas inversas: en la primera, lo espiritual es reducido a lo psíquico, y es lo que sucede concretamente en el género de explicaciones psicológicas de las que hemos hablado; en la segunda, lo psíquico es tomado al contrario por lo espiritual, y el ejemplo más vulgar de ello es el espiritismo, pero las demás formas más complejas del "neoespiritualismo" proceden todas igualmente de este mismo error. En los dos casos, es siempre, en definitiva, lo espiritual lo que es desconocido; pero el primero concierne a aquellos que lo niegan pura y simplemente, al menos de hecho, si no siempre de una manera explícita, mientras que el segundo concierne a los que tienen la ilusión de una falsa espiritualidad, y es éste último caso el que tenemos más particularmente en vista al presente. La razón por la que tantas gentes se dejan extraviar por esta ilusión es bastante simple en el fondo: algunos buscan ante todo pretendidos "poderes", es decir, en suma, bajo una forma o bajo otra, la producción de "fenómenos" más o menos extraordinarios; otros se esfuerzan en "centrar" su consciencia sobre algunos "prolongamientos" inferiores de la individualidad humana, tomándolos equivocadamente por estados superiores, simplemente porque están fuera del cuadro donde se encierra generalmente la actividad del hombre "medio", cuadro que, en el estado que corresponde al punto de vista profano de la época actual, es el que se ha convenido en llamar la "vida ordinaria", en la que no interviene ninguna posibilidad de orden extracorporal. Por lo demás, para estos últimos también, es el atractivo del "fenómeno", es decir, en el fondo, la tendencia "experimental" inherente al espíritu moderno, la que está más frecuentemente en la raíz del error: lo que quieren obtener en efecto, son siempre resultados que sean en cierto modo "sensibles", y es eso lo que creen que es una "realización"; pero eso equivale a decir justamente que todo lo que es verdaderamente de orden espiritual se les escapa enteramente, que ni siquiera lo conciben, por lejanamente que sea, y que, al carecer totalmente de "cualificación" a este respecto, sería mejor para ellos que se contentaran con permanecer encerrados en la banal y mediocre seguridad de la "vida ordinaria". Bien entendido, aquí no se trata de negar de ninguna manera la realidad de los "fenómenos" en cuestión como tales; son incluso muy reales, podríamos decir, y por ello son más peligrosos; lo que contestamos formalmente, es su valor y su interés, sobre todo desde el punto de vista de un desarrollo espiritual, y es precisamente en eso donde recae la ilusión. Si todavía no hubiera en eso más que una simple pérdida de tiempo y de esfuerzos, el mal no sería muy grande después de todo; pero, en general, el ser que se dedica a estas cosas deviene después incapaz de librarse de ellas y de ir más allá, y es así irremediablemente desviado; en todas las tradiciones orientales, se conoce bien el caso de esos individuos que, devenidos simples productores de "fenómenos", no alcanzaron nunca la menor espiritualidad. Pero hay todavía más: puede haber en eso una suerte de desarrollo "al revés", que no solo no aporta ninguna adquisición válida, sino que aleja siempre más de la "realización" espiritual, hasta que el ser esté definitivamente extraviado en esos "prolongamientos" inferiores de su individualidad a los que hacíamos alusión hace un momento, y por los que no puede entrar en contacto más que con lo "infrahumano"; su situación no tiene entonces salida, o al menos no tiene más que una, que es una "desintegración" total del ser consciente; para el individuo, eso es propiamente el equivalente de lo que es la disolución final para el conjunto del "cosmos" manifestado.

No se podría pues desconfiar demasiado, a este respecto todavía más quizás que desde cualquier otro punto de vista, de toda llamada al "subconsciente", al "instinto", a la "intuición" infrarracional, o incluso a una "fuerza vital" más o menos mal definida, en una palabra a todas esas cosas vagas y obscuras que tienden a exaltar la filosofía y la psicología nuevas, y que conducen más o menos directamente a una toma de contacto con los estados inferiores. Con mayor razón se debe uno guardar con una extrema vigilancia (ya que aquello de lo que se trata sabe muy bien tomar los disfraces más insidiosos) de todo lo que induce al ser a "fundirse", y diríamos más gustosamente y más exactamente a "confundirse" o incluso a "disolverse", en una suerte de "consciencia cósmica" exclusiva de toda "transcendencia", y, por consiguiente, de toda espiritualidad efectiva; esa es la última consecuencia de todos los errores antimetafísicos que designan, bajo su aspecto más especialmente filosófico, términos como los de "panteísmo", de "inmanentismo" y de "naturalismo", cosas todas, por lo demás, estrechamente conexas, consecuencia ante la cual algunos retrocederían ciertamente si pudieran saber verdaderamente de lo que hablan. En efecto, eso es tomar literalmente la espiritualidad "al revés", substituirla por lo que es verdaderamente lo inverso de la misma, puesto que conduce inevitablemente a su pérdida definitiva, y es eso en lo que consiste el "satanismo" propiamente dicho; por lo demás, ya sea consciente o inconsciente, según los casos, eso cambia bastante poco los resultados; y es menester no olvidar que el "satanismo inconsciente" de algunos, más numerosos que nunca en nuestra época de desorden extendido a todos los dominios, no es verdaderamente, en el fondo, más que un instrumento al servicio del "satanismo consciente" de los representantes de la "contratradición".

Hemos tenido en otra parte la ocasión de señalar el simbolismo iniciático de una "navegación" que se cumple a través del Océano que representa el dominio psíquico, y que se trata de franquear, evitando todos sus peligros, para llegar a la meta[145]; ¿pero qué decir del que se arrojara en plena mitad de ese Océano y no tuviera otra aspiración que la de ahogarse en él? Es eso, muy exactamente, lo que significa esta supuesta "fusión" con una "consciencia cósmica" que no es en realidad nada más que el conjunto confuso e indistinto de todas las influencias psíquicas, las cuales, imaginen lo que imaginen algunos, no tienen ciertamente absolutamente nada en común con las influencias

---

[145] Ver El Rey del Mundo, pp. 120-121 de la ed. francesa, y Autoridad espiritual y poder temporal, pp. 140-144 de la ed. francesa.

espirituales, incluso si ocurre que las imiten más o menos en algunas de sus manifestaciones exteriores (ya que ese es el dominio donde la "contrahechura" se ejerce en toda su amplitud, y es por eso por lo que esas manifestaciones "fenoménicas" no prueban nunca nada por sí mismas, pudiendo ser completamente semejantes en un santo y en un brujo). Aquellos que cometen esta fatal equivocación olvidan o ignoran simplemente la distinción de las "Aguas superiores" y de las "Aguas inferiores"; en lugar de elevarse hacia el Océano de arriba, se hunden en los abismos del Océano de abajo; en lugar de concentrar todas sus potencias para dirigirlas hacia el mundo informal, que es el único que puede llamarse "espiritual", las dispersan en la diversidad indefinidamente cambiante y huidiza de las formas de la manifestación sutil (que es lo que corresponde tan exactamente como es posible a la concepción de la "realidad" bergsoniana), sin sospechar que lo que toman así por una plenitud de "vida" no es efectivamente más que el reino de la muerte y de la disolución sin retorno.

CAPÍTULO XXXVI

LA PSEUDO-INICIACIÓN

Cuando calificamos de "satánica" a la acción antitradicional cuyos diversos aspectos estudiamos aquí, debe entenderse bien que eso es enteramente independiente de la idea más particular que cada uno podrá hacerse de lo que es llamado "Satán", conformemente a algunas concepciones teológicas u otras, ya que no hay que decir que las "personificaciones" no importan nada desde nuestro punto de vista y no tienen que intervenir de ninguna manera en estas consideraciones. Lo que hay que considerar, es, por una parte, el espíritu de negación y de subversión en el que "Satán" se resuelve metafísicamente, sean cuales fueren las formas especiales que puede revestir para manifestarse en tal o cual dominio, y, por otra, lo que le representa propiamente y le "encarna" por así decir en el mundo terrestre donde consideramos su acción, y que no es otra cosa que lo que hemos llamado la "contrainiciación". Es menester destacar bien que decimos "contrainiciación", y no "pseudoiniciación", que es algo muy diferente; en efecto, no se debe confundir el contrahechor con la contrahechura, de la que la "pseudoiniciación", tal como existe hoy día en numerosas organizaciones cuya mayor parte se vinculan a alguna forma del "neoespiritualismo", no es en suma más que uno de los múltiples ejemplos, al mismo título que aquellos que ya hemos tenido que constatar en ordenes diferentes, aunque presenta quizás, en tanto que contrahechura de la iniciación, una importancia más especial todavía que la contrahechura de no importa cuál otra cosa. La "pseudoiniciación" no es realmente más que uno de los productos del estado de desorden y de confusión provocado, en la época moderna, por la acción "satánica" que tiene su punto de partida consciente en la "contrainiciación"; puede ser también, de una manera inconsciente, un instrumento de ésta, pero, en el fondo, eso es verdad igualmente, a un grado o a otro, de todas las demás contrahechuras, en el sentido de que todas son como otros tantos medios que ayudan a la realización del mismo plan de subversión, de suerte que cada una desempeña exactamente el papel más o menos importante que le está asignado en este conjunto, lo que, por lo demás, constituye todavía una suerte de contrahechura del orden y de la armonía mismas contra los cuales todo este plan está dirigido.

La "contrainiciación" no es ciertamente una simple contrahechura completamente ilusoria, sino al contrario algo muy real en su orden, como lo muestra muy bien la acción que ejerce efectivamente; al menos, no es una contrahechura más que en el sentido de que imita necesariamente a la iniciación a la manera de una sombra invertida, aunque su verdadera intención no sea imitarla, sino oponerse a ella. Por lo demás, esta pretensión es forzosamente vana, ya que el dominio metafísico y espiritual le está absolutamente prohibido, puesto que está más allá de todas las oposiciones; todo lo que puede hacer es ignorarle o negarle, y no puede ir en ningún caso más allá del "mundo intermediario", es decir, del dominio psíquico, que es, bajo todos los aspectos, el campo de influencia privilegiado de "Satán" en el orden humano e incluso en el orden cósmico[146]; pero la intención no existe menos por eso, con la toma de partido que implica ir propiamente al revés de la iniciación. En cuanto a la "pseudoiniciación", no es nada más que una parodia pura y simple, lo que equivale a decir que no es nada por sí misma, que está vacía de toda realidad profunda, o, si se quiere, que su valor intrínseco no es ni positivo como el de la iniciación, ni negativo como el de la "contrainiciación", sino simplemente nulo; no obstante, si no se reduce a un juego más o menos inofensivo como se estaría quizás tentado de creerlo en estas condiciones, es en razón de lo que hemos explicado, de una manera general, sobre el verdadero carácter de las contrahechuras y el papel al que están destinadas; y es menester agregar también, en este caso especial, que los ritos, en virtud de su naturaleza "sagrada" en el sentido más estricto de esta palabra, son algo que jamás es posible simular impunemente. Se puede decir también que las contrahechuras "pseudotradicionales", a las que se vinculan todas las desnaturalizaciones de la idea de tradición de las que ya hemos hablado precedentemente, alcanzan aquí su máxima gravedad, primero porque se traducen por una acción efectiva en lugar de permanecer en el estado de concepciones más o menos vagas, y después porque atacan al lado "interior" de la tradición, a lo que constituye su espíritu mismo, es decir, al dominio esotérico e iniciático.

---

[146] Según la doctrina Islámica, es por la *nefs* (el alma) por donde el *Shaytân* tiene presa en el hombre, mientras que la *rûh* (el espíritu), cuya esencia es pura luz, esta más allá de sus ataques.

Se puede destacar que la "contrainiciación" se aplica a introducir sus agentes en las organizaciones "pseudoiniciáticas", a las que "inspiran" así sin saberlo sus miembros ordinarios, e incluso, lo más frecuentemente, sus jefes aparentes, que no son menos inconscientes que los otros de aquello a lo cual sirven realmente; pero conviene decir que, de hecho, los introduce también, de una manera semejante, por todas partes donde puede, en todos los "movimientos" más exteriores del mundo contemporáneo, políticos u otros, e incluso, como lo decíamos más atrás, hasta en algunas organizaciones auténticamente iniciáticas o religiosas, pero cuyo espíritu tradicional está demasiado debilitado como para que sean todavía capaces de resistir a esta penetración insidiosa. No obstante, aparte de este último caso que permite ejercer tan directamente como es posible una acción disolvente, el de las organizaciones "pseudoiniciáticas" es sin duda el que debe retener sobre todo la atención de la "contrainiciación" y constituir el objeto de esfuerzos más particulares de su parte, por eso mismo de que la obra que se propone es ante todo antitradicional, y porque es incluso a eso solo, en definitiva, a lo que se resume toda entera. Por lo demás, es muy probablemente por esta razón por lo que existen múltiples lazos entre las manifestaciones "pseudoiniciáticas" y toda suerte de otras cosas que, a primera vista, parecerían no deber tener con ellas la menor relación, pero que todas son representativas del espíritu moderno bajo alguno de sus aspectos más acentuados[147]; ¿por qué, en efecto, si ello no fuera así,

---

[147] Hemos dado un gran número de ejemplos de actividades de este género en *El Teosofismo*.

iban a jugar los "pseudoiniciados" constantemente en todo eso un papel tan importante? Se podría decir que, entre los instrumentos o los medios de todo género puestos en obra por aquello de lo que se trata, la "pseudoiniciación", por su naturaleza misma, debe ocupar lógicamente el primer rango; ella no es más que un engranaje, bien entendido, pero un engranaje que puede comandar a muchos otros, sobre el que esos otros vienen a engranarse en cierto modo y del cual reciben su impulsión. Aquí, la contrahechura se prosigue todavía: la "pseudoiniciación" imita en eso la función de motor invisible que, en el orden normal, pertenece en propiedad a la iniciación; pero es menester cuidarse bien de esto: la iniciación representa verdadera y legítimamente el espíritu, animador principal de todas las cosas, mientras que, en lo que concierne a la "pseudoiniciación", el espíritu está evidentemente ausente. Resulta inmediatamente de eso que la acción ejercida así, en lugar de ser realmente "orgánica", no puede tener más que un carácter puramente "mecánico", lo que justifica por lo demás plenamente la comparación de los engranajes que acabamos de emplear; ¿y no es justamente este carácter también, como ya lo hemos visto, el que se encuentra por todas partes, y de la manera más sorprendente, en el mundo actual, donde la máquina lo invade todo cada vez más, donde el ser humano mismo está reducido, en toda su actividad, a parecerse lo más posible a un autómata, porque se le ha quitado toda espiritualidad? Pero eso es en efecto lo que manifiesta toda la inferioridad de las producciones artificiales, incluso si una habilidad "satánica" ha presidido en su elaboración; se pueden fabricar máquinas, pero no seres vivientes, porque, todavía una vez más, es el espíritu mismo el que falta y el que faltará siempre.

Hemos hablado de "motor invisible", y, aparte de la voluntad de imitación que se manifiesta también desde este punto de vista, hay en esta suerte de "invisibilidad", por relativa que sea, una ventaja incontestable de la "pseudoiniciación", para el papel que acabamos de decir, sobre cualquier otra cosa de un carácter más "público". No es que las organizaciones "pseudoiniciáticas", en su mayoría, pongan mucho cuidado en disimular su existencia; las hay incluso que llegan hasta hacer abiertamente una propaganda perfectamente incompatible con sus pretensiones al esoterismo; pero, a pesar de eso, son lo que hay de menos aparente y lo que mejor se presta al ejercicio de una acción "discreta", y por consecuencia aquello con lo que la "contrainiciación" puede entrar más directamente en contacto sin tener que temer que su intervención se arriesgue a ser desenmascarada, tanto más cuanto que, en esos medios, es siempre fácil encontrar algún medio de parar las consecuencias de una indiscreción o de una imprudencia. Es menester decir también que una gran parte del público, aunque conoce más o menos la existencia de organizaciones "pseudoiniciáticas", no sabe muy bien lo que son y está poco dispuesto a prestarles importancia, puesto que apenas ven en ellas más que simples "excentricidades" sin alcance serio; y esta indiferencia sirve también a los mismos designios, aunque involuntariamente, tanto como podría hacerlo un secreto más riguroso.

Hemos buscado hacer comprender, tan exactamente como es posible, el papel real, aunque inconsciente, de la "pseudoiniciación" y la verdadera naturaleza de sus relaciones con la "contrainiciación"; todavía sería menester agregar que, en algunos casos al menos, ésta puede encontrar ahí un medio de observación y de selección para su propio reclutamiento, pero éste no es el lugar de insistir en eso. De lo que no se puede dar una idea ni siquiera aproximada, es de la multiplicidad y la complejidad increíbles de las ramificaciones que existen de hecho entre todas estas cosas, y cuyo estudio directo y detallado es el único que podría permitir darse cuenta de ello; pero entiéndase bien que aquí es sobre todo el "principio", si se puede decir, el que nos interesa. No obstante, eso no es todo aún: hasta aquí, hemos visto en suma por qué la idea tradicional es contrahecha por la "pseudoiniciación"; ahora nos queda ver con más precisión cómo lo es, a fin de que estas consideraciones no parezcan quedarse encerradas en un orden demasiado exclusivamente "teórico".

Uno de los medios más simples que las organizaciones "pseudoiniciáticas" tengan a su disposición para fabricar una falsa tradición al uso de sus adherentes, es ciertamente el "sincretismo", que consiste en juntar mal que bien algunos elementos tomados un poco de todas partes, y yuxtaponerlos en cierto modo "desde el exterior", sin ninguna comprehensión real de lo que representan verdaderamente en las tradiciones diversas a las que pertenecen en propiedad. Como no obstante es menester dar a ese ensamblaje más o menos informe una cierta apariencia de unidad, a fin de poderle presentar como una "doctrina", se hará un esfuerzo por agrupar esos elementos alrededor de algunas "ideas directrices" que, ellas, no serán de origen tradicional, sino, al contrario, serán generalmente concepciones completamente profanas y modernas, y por consiguiente, propiamente antitradicionales; ya hemos observado, a propósito del "neoespiritualismo", que la idea de "evolución", concretamente, juega casi siempre a este respecto un papel preponderante. Es fácil comprender que, por eso, las cosas se encuentran singularmente agravadas: en estas condiciones, ya no se trata simplemente de la constitución de una suerte de "mosaico" de restos tradicionales, que podría, en suma, no ser más que un juego enteramente vano, pero casi inofensivo; se trata de la desnaturalización y, se podría decir, del "vuelco" de los elementos sustraídos, puesto que será llevado así a atribuirles un sentido que estará alterado, para estar de acuerdo con la "idea directriz", hasta ir directamente contra el sentido tradicional. Entiéndase bien, por lo demás, que aquellos que actúan así pueden no ser claramente conscientes de ello, ya que la mentalidad moderna que es la suya puede causar a este respecto una verdadera ceguera; en todo eso, es menester siempre hacer sitio, primero a la incomprehensión pura y simple debida a esta mentalidad misma, y después, y deberíamos decir quizás sobre todo, a las "sugestiones" de las que estos "pseudoiniciados" son ellos mismos las primeras víctimas, antes de contribuir por su parte a inculcárselas a otros; pero esta inconsciencia no cambia nada el resultado y no atenúa de ninguna manera el peligro de esta suerte de cosas, que por eso no son menos propias a servir, incluso si no es más que "a destiempo", a los fines que se propone la "contrainiciación". Nos reservamos aquí el caso en el que algunos agentes de ésta, por una intervención más o menos directa, habrían provocado o inspirado la formación de semejantes "pseudotradiciones"; se podrían sin duda encontrar también algunos ejemplos de ello, lo que no quiere decir que, incluso entonces, esos agentes conscientes hayan sido los creadores aparentes y conocidos de las formas "pseudoiniciáticas" en cuestión, ya que es evidente que la prudencia les aconseja disimularse siempre tanto como sea posible detrás de simples instrumentos inconscientes.

Cuando hablamos de inconsciencia, lo entendemos sobre todo en el sentido de que aquellos que elaboran así una "pseudotradición" son, lo más frecuentemente, perfectamente ignorantes de aquello a lo que sirven en realidad; en lo que concierne al carácter y al valor de una tal producción, es más difícil admitir que su buena fe sea tan completa, y no obstante, en eso también, es posible que se ilusionen a veces en una cierta medida, o que sean ilusionados en el caso que acabamos de mencionar en último lugar. Es menester también, bastante frecuentemente, tener en cuenta algunas "anomalías" de orden psíquico que complican todavía las cosas, y que, por lo demás, constituyen un terreno particularmente favorable para que las influencias y las sugestiones de todo género puedan ejercerse con el máximo de fuerza; a propósito de esto, notaremos solamente, sin insistir más en ello, el papel no desdeñable que algunos "clarividentes" y otros "sensitivos" han desempeñado frecuentemente en todo eso. Pero, a pesar de todo, hay casi siempre un punto donde la superchería consciente y el charlatanismo devienen, para los dirigentes de una organización "pseudoiniciática", una suerte de necesidad: así, si alguien viene a apercibirse, lo que no es muy difícil en suma, de los plagios que han hecho más o menos torpemente a tal o a cual tradición, ¿cómo podrían reconocerlos sin verse obligados a confesar por eso mismo que no son en realidad más que simples profanos? En parecido caso, ordinariamente no vacilan en invertir las relaciones y declarar audazmente que es su propia "tradición" la que representa la "fuente" común de todas las que han saqueado; y, si no llegan a convencer de ello a todo el mundo, al menos siempre se encuentran ingenuos para creerles de palabra, en número suficiente como para que su situación de "jefes de escuela", a la que se aferran generalmente por encima de todo, no corra el riesgo de ser seriamente comprometida, tanto más cuanto que consideran bastante poco la cualidad de sus "discípulos" y cuanto que, conformemente a la mentalidad moderna, la cantidad les parece mucho más importante, lo que bastaría, por lo demás, para mostrar cuan lejos están de tener siquiera la noción más elemental de lo que son realmente el esoterismo y la iniciación.

Apenas tenemos necesidad de decir que todo lo que describimos aquí no responde solo a unas posibilidades más o menos hipotéticas, sino más bien a hechos reales y debidamente constatados; no acabaríamos si debiéramos citarlos todos, y eso sería por lo demás bastante poco útil en el fondo; bastan algunos ejemplos característicos. Así, es por el procedimiento "sincrético" del que acabamos de hablar como se ha visto constituirse una pretendida "tradición oriental", la de los teosofistas, que no tiene apenas de oriental más que una terminología mal comprendida y mal aplicada; y, como este mundo está siempre "dividido contra sí mismo", según la palabra evangélica, los ocultistas franceses, por espíritu de oposición y de concurrencia, edificaron a su vez una supuesta "tradición occidental" del mismo género, muchos elementos de la cual, concretamente los que sacaron de la Kabbala, difícilmente pueden llamarse occidentales en cuanto a su origen, si no en cuanto a la manera especial en que los interpretaron. Los primeros presentaron su "tradición" como la expresión misma de la "sabiduría antigua"; los segundos, quizás un poco más modestos en sus pretensiones, buscaron sobre todo hacer pasar su "sincretismo" por una "síntesis", ya que hay pocos que hayan abusado tanto como ellos de esta última palabra. Si los primeros se mostraban así más ambiciosos, es quizás porque, de hecho, había en el origen de su "movimiento" influencias bastante enigmáticas y cuya verdadera naturaleza ellos mismos hubieran sido sin duda bien incapaces de determinar; en lo que concierne a los segundos, sabían muy bien que no había nada detrás de ellos, que su obra no era verdaderamente más que la de algunas individualidades reducidas a sus propios medios, y, si ocurrió no obstante que "algo" diferente se introdujo ahí también, no fue ciertamente sino mucho más tarde; no sería muy difícil hacer en estos dos casos, considerados bajo esta relación, la aplicación de lo que hemos dicho hace un momento, y podemos dejar a cada uno el cuidado de sacar por sí mismo las consecuencias que le parezcan desprenderse de ello lógicamente.

Bien entendido, no ha habido nunca nada que se haya llamado auténticamente "tradición oriental" o "tradición occidental", ya que tales denominaciones son manifiestamente muy vagas para poder aplicarse a una forma tradicional definida, puesto que, a menos que uno se remonte a la tradición primordial que está aquí fuera de causa, por razones muy fáciles de comprender, y que por lo demás no es ni oriental ni occidental, hay y ha habido siempre formas tradicionales diversas y múltiples tanto en Oriente como en Occidente. Otros han creído hacerlo mejor e inspirar más fácilmente la confianza apropiándose el nombre mismo de alguna tradición que haya existido realmente en una época más o menos lejana, y haciendo de ella la etiqueta de una construcción tan heteróclita como las precedentes, ya que, si utilizan naturalmente más o menos lo que pueden llegar a saber de la tradición sobre la que han hecho su elección, están bien obligados a completar esos pocos datos siempre muy fragmentarios, y frecuentemente incluso en parte hipotéticos, recurriendo a otros elementos tomados en otras partes o incluso enteramente imaginarios. En todos los casos, el menor examen de todas esas producciones basta para hacer sobresalir el espíritu específicamente moderno que preside en ellas, y que se traduce invariablemente por la presencia de algunas de esas mismas "ideas directrices" a las que hemos hecho alusión más atrás; así pues, no habría necesidad de llevar las investigaciones más lejos ni de tomarse el trabajo de determinar exactamente y en detalle la proveniencia real de tal o cual elemento de un parecido conjunto, puesto que esta sola constatación muestra ya bastante bien, y sin dejar lugar a la menor duda, que uno no se encuentra en presencia de nada más que de una contrahechura pura y simple.

Uno de los mejores ejemplos que se puedan dar de éste último caso, son las numerosas organizaciones que, en la época actual, se titulan "rosacrucianas", y que, no hay que decirlo, no dejan de estar en contradicción las unas con las otras, e incluso de combatirse más o menos abiertamente, al tiempo que se pretenden igualmente representantes de una sola y misma "tradición". De hecho, se puede dar enteramente la razón a cada una de ellas, sin ninguna excepción, cuando denuncia a sus concurrentes como ilegítimas y fraudulentas; ¡Ciertamente, no ha habido nunca tantas gentes para decirse "rosacrucianos", si no incluso "Rosa-Cruz", como desde que ya no los hay auténticos! Por lo demás, es bastante poco peligroso hacerse pasar por la continuación de algo que pertenece enteramente al pasado, sobre todo cuando los desmentidos son tanto menos de temer cuanto que aquello de lo que se trata ha estado siempre, como es el caso aquí, envuelto en una cierta obscuridad, de suerte que su fin no es conocido más ciertamente que su origen; ¿y quién, entre el público profano e incluso entre los "pseudoiniciados", puede saber lo que fue exactamente la tradición que, durante un cierto periodo, se calificó de rosacruciana? Debemos agregar que estas precisiones, concernientes a la usurpación del nombre de una organización iniciática, no se aplican a un caso como el de la pretendida "Gran Logia Blanca", de la que, cosa bastante curiosa, cada vez se trata más frecuentemente por todos lados, y no solo en los teosofistas; esta denominación, en efecto, no ha tenido nunca en ninguna parte el menor carácter auténticamente tradicional, y, si este nombre convencional puede servir de "máscara" a algo que tenga una realidad cualquiera, en todo caso, no es ciertamente del lado iniciático donde conviene buscarlo.

Se ha criticado bastante frecuentemente la manera en que algunos relegan a los "Maestros" de quienes se avalan a alguna región casi inaccesible del Asia central o de cualquier otra parte; en efecto, ese es un medio bastante fácil de hacer sus aserciones inverificables, pero no es el único, y el alejamiento en el tiempo puede también, a este respecto, desempeñar un papel exactamente comparable al del alejamiento en el espacio. Así pues, otros no vacilan en pretender vincularse a alguna tradición enteramente desaparecida y extinguida desde hace siglos, incluso desde hace millares de años; es verdad que, a menos que no se atrevan a llegar a afirmar que esa tradición se ha perpetuado durante todo este tiempo de una manera tan secreta y tan bien oculta que nadie más que ellos han podido descubrir el menor rastro de ella, eso les priva de la ventaja apreciable de reivindicar una filiación directa y continua, que aquí ya no tendría siquiera la apariencia de verosimilitud que puede tener todavía cuando se trata de una forma en suma reciente como lo es la tradición rosacruciana; pero este defecto parece tener muy poca importancia a sus ojos, ya que son tan ignorantes de las verdaderas condiciones de la iniciación que se imaginan de buena gana que un simple vinculamiento "ideal", sin ninguna transmisión regular, puede ocupar el lugar de un vinculamiento efectivo. Por lo demás, está muy claro que una tradición se prestará tanto mejor a todas las "reconstituciones" fantásticas cuanto más completamente perdida y olvidada esté, y cuanto menos se sepa a qué atenerse sobre la significación real de los vestigios que subsisten de ella, y a los cuales se podrá hacer decir así casi todo lo que se quiera; cada quien, naturalmente, no pondrá ahí más que lo que esté conforme con sus propias ideas; sin duda no hay que buscar ninguna otra razón más que ésta para darse cuenta del hecho de que la tradición egipcia es particularmente "explotada" bajo este aspecto, y de por qué tantos "pseudoiniciados" de escuelas muy diversas le hagan objeto de una predilección que apenas se comprendería de otro modo. Debemos precisar, para evitar toda falsa aplicación de lo que decimos aquí, que estas observaciones no conciernen de ningún modo a las referencias al

Egipto o a otras cosas del mismo género que a veces pueden encontrarse también en algunas organizaciones iniciáticas, pero que tienen un carácter de "leyendas" simbólicas únicamente, sin ninguna pretensión a prevalerse de hecho de semejantes orígenes; aquí no apuntamos más que a lo que se da por una restauración, válida como tal, de una tradición o de una iniciación que ya no existe, restauración que, por lo demás, incluso en la hipótesis imposible de que estuviera en todo punto exacta y completa, no tendría todavía otro interés en sí misma que el de una simple curiosidad arqueológica.

Detendremos aquí estas consideraciones ya largas, y que bastan ampliamente para hacer comprender lo que son, de una manera general, todas esas contrahechuras "pseudoiniciáticas" de la idea tradicional que son también tan características de nuestra época: una mezcla más o menos coherente, más bien menos que más, de elementos en parte plagiados y en parte inventados, donde el todo está dominado por las concepciones antitradicionales que son lo propio del espíritu moderno, y que no pueden servir, por consiguiente, en definitiva, más que para extender todavía más esas concepciones haciéndolas pasar para algunos por tradicionales, sin hablar del fraude manifiesto que consiste en dar por "iniciación" lo que no tiene en realidad más que un carácter puramente profano, por no decir "profanador". Si se hiciera destacar después de eso, como una suerte de circunstancia atenuante, que hay casi siempre ahí dentro, a pesar de todo, algunos elementos cuya proveniencia es realmente tradicional, responderemos esto: toda imitación, para hacerse aceptar, debe tomar naturalmente al menos algunos de los rasgos de lo que simula, pero es eso efectivamente lo que aumenta más su peligro; la mentira más hábil, y también la más funesta, ¿no es precisamente la que mezcla de manera inextricable lo verdadero con lo falso, esforzándose así en hacer servir lo primero al triunfo de lo segundo?

CAPÍTULO XXXVII

El engaño de las "profecías"

La mezcla de lo verdadero y de lo falso, que se encuentra en las "pseudotradiciones" de fabricación moderna, se encuentra también en las pretendidas "profecías" que, en estos últimos años sobre todo, se expanden y se explotan de todas las maneras, para fines de los que lo menos que se puede decir es que son muy enigmáticos; decimos pretendidas, ya que debe entenderse bien que la palabra "profecías" no podría aplicarse propiamente más que a los anuncios de acontecimientos futuros que están contenidos en los Libros sagrados de las diferentes tradiciones, y que provienen de una inspiración de orden puramente espiritual; en todo otro caso, su empleo es absolutamente abusivo, y la única palabra que conviene entonces es la de "predicciones". Por lo demás, estas predicciones pueden ser de orígenes muy diversos; hay al menos algunas que han sido obtenidas por la aplicación de algunas ciencias tradicionales secundarias, y son ciertamente las más válidas, pero a condición de que se pueda comprender realmente su sentido, lo que no es siempre fácil, ya que, por múltiples razones, generalmente están formuladas en términos más o menos obscuros, y ya que frecuentemente no se aclaran sino después de que los acontecimientos a los que hacen alusión se han realizado; así pues, hay lugar a desconfiar siempre, no de esas predicciones en sí mismas, sino de las interpretaciones erróneas o "tendenciosas" que pueden darse de ellas. En cuanto al resto, lo que tiene de auténtico emana casi únicamente de los "videntes" sinceros, pero muy poco "iluminados", que han apercibido algunas cosas confusas que se refieren más o menos exactamente a un porvenir bastante mal determinado, lo más frecuentemente, en cuanto a la fecha y al orden de sucesión de los acontecimientos, y que, al mezclarlas inconscientemente con sus propias ideas, las han expresado más confusamente todavía, de suerte que no será difícil encontrar ahí casi todo lo que se quiera.

Se puede comprender desde entonces a qué servirá todo eso en las condiciones actuales: como estas predicciones presentan casi siempre las cosas bajo un matiz inquietante e incluso aterrador, porque es naturalmente ese aspecto de los acontecimientos el que ha tocado más a los "videntes", basta, para perturbar la mentalidad pública, con propagarlas simplemente, acompañándolas según necesidad de comentarios que harán sobresalir su lado amenazador y que presentarán los acontecimientos de que se trate como inminentes[148]; si esas predicciones concuerdan entre sí, su efecto será reforzado, y, si se contradicen, como ocurre también, solo producirán más desorden; tanto en un caso como en el otro, todo serán ganancias de los poderes de subversión. Por lo demás, es menester agregar que todas estas cosas, que provienen en general de regiones bastante bajas del dominio psíquico, llevan por eso mismo con ellas influencias desequilibrantes y disolventes que aumentan considerablemente su peligro; y es sin duda por eso por

---

[148] El anuncio de la destrucción de París por el fuego, por ejemplo, ha sido extendido varias veces de esta manera, con fijación de fechas precisas en las que, bien entendido, nunca se ha producido nada, salvo la impresión de terror que eso no deja de suscitar en muchas gentes y que no es disminuida de ninguna manera por estos fracasos repetidos de la predicción.

lo que aquellos mismos que no les prestan ninguna fe sienten no obstante, en muchos casos, un malestar a su respecto comparable al que produce, incluso en personas muy poco "sensitivas", la presencia de fuerzas sutiles de orden inferior. No se podría creer, por ejemplo, cuántas gentes han sido desequilibradas gravemente, y a veces irremediablemente, por las numerosas predicciones en las que se trata del "Gran Papa" y del "Gran Monarca", y que contienen no obstante algunos rastros de ciertas verdades, pero extrañamente deformadas por los "espejos" del psiquismo inferior, y, por añadidura, empequeñecidas a la medida de la mentalidad de los "videntes" que en cierto modo las han "materializado" y más o menos estrechamente "localizado" para hacerlas entrar en el cuadro de sus ideas preconcebidas[149]. La manera en que estas cosas son presentadas por los "videntes" en cuestión, que son frecuentemente también "sugestionados"[150], toca muy de cerca ciertos "fondos" muy tenebrosos, cuyas inverosímiles ramificaciones, al menos desde el comienzo del siglo XIX, serían particularmente curiosas de

---

[149] La parte relativamente válida de las predicciones de que se trata parece referirse sobre todo a la función del *Mahdi* y a la del décimo *Avatâra*; estas cosas, que conciernen directamente a la preparación del "enderezamiento" final, están fuera del tema del presente estudio; todo lo que queremos hacer destacar aquí, es que su deformación misma se presta a una explotación "al revés" en el sentido de la subversión.

[150] Es menester comprender bien que "sugestionado" no quiere decir de ningún modo "alucinado"; hay aquí, entre estos dos términos, la misma diferencia que hay entre ver cosas que han sido consciente y voluntariamente imaginadas por otros e imaginarlas uno mismo "subconscientemente".

seguir para quien quisiera hacer la verdadera historia de aquellos tiempos, historia ciertamente muy diferente de la que se enseña "oficialmente"; pero no hay que decir que nuestra intención no podría ser entrar aquí en el detalle de esas cosas, y que debemos contentarnos con algunas precisiones generales sobre esta cuestión muy complicada, y por lo demás manifiestamente embarullada a propósito en todos sus aspectos[151], cuestión que no habríamos podido pasar enteramente bajo silencio sin que la enumeración de los principales elementos característicos de la época contemporánea quedara con ello demasiado incompleta, ya que en eso hay también uno de los síntomas más significativos de la segunda fase de la acción antitradicional.

Por lo demás, la simple propagación de predicciones como las que acabamos de tratar no es en suma más que la parte más elemental del trabajo que se está realizando actualmente a este respecto, porque, en este caso, el trabajo ya ha sido hecho casi enteramente, aunque sin saberlo por los "videntes" mismos; hay otros casos en los que es menester elaborar interpretaciones más sutiles para llevar a las predicciones a responder a ciertos designios. Es lo que ocurre concretamente para las que están basadas sobre algunos conocimientos tradicionales, y, entonces, es su obscuridad la que es aprovechada sobre

---

[151] Piénsese, por ejemplo, en todo lo que se ha hecho para volver completamente inextricable una cuestión histórica como la de la supervivencia de Luis XVII, y con eso se podrá tener una idea de lo que queremos decir aquí.

todo para aquello que se proponen[152]; algunas profecías bíblicas mismas, por idéntica razón, son también el objeto de este género de interpretaciones "tendenciosas", cuyos autores, por lo demás, son frecuentemente de buena fe, pero se cuentan también entre los "sugestionados" que sirven para sugestionar a los demás; en eso hay como una suerte de "epidemia" psíquica eminentemente contagiosa, pero que entra demasiado bien en el plan de subversión como para ser "espontánea", y que, como todas las demás manifestaciones del desorden moderno (comprendidas ahí las revoluciones que los ingenuos creen también "espontáneas"), supone forzosamente una voluntad consciente en su punto de partida. La peor ceguera sería la que consistiera en no ver en eso más que una simple cuestión de "moda" sin importancia real[153]; y, por lo demás, se podría decir otro tanto de la difusión creciente de algunas "artes adivinatorias", que, ciertamente, no son tan inofensivas como pueden parecerlo a aquellos que no van al fondo de las cosas: generalmente, son restos incomprendidos de antiguas ciencias tradicionales casi completamente perdidas, y, además del peligro que se vincula ya a su carácter de "residuos", se las dispone

---

[152] Las predicciones de Nostradamus son aquí el ejemplo más típico y más importante; las interpretaciones más o menos extraordinarias a las cuales han dado lugar, sobre todo en estos últimos años, son casi innumerables.

[153] Por lo demás, la "moda" misma, invención esencialmente moderna, no es, en su verdadera significación, una cosa enteramente desprovista de importancia: representa el cambio incesante y sin meta, en contraste con la estabilidad y el orden que reinan en las civilizaciones tradicionales.

y se las combina también de tal manera que su puesta en obra abre la puerta, bajo pretexto de "intuición" (y este encuentro con la "filosofía nueva" es en sí mismo bastante destacable), a la intervención de todas las influencias psíquicas del carácter más dudoso[154].

Se utilizan también, por interpretaciones apropiadas, predicciones cuyo origen es más bien sospechoso, pero por lo demás bastante antiguo, y que quizás no han sido hechas para servir en las circunstancias actuales, aunque los poderes de subversión hayan ejercido ya evidentemente, con amplitud, su influencia en aquella época (se trata sobre todo del tiempo al que se remontan los comienzos mismos de la desviación moderna, del siglo XIV al XVI), y que desde entonces sea posible que hayan tenido en vista, al mismo tiempo que metas más particulares y más inmediatas, la preparación de una acción que no debía cumplirse sino a largo plazo[155]. A decir verdad, esta preparación

---

[154] Habría mucho que decir a este respecto, en particular, sobre el uso del Tarot, donde se encuentran vestigios de una ciencia tradicional incontestable, cualquiera que sea su origen real, pero que tiene también aspectos muy tenebrosos; no queremos hacer alusión con eso a los numerosos delirios ocultistas a los que ha dado lugar, y que son en gran parte desdeñables, sino a algo mucho más efectivo, que hace su manejo verdaderamente peligroso para quienquiera que no esté suficientemente garantizado contra la acción de las "fuerzas de abajo".

[155] Los que sientan curiosidad por tener detalles sobre este aspecto de la cuestión podrían consultar útilmente, a pesar de las reservas que habría que hacer sobre algunos puntos, un libro titulado *Autour de la Tiare*, por Roger Duguet, obra póstuma de alguien que ha estado mezclado de cerca con algunos de los "fondos" a los que hemos hecho alusión un poco más

no ha cesado nunca; se ha proseguido bajo otras modalidades, de las que la sugestión de los "videntes" modernos y la organización de "apariciones" de un carácter poco ortodoxo representan uno de los aspectos donde se muestra más claramente la intervención directa de las influencias sutiles; pero este aspecto no es el único, e, incluso cuando se trata de predicciones aparentemente "fabricadas" con todo tipo de cosas, semejantes influencias pueden entrar muy bien igualmente en juego, primero en razón misma de la fuente "contrainiciática" de donde emana su inspiración primera, y también por el hecho de algunos elementos que son tomados para servir de "soportes" a esta elaboración.

Al escribir éstas últimas palabras, tenemos especialmente en vista un ejemplo completamente sorprendente, tanto en sí mismo como por el éxito que ha tenido en diversos medios, y que, a este título, merece aquí un poco más que una simple mención: queremos hablar de las supuestas "profecías de la Gran Pirámide", difundidas en Inglaterra, y de ahí en el mundo entero, para fines que son quizás en parte políticos, pero que van ciertamente más lejos que la política en el sentido ordinario de esta palabra, y que se ligan por lo demás estrechamente a otro trabajo emprendido para persuadir a los ingleses de que son los descendientes de las "tribus perdidas de Israel"; pero, sobre eso todavía, no podríamos

---

atrás; y que, al final de su vida, ha querido aportar su "testimonio", como lo dice él mismo, y contribuir en una cierta medida a desvelar esos "fondos" misteriosos; las razones "personales" que haya podido tener para actuar así no importan nada, ya que, en todo caso, no restan ningún interés a sus "revelaciones".

insistir sin entrar en algunos desarrollos que estarían al presente fuera de propósito. Sea como sea, he aquí en algunas palabras de qué se trata: al medir, de una manera que no está exenta por lo demás de arbitrariedad (tanto más cuanto que, de hecho, no hay nada fijado exactamente sobre las medidas de que se servían los antiguos egipcios), las diferentes partes de los corredores y de las estancias de la Gran Pirámide[156], se ha querido descubrir en eso algunas "profecías", haciendo corresponder los números así obtenidos a periodos y a fechas de la historia. Desgraciadamente, hay en todo eso una absurdidad que es tan manifiesta que uno se puede preguntar cómo es posible que nadie parezca apercibirse de ella, y es efectivamente lo que muestra hasta qué punto están "sugestionados" nuestros contemporáneos; en efecto, suponiendo que los constructores de la Pirámide hayan incluido en ella realmente "profecías" cualesquiera, dos cosas serían en suma plausibles: o que esas "profecías", que debían basarse forzosamente sobre un cierto conocimiento de las leyes cíclicas, se refieren a la historia general del mundo y de la humanidad, o que hayan sido adaptadas de manera que

---

[156] A decir verdad, esta "Gran Pirámide" no es en modo alguno mayor que las otras dos, y sobre todo que la más vecina, de tal modo que la diferencia entre ellas sea tan sobresaliente; pero sin que se sepa mucho por cuáles razones se han "hipnotizado" con ella, en cierto modo casi exclusivamente, todos los "investigadores" modernos, y es a ella a la que se refieren siempre todas sus hipótesis más fantasiosas, y se podría decir incluso más fantásticas, comprendidas, para citar solo dos de los ejemplos más estrafalarios, la que quiere encontrar en su disposición interior un mapa de las fuentes del Nilo, y aquella según la cual el "Libro de los Muertos" no sería otra cosa que una descripción explicativa de esta misma disposición.

conciernan más especialmente al Egipto; ¡pero, de hecho, ocurre que no es ni lo uno ni lo otro, ya que todo lo que se quiere encontrar ahí es reducido exclusivamente al punto de vista del Judaísmo primero y del Cristianismo después, de suerte que sería menester concluir lógicamente de eso que la Pirámide no es un monumento egipcio, sino un monumento "judeocristiano"! Eso solo debería bastar para hacer justicia de esta historia inverosímil; conviene agregar también que todo eso está concebido según una supuesta "cronología" bíblica completamente contestable, conforme al "literalismo" más estrecho y más protestante, sin duda porque era menester adaptar esas cosas a la mentalidad especial del medio en el que debían ser propaladas principalmente y en primer lugar. Habría que hacer todavía muchas otras precisiones bien curiosas: así, desde el comienzo de la era cristiana, no se habría encontrado ninguna fecha interesante que destacar antes de las primeras vías férreas; sería menester creer, según eso, que aquellos antiguos constructores tenían una perspectiva muy moderna en su apreciación de la importancia de los acontecimientos; es ese el elemento grotesco que no falta nunca en esta suerte de cosas, y por el cual se traiciona precisamente su verdadero origen: ¡el diablo es ciertamente muy hábil, pero no obstante nunca puede evitar ser ridículo por algún lado![157].

---

[157] No dejaremos la "Gran Pirámide" sin señalar también incidentalmente otra fantasía moderna: algunos atribuyen una importancia considerable al hecho de que jamás haya sido acabada; la cima falta en efecto, pero todo lo que se puede decir de cierto a este respecto, es que los autores más antiguos de los que se tiene testimonio, y que son todavía relativamente recientes, la han visto siempre truncada como lo está hoy día; ¡de ahí a pretender, como lo

Eso todavía no es todo: cada cierto tiempo, apoyándose sobre las "profecías de la Gran Pirámide" o sobre otras predicciones cualesquiera, y librándose a cálculos cuya base permanece siempre bastante mal definida, se anuncia que tal fecha precisa debe marcar "la entrada de la humanidad en una era nueva", o también "la venida de un renuevo espiritual" (veremos un poco más adelante cómo conviene entenderlo en realidad); varias de esas fechas ya han pasado, y no parece que nada particularmente sobresaliente se haya producido en ellas; ¿pero qué es exactamente lo que todo eso puede querer decir? De hecho, hay también otra utilización de las predicciones (otra, queremos decir, además de aquella por la que aumentan el desorden de nuestra época sembrando

---

ha escrito textualmente un ocultista, que "el simbolismo oculto de las Escrituras hebraicas y cristianas se refiere directamente a los hechos que tuvieron lugar durante el curso de la construcción de la Gran Pirámide", hay verdaderamente mucho trecho, y esa es también una aserción que nos parece carecer de verosimilitud bajo todos los aspectos! —Cosa bastante curiosa, en el sello oficial de los Estados Unidos figura la Pirámide truncada, encima de la cual hay un triángulo radiante que, aunque está separado de ella, e incluso aislado por el círculo de nubes que le rodea, parece en cierto modo reemplazar su cima; pero hay también en este sello, del que algunas de las organizaciones "pseudoiniciáticas" que pululan en América buscan sacar un gran partido explicándole conformemente a sus "doctrinas", otros detalles que son al menos extraños, y que parecen indicar efectivamente una intervención de influencias sospechosas: así, el número de las basas de la Pirámide, que es de trece (este mismo número vuelve por lo demás con alguna insistencia en otras particularidades, y es concretamente el de las letras que componen la divisa *E pluribus unum*), se dice que corresponde al de las tribus de Israel (contando separadamente las dos semitribus de los hijos de José), y eso sin duda no carece de relación con los orígenes reales de las "profecías de la Gran Pirámide", que como acabamos de verlo, tienden también a hacer de ésta, para fines más bien obscuros, una suerte de monumento "judeocristiano".

un poco por todas partes el trastorno y el desconcierto), y que no es quizás la menos importante, ya que consiste en hacer de ellas un medio de sugestión directa que contribuye a determinar efectivamente la producción de ciertos acontecimientos futuros; ¿no se cree, por ejemplo, y para tomar aquí un caso muy simple a fin de hacernos comprender mejor, que, anunciando con insistencia una revolución en tal país y en tal época, se ayudará realmente a hacerla estallar en el momento querido por aquellos que se interesan en ella? En el fondo, se trata sobre todo actualmente, para algunos, de crear un "estado de espíritu" favorable a la realización de "algo" que entra en sus designios, y que puede encontrarse sin duda diferido por la acción de influencias contrarias, pero que esperan en efecto conducirlo así a producirse antes o después; nos queda ver más exactamente a qué tiende esta empresa "pseudoespiritual", y es menester decir, sin querer por eso ser en modo alguno "pesimista" (tanto más cuanto que "optimismo" y "pesimismo" son, como lo hemos explicado en otras ocasiones, dos actitudes sentimentales opuestas que deben permanecer igualmente ajenas a nuestro punto de vista estrictamente tradicional), que hay en eso una perspectiva muy poco tranquilizadora para un porvenir bastante próximo.

CAPÍTULO XXXVIII

DE LA ANTITRADICIÓN
A LA CONTRATRADICIÓN

L
as cosas de las que hemos hablado en último lugar, como todas las que pertenecen esencialmente al mundo moderno, tienen un carácter profundamente antitradicional; pero, en un sentido, van todavía más lejos que la "antitradición", entendida como una negación pura y simple, y tienden a la constitución de lo que se podría llamar más propiamente una "contratradición". En eso hay una distinción semejante a la que hemos hecho precedentemente entre desviación y subversión, y que corresponde también a las dos mismas fases de la acción antitradicional considerada en su conjunto: la "antitradición" ha tenido su expresión más completa en el materialismo que se podría llamar "integral", tal como reinaba hacia finales del siglo pasado; en cuanto a la "contratradición", todavía no vemos de ella más que los signos precursores, constituidos precisamente por todas esas cosas que apuntan a contrahacer de una manera o de otra la idea tradicional misma. Podemos agregar seguidamente que, del mismo modo que la tendencia a la "solidificación", expresada por la "antitradición", no ha podido alcanzar su límite extremo, que habría estado verdaderamente fuera y por debajo de toda existencia posible, es de prever que la tendencia a la disolución, que encuentra a su vez su expresión en la "contratradición", no lo podrá tampoco; las condiciones mismas de la manifestación, en tanto que el ciclo no está todavía enteramente acabado, exigen evidentemente que sea así; y, en lo que concierne al fin mismo de este ciclo, supone el "enderezamiento" por el

que estas tendencias "maléficas" serán "transmutadas" para un resultado definitivamente "benéfico", así como ya lo hemos explicado más atrás. Por lo demás, todas las profecías (y, bien entendido, tomamos aquí esta palabra en su sentido verdadero) indican que el triunfo aparente de la "contratradición" no será sino pasajero, y que es en el momento mismo en el que aparecerá más completo cuando será destruida por la acción de influencias espirituales que intervendrán entonces para preparar inmediatamente el "enderezamiento" final[158]; será menester, en efecto, nada menos que una tal intervención directa para poner fin, en el momento preciso, a la más temible y más verdaderamente "satánica" de todas las posibilidades incluidas en la manifestación cíclica; pero, sin anticipar más, examinemos un poco más precisamente lo que representa en realidad esta "contratradición".

Para eso, debemos referirnos todavía al papel de la "contrainiciación": en efecto, es evidentemente ésta la que, después de haber trabajado constantemente en la sombra para inspirar y dirigir invisiblemente todos los "movimientos" modernos, llegará en último

---

[158] Es a lo que se refiere realmente esta fórmula: "es cuando todo parezca perdido cuando todo será salvado", repetida de una manera en cierto modo maquinal por un enorme número de "videntes", de los que cada uno la ha aplicado naturalmente a lo que ha podido comprender, y generalmente a acontecimientos de una importancia mucho menor, a veces incluso completamente secundaria y simplemente "local", en virtud de esa tendencia "empequeñecedora" que ya hemos señalado a propósito de las historias relativas al "Gran Monarca", y que desemboca en no ver en éste más que un futuro rey de Francia; no hay que decir que las profecías verdaderas se refieren a cosas de una amplitud mucho mayor.

lugar a "exteriorizar", si se puede expresar así, algo que será como la contrapartida de una verdadera tradición, al menos tan completamente y tan exactamente como lo permitan los límites que se imponen necesariamente a toda contrahechura posible. Como la iniciación es, así como lo hemos dicho, lo que representa efectivamente el espíritu de una tradición, la "contrainiciación" desempeñará un papel semejante al respecto de la "contratradición"; pero, bien entendido, sería completamente impropio y erróneo hablar aquí de espíritu, puesto que se trata precisamente de aquello en lo que el espíritu está más totalmente ausente, de aquello que sería incluso su opuesto si el espíritu no estuviera esencialmente más allá de toda oposición, y que, en todo caso, tiene en efecto la pretensión de oponérsele, imitándole en todo a la manera de esa sombra inversa de la que ya hemos hablado en diversas ocasiones; por eso es por lo que, por lejos que sea llevada esta imitación, la "contratradición" no podrá ser nunca más que una parodia, y será solo la más extrema y la más inmensa de todas las parodias, parodia de la que no hemos visto todavía hasta aquí, con toda la falsificación del mundo moderno, más que "ensayos" muy parciales y "prefiguraciones" muy pálidas en comparación de lo que se prepara para un porvenir que algunos estiman próximo, en lo cual la rapidez creciente de los acontecimientos actuales tendería bastante a darles la razón. Por lo demás, no hay que decir que no tenemos en modo alguno la intención de buscar fijar aquí fechas más o menos precisas, a la manera de los aficionados a las pretendidas "profecías"; incluso si la cosa se hiciera posible por un conocimiento de la duración exacta de los periodos cíclicos (aunque la principal dificultad reside siempre, en parecido caso, en la determinación del punto de partida real que es menester tomar para efectuar su cálculo), por eso no convendría menos guardar la mayor reserva a este respecto, y eso por razones precisamente contrarias a las que mueven a los propagadores conscientes o inconscientes de predicciones desnaturalizadas, es decir, para no correr el riesgo de contribuir a aumentar todavía la inquietud y el desorden que reinan al presente en nuestro mundo.

Sea como sea, lo que permite que las cosas puedan llegar hasta tal punto, es que la "contrainiciación", es menester decirlo, no puede ser asimilada a una invención puramente humana, que no se distinguiría en nada, por su naturaleza de la "pseudoiniciación" pura y simple; en verdad, es mucho más que eso, y, para serlo efectivamente, es menester necesariamente que, de una cierta manera, y en cuanto a su origen mismo, proceda de la fuente única a la que se vincula toda iniciación, y también, más generalmente, todo lo que manifiesta en nuestro mundo un elemento "no humano"; pero procede de ella por una degeneración que llega hasta su grado más extremo, es decir, hasta esa "inversión" que constituye el "satanismo" propiamente dicho. Una tal degeneración es evidentemente mucho más profunda que la de una tradición simplemente desviada en una cierta medida, o incluso truncada y reducida a su parte inferior; en eso hay incluso algo más que en el caso de esas tradiciones verdaderamente muertas y enteramente abandonadas por el espíritu, cuyos residuos puede utilizar la "contrainiciación" misma para sus fines así como lo hemos explicado. Eso conduce lógicamente a pensar que esta degeneración debe remontarse mucho más lejos en el pasado; y, por obscura que sea esta cuestión de los orígenes, se puede admitir como verosímil que se vincule a la perversión de alguna de las antiguas civilizaciones que han pertenecido a uno u otro de los continentes desaparecidos en los cataclismos que se han producido en el curso del presente

Manvantara[159]. En todo caso, apenas hay necesidad de decir que, desde que el espíritu se ha retirado, ya no se puede hablar de ninguna manera de iniciación; de hecho, los representantes de la "contrainiciación" son total y más irremediablemente ignorantes de lo esencial que los simples profanos, es decir, ignorantes de toda verdad de orden espiritual y metafísica, que, hasta en sus principios más elementales, ha devenido para ellos absolutamente extraña desde que "el cielo les ha sido cerrado"[160]. Al no poder conducir a los seres a los estados "suprahumanos" como la iniciación, ni limitarse únicamente al dominio humano, la "contrainiciación" los conduce inevitablemente hacia lo "infrahumano", y es justamente ahí donde reside lo que le queda de poder efectivo; no es demasiado difícil comprender que eso es algo muy diferente de la comedia de la "pseudoiniciación". En el esoterismo Islámico, se dice que aquel que se presenta ante una cierta "puerta", sin haber llegado allí por una vía normal y legítima, ve cerrarse esta puerta delante de él y está obligado a volver atrás, no como un simple profano, lo que en adelante es imposible, sino como un *sâher* (brujo o mago que

---

[159] El capítulo VI del Génesis podría proporcionar quizás, bajo una forma simbólica, algunas indicaciones que se refieren a esos orígenes lejanos de la "contrainiciación".

[160] Se puede aplicar aquí analógicamente el simbolismo de la "caída de los ángeles", puesto que aquello de lo que se trata es lo que se le corresponde en el orden humano; y, por lo demás, es por eso por lo que se puede hablar a este respecto de "satanismo" en el sentido más propio y más literal de la palabra.

opera en el dominio de las posibilidades de orden inferior)[161]; no sabríamos dar una expresión más clara de lo que se trata: esa es la vía "infernal" que pretende oponerse a la vía "celeste", y que presenta en efecto las apariencias exteriores de una tal oposición, aunque en definitiva ésta no pueda ser más que ilusoria; y, como ya lo hemos dicho más atrás a propósito de la falsa espiritualidad donde van a perderse algunos seres comprometidos en una suerte de "realización al revés", esta vía no puede desembocar finalmente más que en la "desintegración" total del ser consciente y en su disolución sin retorno[162].

Naturalmente, para que la imitación por reflejo inverso sea tan completa como es posible, pueden constituirse centros a los que se vincularán las organizaciones que dependen de la "contrainiciación", centros únicamente "psíquicos", bien entendido, como las influencias que utilizan y que transmiten, y no espirituales como en el caso de la iniciación y de la tradición verdadera, pero que, en razón de lo que acabamos de decir, pueden tomar no obstante hasta un cierto punto sus

---

[161] El último grado de la jerarquía "contrainiciática" está ocupado por lo que se llama los "santos de Satán" (*awliyâ esh-Shaytân*), que son en cierto modo lo inverso de los verdaderos santos (*awliyâ er-Rahman*), y que manifiestan así la expresión más completa posible de la "espiritualidad al revés" (cf. *El Simbolismo de la Cruz*, p. 186, ed. francesa).

[162] Esta conclusión extrema, bien entendido, no constituye de hecho más que un caso excepcional, que es precisamente el de los *awliyâ esh-Shaytân*; para aquellos que han ido menos lejos en este sentido, se trata solo de una vía sin salida, en la que pueden permanecer encerrados por una indefinidad "eónica" o cíclica.

apariencias exteriores, lo que da la ilusión de la "espiritualidad al revés". Por lo demás, no habrá lugar a sorprenderse si esos centros mismos, y no solo algunas de las organizaciones que están subordinadas a ellos más o menos directamente, pueden encontrarse, en muchos casos, en lucha los unos con los otros, ya que el dominio donde se sitúan, al ser el que está más cerca de la disolución "caótica", es por eso mismo el dominio donde todas las oposiciones tienen libre curso, cuando no están armonizadas y conciliadas por la acción directa de un principio superior, que aquí falta necesariamente. De ahí resulta frecuentemente, en lo que concierne a las manifestaciones de estos centros o de lo que emana de ellos, una impresión de confusión y de incoherencia que, ella sí, no es ciertamente ilusoria, y que es incluso también una "marca" característica de estas cosas; no concuerdan más que negativamente, se podría decir, para la lucha contra los verdaderos centros espirituales, en la medida en que éstos estén en un nivel que permita que se entable una tal lucha, es decir, solo en lo que concierne a un dominio que no rebasa los límites de nuestro estado individual[163]. Pero es aquí donde aparece lo que se podría llamar verdaderamente la "necedad del diablo": los representantes de la "contrainiciación", al acturar así, tienen la ilusión de oponerse al espíritu mismo, al que nada puede oponerse en realidad;

---

[163] Desde el punto de vista iniciático, este dominio es el que se designa como los "Misterios menores"; por el contrario, todo lo que se refiere a los "Misterios mayores", al ser de orden esencialmente "suprahumano", está por eso mismo exento de una tal oposición, puesto que es el dominio que, por su naturaleza propia, es absolutamente inaccesible a la "contrainiciación" y a sus representantes a todos los grados.

pero al mismo tiempo, a pesar de ellos y sin saberlo, le están no obstante subordinados de hecho y no pueden dejar de estarlo nunca, del mismo modo en que todo lo que existe está, aunque sea inconsciente e involuntariamente, sometido a la voluntad divina, a la cual nada podría sustraerse. Así pues, en definitiva, ellos también son utilizados, aunque contra su voluntad, y aunque puedan pensar todo lo contrario, en la realización del "plan divino en el dominio humano"[164]; desempeñan en él, como todos los demás seres, el papel que conviene a su propia naturaleza, pero, en lugar de ser efectivamente conscientes de ese papel como lo son los verdaderos iniciados, no son conscientes más que de su lado negativo e inverso; así, están engañados ellos mismos, y de una manera que es mucho peor para ellos que la pura y simple ignorancia de los profanos, puesto que, en lugar de dejarles en cierto modo en el mismo punto, tiene como resultado arrojarlos siempre más lejos del centro principal, hasta que caen finalmente en las "tinieblas exteriores". Pero, si se consideran las cosas, no ya en relación a estos seres mismos, sino en relación al conjunto del mundo, se debe decir que, así como todos los demás, son necesarios en el lugar que ocupan, en tanto que elementos de este conjunto, y como instrumentos "providenciales", se diría en lenguaje teológico, de la marcha de este mundo en su ciclo de manifestación, ya que es así como todos los desórdenes parciales, incluso

---

[164] Et-tadâbîrul-ilâhiyah fî'l-mamlakatil-insâniyah, título de un libro de MOHYIDDIN IBN ARABI.

cuando aparecen en cierto modo como el desorden por excelencia, por ello no deben concurrir menos necesariamente al orden total.

Estas pocas consideraciones deben ayudar a comprender cómo la constitución de una "contratradición" es posible, pero también por qué no podrá ser nunca más que eminentemente inestable y casi efímera, lo que no le impide ser verdaderamente en sí misma, como lo decíamos más atrás, la más temible de todas las posibilidades. Se debe comprender igualmente que esa es la meta que la "contrainiciación" se propone realmente y que se ha propuesto constantemente en toda la continuidad de su acción, y que la "antitradición" negativa no representaba en suma más que su preparación obligada; después de eso, solo nos queda examinar todavía un poco más de cerca lo que es posible prever desde ahora, de conformidad con diversos indicios concordantes, en cuanto a las modalidades según las cuales podrá realizarse esta "contratradición".

CAPÍTULO XXXIX

La gran parodia o
la espiritualidad al revés

P or todo lo que ya hemos dicho, es fácil darse cuenta de que la constitución de la "contratradición" y su triunfo aparente y momentáneo serán propiamente el reino de lo que hemos llamado la "espiritualidad al revés", que, naturalmente, no es más que una parodia de la espiritualidad, a la que imita por así decir en sentido inverso, de suerte que parece ser su contrario mismo; decimos solo que lo parece, y no que lo es realmente, ya que, cualesquiera que puedan ser sus pretensiones, no hay aquí ni simetría ni equivalencia posible. Importa insistir sobre este punto, ya que muchos, que se dejan engañar por las apariencias, se imaginan que hay en el mundo como dos principios opuestos que se disputan la supremacía, concepción errónea que es, en el fondo, la misma cosa que la que, en lenguaje teológico, pone a Satán al mismo nivel que Dios, y que, con razón o sin ella, se atribuye comúnmente a los Maniqueos; actualmente hay ciertamente muchas gentes que son, en este sentido, "maniqueos" sin sospecharlo, y eso es también el efecto de una "sugestión" de las más perniciosas. En efecto, esta concepción viene a afirmar una dualidad principial radicalmente irreductible, o, en otros términos, a negar la Unidad suprema que está más allá de todas las oposiciones y de todos los antagonismos; que una tal negación sea el hecho de los adherentes de la "contrainiciación", no hay lugar a sorprenderse de ello, e incluso puede ser sincera de su parte, puesto que el dominio metafísico les está completamente cerrado; que sea para ellos necesario extender e imponer esta concepción es todavía más evidente, ya que es solo así como pueden lograr hacerse tomar por lo que no son y no pueden ser realmente, es decir, por los representantes de algo que podría ser puesto en paralelo con la espiritualidad e incluso prevalecer finalmente sobre ella.

Así pues, esta "espiritualidad al revés" no es, a decir verdad, más que una falsa espiritualidad, falsa incluso hasta el grado más extremo que se pueda concebir; pero se puede hablar también de falsa espiritualidad en todos los casos donde, por ejemplo, lo psíquico es tomado por lo espiritual, sin llegar forzosamente hasta esta subversión total; por eso es por lo que, para designar a ésta, la expresión de "espiritualidad al revés" es en definitiva la que conviene mejor, a condición de explicar exactamente cómo conviene entenderla. Eso es, en realidad, el "renuevo espiritual" del que algunos, a veces muy inconscientes, anuncian con insistencia la próxima venida, o también la "era nueva" en la que se esfuerzan por todos los medios para hacer entrar a la humanidad actual[165], y que el estado de "espera" general, creado por la difusión de las predicciones de las que hemos hablado, puede contribuir a acelerar efectivamente. El atractivo del "fenómeno", que ya hemos considerado como uno de los factores determinantes de la confusión de lo psíquico y de lo espiritual, puede jugar igualmente a este respecto un papel muy

---

[165] No se podría creer hasta qué punto esta expresión de "era nueva" ha sido, en estos últimos tiempos, extendida y repetida en todos los medios, con significaciones que frecuentemente pueden parecer bastante diferentes las unas de las otras, pero que no tienden todas en definitiva nada más que a establecer la misma persuasión en la mentalidad pública.

importante, ya que es por ahí por donde la mayoría de los hombres serán atrapados y engañados en el tiempo de la "contratradición", puesto que se dice que los "falsos profetas" que se levantarán entonces "harán grandes prodigios y cosas sorprendentes, hasta seducir, si fuera posible, a los elegidos mismos"[166]. Es sobre todo bajo esta relación como las manifestaciones de la "metapsíquica" y de las diversas formas del "neoespiritualismo" pueden aparecer ya como una suerte de "prefiguración" de lo que debe producirse después, aunque no den de ello todavía más que una idea muy débil; en el fondo, se trata siempre de una acción de las mismas fuerzas sutiles inferiores, pero que entonces serán puestas en obra con una fuerza incomparablemente mayor; y, cuando se ve cuántas gentes están dispuestas siempre a acordar ciegamente una entera confianza a todas las divagaciones de un simple "médium" únicamente porque son apoyadas por "fenómenos", ¿cómo sorprenderse de que la seducción deba ser entonces casi general? Es por eso por lo que nunca se repetirá demasiado que los "fenómenos", en sí mismos, no prueban absolutamente nada en cuanto a la verdad de una doctrina o de una enseñanza cualquiera, y que ese es el dominio por excelencia de la "gran ilusión", donde todo lo que algunos presentan muy fácilmente como signos de "espiritualidad" siempre puede ser simulado y contrahecho por el juego de las fuerzas inferiores de que se trata; es quizás incluso el único caso donde la imitación pueda ser verdaderamente perfecta, porque, de hecho, son en efecto los mismos

---

[166] San Mateo, XXIV, 24.

"fenómenos", tomando esta palabra en su sentido propio de apariencias exteriores, los que se producen en uno y otro caso, y porque la diferencia reside solo en la naturaleza de las causas que intervienen respectivamente en ellos en cada caso, causas que la gran mayoría de los hombres es forzosamente incapaz de determinar, de suerte que lo mejor que se puede hacer, en definitiva, es no dar la menor importancia a todo lo que es "fenómeno", e incluso ver en ello más bien *a priori* un signo desfavorable; ¿pero cómo hacérselo comprender a la mentalidad "experimental" de nuestros contemporáneos, mentalidad que, moldeada primero por el punto de vista "cientificista" de la "antitradición", deviene así finalmente uno de los factores que pueden contribuir más eficazmente al éxito de la "contratradición"?

El "neoespiritualismo" y la "pseudoiniciación" que procede de él son todavía como una "prefiguración" parcial de la "contratradición" bajo otro punto de vista: queremos hablar de la utilización, que ya hemos señalado, de elementos auténticamente tradicionales en su origen, pero desviados de su verdadero sentido y puestos así en cierto modo al servicio del error; esta desviación no es, en suma, más que un encaminamiento hacia el vuelco completo que debe caracterizar a la "contratradición" (y del cual ya hemos visto, por lo demás, un ejemplo significativo en el caso de la inversión intencional de los símbolos); pero entonces ya no se tratará solo de algunos elementos fragmentarios y dispersos, puesto que será menester dar la ilusión de algo comparable, e incluso de equivalente según la intención de sus autores, a lo que constituye la integralidad de una tradicional verdadera, comprendidas en ella sus aplicaciones exteriores en todos los dominios. Se puede destacar a este propósito que la "contrainiciación", al inventar y al propagar, para llegar a sus fines, todas las ideas modernas que representan solo la "antitradición" negativa, es perfectamente consciente de la falsedad de estas ideas, ya que es evidente que sabe muy bien a qué atenerse sobre esto; pero eso mismo indica que en eso no puede tratarse, en su intención, más que de una fase transitoria y preliminar, ya que una tal empresa de mentira consciente no puede ser, en sí misma, la verdadera y única meta que se propone; todo eso no está destinado más que a preparar la venida ulterior de otra cosa que parece constituir un resultado más "positivo", y que es precisamente la "contratradición". Es por eso por lo que ya se ve esbozarse concretamente, en producciones diversas cuyo origen o inspiración "contrainiciático" no es dudoso, la idea de una organización que sería como la contrapartida, pero también por eso mismo la contrahechura de una concepción tradicional tal como la del "Sacro Imperio", organización que debe ser la expresión de la "contratradición" en el orden social; y es también por eso por lo que el Anticristo debe aparecer como lo que podemos llamar, según el lenguaje de la tradición hindú, un *Chakravartî* al revés[167].

---

[167] Sobre el *Chakravartî* o "monarca universal", ver *El Esoterismo de Dante*, p. 76, ed. francesa, y *El Rey del Mundo*, pp. 17-18, ed. francesa —El *Chakravartî* es literalmente "el que hace girar la rueda", lo que implica que está colocado en el centro de todas las cosas, mientras que el Anticristo es al contrario el ser que estará más alejado de este centro; no obstante, pretenderá también "hacer girar la rueda", pero en sentido inverso del movimiento cíclico normal (lo que "prefigura" por lo demás inconscientemente la idea moderna del "progreso"), mientras que, en realidad, todo cambio en la rotación es imposible antes de la "inversión de los polos", es decir, antes del "enderezamiento" que no puede ser operado más que por la intervención del décimo *Avatâra*; pero justamente, si es designado como el Anticristo, es porque parodiará a su manera el papel mismo de este *Avatâra* final, que es representado como la "segunda venida de Cristo" en la tradición cristiana.

Este reino de "contratradición" es en efecto, muy exactamente, lo que se designa como el "reino del Anticristo": éste, cualquiera que sea la idea que uno se haga de él, es en todo caso lo que concentrará y sintetizará en sí mismo, para esta obra final, todos los poderes de la "contrainiciación", ya sea que se le conciba como un individuo o como una colectividad; en un cierto sentido, puede ser incluso a la vez lo uno y lo otro, ya que deberá haber una colectividad que será como la "exteriorización" de la organización "contrainiciática" misma que aparecerá finalmente a la luz, y también un personaje que, colocado a la cabeza de esta colectividad, será la expresión más completa y como la "encarnación" misma de lo que ella representará, aunque no sea más que a título de "soporte" de todas las influencias maléficas que, después de haberlas concentrado en él mismo, deberá proyectar sobre el mundo[168]. Será evidentemente un "impostor" (es el sentido de la palabra *dajjâl* por la que se le designa habitualmente en árabe), puesto que su reino no será otra cosa que la "gran parodia" por excelencia, la imitación caricaturesca y "satánica" de todo lo que es verdaderamente tradicional y espiritual; pero no obstante estará hecho de tal suerte, si se puede decir, que le será verdaderamente imposible no desempeñar ese papel. Ya no será ciertamente el "reino de la cantidad", que no era en suma más que

---

[168] Así pues, puede ser considerado como el jefe de los *awliyâ esh-Shaytân*, y, como será el último en desempeñar esta función, al mismo tiempo que aquel con el que ella tendrá en el mundo la importancia más manifiesta, puede decirse que será como su "sello" (*khâtem*), según la terminología del esoterismo Islámico; no es difícil ver en esto hasta donde será llevada efectivamente la parodia de la tradición bajo todos sus aspectos.

la conclusión de la "antitradición"; será al contrario, bajo el pretexto de una falsa "restauración espiritual", una suerte de reintroducción de la cualidad en todas las cosas, pero de una cualidad tomada al revés de su valor legítimo y normal[169]; después del "igualitarismo" de nuestros días, habrá de nuevo una jerarquía afirmada visiblemente, pero una jerarquía invertida, es decir, propiamente una "contrajerarquía", cuya cima estará ocupada por el ser que, en realidad, tocará más de cerca que cualquier otro el fondo mismo de los "abismos infernales".

Este ser, incluso si aparece bajo la forma de un personaje determinado, será realmente menos un individuo que un símbolo, y como la síntesis misma de todo el simbolismo invertido al uso de la "contrainiciación", que él manifestará tanto más completamente en sí mismo cuanto que no tendrá en este papel ni predecesor ni sucesor; para expresar así lo falso en su grado más extremo, deberá ser, se podría decir, enteramente "falseado" bajo todos los puntos de vista, y ser como una encarnación de la falsedad misma[170]. Por lo demás, es por eso mismo, y en razón de esta extrema oposición a la verdad bajo todos sus aspectos, por lo que el Anticristo puede tomar los símbolos mismos del Mesías,

---

[169] La moneda misma, o lo que ocupe su lugar, tendrá de nuevo un carácter cualitativo de este tipo, puesto que se dice que "nadie podrá comprar ni vender sino el que tenga el sello o el nombre de la Bestia, o el número de su nombre" (Apocalipsis, XIII,17), lo que implica un uso efectivo, a este respecto, de los símbolos invertidos de la "contratradición".

[170] También aquí, es la antítesis de Cristo que dice: "Yo soy la Verdad", o de un *walî* como El-Hallâj que dice igualmente: "*Anâ el-Haqq*".

pero, bien entendido, en un sentido igualmente opuesto[171]; y la predominancia dada al aspecto "maléfico", o incluso, más exactamente, la substitución del aspecto "benéfico" por éste, por subversión del doble sentido de estos símbolos, es lo que constituye su marca característica. Del mismo modo, puede y debe haber una extraña semejanza entre las designaciones del Mesías (*El-Mesîha* en árabe) y las del Anticristo (*El-Mesîkh*)[172]; pero éstas no son realmente más que una deformación de aquellas, como el Anticristo mismo es representado como deforme en todas las descripciones más o menos simbólicas que se dan de él, lo que es también muy significativo. En efecto, estas descripciones insisten sobre todo en las asimetrías corporales, lo que supone esencialmente que éstas son las marcas visibles de la naturaleza misma del ser al que son atribuidas, y, efectivamente, ellas son siempre los signos de algún desequilibrio interior; por lo demás, es por eso por lo que tales

---

[171] "Quizás no se ha destacado suficientemente la analogía que existe entre la verdadera doctrina y la falsa; San Hipólito, en su opúsculo sobre el *Anticristo*, da un ejemplo memorable de ella que no sorprenderá a las gentes que han estudiado el simbolismo: el Mesías y el Anticristo tienen ambos por emblema el león" (P. Vulliaud, *La Kabbale juive*, t. II, p. 373). —La razón profunda, desde el punto de vista cabalístico, está en la consideración de las dos caras luminosa y obscura de *Metatron*; es igualmente por lo que el número apocalíptico 666, el "número de la Bestia", es también un número solar (cf. *El Rey del Mundo*, pp. 34-35, ed. francesa).

[172] Hay aquí una doble significación que es intraducible: *Mesîkh* puede ser tomado como una deformación de *Mesîha*, por simple agregación de un punto a la letra final; pero, al mismo tiempo, esta palabra misma quiere decir también "deforme", lo que expresa propiamente el carácter del Anticristo.

deformidades constituyen "descualificaciones" desde el punto de vista iniciático, pero, al mismo tiempo, se concibe sin esfuerzo que puedan ser "cualificaciones" en sentido contrario, es decir, al respecto de la "contrainiciación". En efecto, puesto que ésta va al revés de la iniciación, por definición misma, va por consiguiente en el sentido de un aumento del desequilibrio de los seres, cuyo término extremo es la disolución o la "desintegración" de la que ya hemos hablado; el Anticristo debe estar evidentemente tan cerca como es posible de esta "desintegración", de suerte que se podría decir que su individualidad, al mismo tiempo que está desarrollada de una manera monstruosa, está ya no obstante casi aniquilada, al realizar así lo inverso del desvanecimiento del "yo" ante el "Sí mismo", o, en otros términos, la confusión en el "caos" en lugar de la fusión en la unidad principial; y este estado, figurado por las deformidades mismas y las desproporciones de su forma corporal, está verdaderamente en el límite inferior de las posibilidades de nuestro estado individual, de suerte que la cima de la "contrajerarquía" es en efecto el lugar que le conviene propiamente en ese "mundo invertido" que será el suyo. Por otra parte, incluso desde el punto de vista puramente simbólico, y en tanto que él representa la "contratradición", el Anticristo no es menos necesariamente deforme: decíamos hace un momento, en efecto, que no puede haber en eso más que una caricatura de la tradición, y quien dice caricatura dice por eso mismo deformidad; por lo demás, si fuera de otro modo, no habría en suma exteriormente ningún medio de distinguir la "contratradición" de la tradición verdadera, y es menester efectivamente, para que los "elegidos" al menos no sean seducidos, que lleve en sí misma la "marca del diablo". Además, lo falso es forzosamente también lo "artificial", y, a este respecto, la "contratradición" no podrá dejar de tener también, a pesar de todo, ese carácter "mecánico" que es el de todas las producciones del mundo moderno, del que ella será la última; más exactamente todavía, habrá en ella algo comparable al automatismo de esos "cadáveres psíquicos" de los que ya hemos hablado precedentemente, y, por lo demás, como ellos, estará hecha de "residuos" animados artificial y momentáneamente, lo que explica también que no pueda haber en ella nada duradero; si se puede decir, ese montón de "residuos", galvanizado por una voluntad "infernal", es, seguramente, lo que da la idea más clara de algo que ha llegado a los confines mismos de la disolución.

No pensamos que haya lugar a insistir más sobre todas estas cosas; sería poco útil, en el fondo, buscar prever en detalle cómo será constituida la "contratradición", y por lo demás estas indicaciones generales serán ya casi suficientes para aquellos que quieran hacer por sí mismos su aplicación a algunos puntos más particulares, lo que, en todo caso, no puede entrar en nuestro propósito. Sea como sea, con eso hemos llegado al último término de la acción antitradicional que debe conducir a este mundo hacia su fin; después de ese reino pasajero de la "contratradición", para llegar al momento último del ciclo actual, ya no puede haber más que el "enderezamiento" que, al reponer súbitamente todas las cosas en su sitio normal cuando la subversión parecía completa, preparará inmediatamente la "edad de oro" del ciclo futuro.

CAPÍTULO XL

EL FIN DE UN MUNDO

T odo lo que hemos descrito en el curso de este estudio constituye en suma, de una manera general, lo que se puede llamar los "signos de los tiempos", según la expresión evangélica, es decir, los signos precursores del "fin de un mundo" o de un ciclo, que no aparece como el "fin del mundo", sin restricción ni especificación de ningún tipo, más que para aquellos que no ven más allá de los límites de este ciclo mismo, error de perspectiva muy excusable ciertamente, pero que, por ello, no tiene consecuencias menos enojosas, por los terrores excesivos e injustificados que hace nacer en aquellos que no están suficientemente desapegados de la existencia terrestre; y, bien entendido, son justamente esos los que se hacen con mucha facilidad esta concepción errónea, en razón de la estrechez misma de su punto de vista. En verdad, puede haber así muchos "fines del mundo", puesto que hay ciclos de duración muy diversa contenidos en cierto modo los unos en los otros, y puesto que la misma noción puede aplicarse siempre analógicamente a todos los grados y a todos los niveles; pero es evidente que son de importancia muy desigual, como los ciclos a los cuales se refieren, y, a este respecto, se debe reconocer que el que consideramos aquí tiene incontestablemente un alcance más considerable que muchos otros, puesto que es el fin de un *Manvantara* todo entero, es decir, de la existencia temporal de lo que se puede llamar propiamente una humanidad, lo que, todavía una vez más, no quiere decir en modo alguno que sea el fin del mundo terrestre mismo, puesto que, por el "enderezamiento" que se opera en el momento último, este fin mismo devendrá inmediatamente el comienzo de otro *Manvantara*.

A este propósito, hay todavía un punto sobre el que debemos explicarnos de una manera más precisa: los partidarios del "progreso" tienen costumbre de decir que la "edad de oro" no está en el pasado, sino en el porvenir; la verdad, al contrario, es que, en lo que concierne a nuestro *Manvantara*, está realmente en el pasado, puesto que no es otra cosa que el "estado primordial" mismo. No obstante, en un sentido está a la vez en el pasado y en el porvenir, pero a condición de no limitarse al presente *Manvantara* y de considerar la sucesión de los ciclos terrestres, ya que, en lo que concierne al porvenir, es de la "edad de oro" de otro *Manvantara* de lo que se trata necesariamente; así pues, está separada de nuestra época por una "barrera" que es verdaderamente infranqueable para los profanos que hablan así, y que no saben lo que dicen cuando anuncian la próxima venida de una "era nueva" refiriéndola a la humanidad actual. Su error, llevado a su grado más extremo, será el del Anticristo mismo al pretender instaurar la "edad de oro" por el reino de la "contratradición", y al dar incluso su apariencia, de la manera más engañosa y también más efímera, por la contrahechura de la idea tradicional del *Sanctum Regnum*; con esto se puede comprender por qué, en todas las "pseudotradiciones" que no son todavía más que "prefiguraciones" muy parciales y muy débiles de la "contratradición", pero que tienden inconscientemente a prepararla más directamente sin duda que cualquier otra cosa, las concepciones "evolucionistas" desempeñan constantemente el papel preponderante que hemos señalado. Bien entendido, la "barrera" de la que hablábamos hace un momento, y que obliga en cierto modo a aquellos para quienes existe a encerrarlo todo en el interior del ciclo actual, es un obstáculo más absoluto todavía para los representantes de la "contrainiciación" que para los simples profanos, ya que, al estar orientados únicamente hacia la disolución, son verdaderamente aquellos para quienes nada podría existir más allá de este ciclo, y así es para ellos sobre todo para quienes el fin del ciclo debe ser realmente el "fin del mundo" en el sentido más integral que se pueda dar a esta expresión.

Esto plantea todavía otra cuestión conexa de la que diremos algunas palabras, aunque, a decir verdad, algunas de las consideraciones precedentes le aportan ya una respuesta implícita: ¿en qué medida esos mismos que representan más completamente la "contrainiciación" son efectivamente conscientes del papel que desempeñan, y en qué medida no son al contrario más que instrumentos de una voluntad que les rebasa, y que, por lo demás, ignoran por eso mismo, aunque están inevitablemente subordinados a ella? Según lo que hemos dicho más atrás, el límite entre estos dos puntos de vista bajo los cuales se puede considerar su acción está forzosamente determinado por el límite mismo del mundo espiritual, en el cual no pueden penetrar de ninguna manera; pueden tener conocimientos tan extensos como se quiera suponer en cuanto a las posibilidades del "mundo intermediario", pero esos conocimientos no estarán siempre por ello menos irremediablemente falseados por la ausencia del espíritu que es el único que podría darles su verdadero sentido. Evidentemente, tales seres no pueden ser nunca mecanicistas ni materialistas, y ni siquiera "progresistas" o "evolucionistas" en el sentido vulgar de estas palabras, y, cuando lanzan en el mundo las ideas que estas palabras expresan, le engañan deliberadamente; pero esto no concierne en suma más que a la "antitradición" negativa, que no es para ellos más que un medio y no un fin, y podrían, igual que los otros, intentar excusar este engaño diciendo que "el fin justifica los medios". Su error es de un orden mucho más profundo que el de los hombres a los que influencian y "sugestionan" con tales ideas, ya que no es otra cosa que la consecuencia misma de su ignorancia total e invencible de la verdadera naturaleza de toda espiritualidad; por eso es por lo que es mucho más difícil decir exactamente hasta qué punto pueden ser conscientes de la falsedad de la "contratradición" que apuntan a constituir, puesto que pueden creer muy realmente que en eso se oponen al espíritu, tal como se manifiesta en toda tradición normal y regular, y que se sitúan al mismo nivel de aquellos que la representan en este mundo; y, en este sentido, el Anticristo será ciertamente el más "ilusionado" de todos los seres. Esta ilusión tiene su raíz en el error "dualista" del que ya hemos hablado; y el dualismo, bajo una forma o bajo otra, es el hecho de todos aquellos cuyo horizonte se detiene en ciertos límites, aunque sean los del mundo manifestado entero, y que, al no poder resolver así, reduciéndola a un principio superior, la dualidad que constatan en todas las cosas en el interior de esos límites, la creen verdaderamente irreductible y son llevados por eso mismo a la negación de la Unidad suprema, que para ellos es efectivamente como si no existiera. Por eso es por lo que hemos podido decir que los representantes de la "contrainiciación" son finalmente engañados por su propio papel, y que su ilusión es incluso verdaderamente la peor de todas, puesto que, en definitiva, es la única por la cual un ser pueda, no ser simplemente extraviado más o menos gravemente, sino ser realmente perdido sin retorno; pero evidentemente, si no tuvieran esta ilusión, no desempeñarían una función que, no obstante, debe ser desempeñada necesariamente como toda otra para el cumplimiento mismo del plan divino en este mundo.

Somos conducidos así a la consideración del doble aspecto "benéfico" y "maléfico" bajo el que se presenta la marcha misma del mundo, en tanto que manifestación cíclica, y que es verdaderamente la "llave" de toda explicación tradicional de las condiciones en las que se desarrolla esta manifestación, sobre todo cuando se la considera, como lo hemos hecho aquí, en el periodo que lleva directamente a su fin. Por un lado, si se toma simplemente esta manifestación en sí misma, sin referirla a un conjunto más vasto, su marcha toda entera, desde el comienzo hasta el fin, es evidentemente un "descenso" o una "degradación" progresiva, y eso es lo que se puede llamar su sentido "maléfico"; pero, por otro lado, esta misma manifestación, restituida al conjunto del que forma parte, produce resultados que tienen un valor realmente "positivo" en la existencia universal, y es menester que su desarrollo se prosiga hasta su término, comprendido ahí el de las posibilidades inferiores de la "edad sombría", para que la "integración" de estos resultados sea posible y devenga el principio inmediato de otro ciclo de manifestación, y eso es lo que constituye su sentido "benéfico". Ello es también así cuando se considera el fin mismo del ciclo: desde el punto de vista particular de lo que entonces debe ser destruido, porque su manifestación está acabada y como agotada, este fin es naturalmente "catastrófico", en el sentido etimológico en el que esta palabra evoca la idea de una "caída" súbita e irremediable; pero, por otra parte, desde el punto de vista en el que la manifestación, al desaparecer como tal, se encuentra reducida a su principio en todo lo que tiene de existencia positiva, este mismo fin aparece por el contrario como el "enderezamiento" por el que, así como lo hemos dicho, todas las cosas son no menos súbitamente restablecidas en su "estado primordial". Por lo demás, esto puede aplicarse analógicamente a todos los grados, ya sea que se trate de un ser o de un mundo: es siempre, en suma, el punto de vista parcial el que es "maléfico", y el punto de vista total, o relativamente tal en relación al primero, el que es "benéfico", porque todos los desórdenes posibles no son tales sino en tanto que se les considera en sí mismos y "separadamente", y porque estos desórdenes parciales se desvanecen enteramente ante el orden total en el que entran finalmente, y del que, despojados de su aspecto "negativo", son elementos constitutivos al mismo título que toda otra cosa; en definitiva, no hay de "maléfico" más que la limitación que condiciona necesariamente toda existencia contingente, y esta limitación misma no tiene en realidad más que una existencia puramente negativa. Hemos hablado primeramente como si los dos puntos de vista "benéfico" y "maléfico" fueran en cierto modo simétricos; pero es fácil comprender que no hay nada de eso, y que el segundo no expresa más que algo inestable y transitorio, mientras que lo que representa el primero es lo único que tiene un carácter permanente y definitivo, de suerte que el aspecto "benéfico" no puede no prevalecer finalmente, mientras que el aspecto "maléfico" se desvanece enteramente, porque, en el fondo, no era más que una ilusión inherente a la "separatividad". Solamente, a decir verdad, entonces ya no se puede hablar propiamente de "benéfico", ni tampoco de "maléfico", en tanto que estos dos términos son esencialmente correlativos y marcan una oposición que ya no existe, puesto que, como toda oposición, pertenece exclusivamente a un cierto dominio relativo y limitado; desde que es rebasada, hay simplemente lo que es, y no puede no ser, ni ser otro que lo que es; y es así como, si se quiere llegar hasta la realidad del orden más profundo, se puede decir con todo rigor que "el fin de un mundo" no es nunca y no puede ser nunca otra cosa que el fin de una ilusión.

René Guénon

Otros libros de René Guénon

Omnia Veritas Ltd presenta:

RENÉ GUÉNON

EL ERROR ESPIRITISTA

En nuestra época hay muchas otras "contraverdades" que es bueno combatir...

Entre todas las doctrinas "neoespiritualistas", el espiritismo es ciertamente la más extendida

Omnia Veritas Ltd presenta:

RENÉ GUÉNON

APERCEPCIONES SOBRE LA INICIACIÓN

«A menudo nos concentramos en los errores y confusiones que se hacen sobre la iniciación...»

Somos conscientes del grado de degeneración al que ha llegado el Occidente moderno ...

Omnia Veritas Ltd presenta:

RENÉ GUÉNON

EL SIMBOLISMO DE LA CRUZ

«La consideración de un ser en su aspecto individual es necesariamente insuficiente»

... puesto que quien dice metafísico dice universal

Omnia Veritas Ltd presenta:

RENÉ GUÉNON

EL TEOSOFISMO

HISTORIA DE UNA SEUDORELIGIÓN

"Nuestra meta, decía entonces Mme Blavatsky, no es restaurar el hinduismo, sino barrer al cristianismo de la faz de la tierra"

El término teosofía sirvió como una denominación común para una variedad de doctrinas

Omnia Veritas Ltd presenta:

RENÉ GUÉNON

INICIACIÓN

Y

REALIZACIÓN ESPIRITUAL

« Necedad e ignorancia pueden reunirse en suma bajo el nombre común de incomprensión »

La gente es como un "reservorio" desde el cual se puede disparar todo, lo mejor y lo peor

Omnia Veritas Ltd presenta:

RENÉ GUÉNON

INTRODUCCIÓN GENERAL

AL ESTUDIO DE

LAS DOCTRINAS HINDÚES

« Muchas dificultades se oponen, en Occidente, a un estudio serio y profundo de las doctrinas orientales »

... este último elemento que ninguna erudición jamás permitirá penetrar

CPSIA information can be obtained
at www.ICGtesting.com
Printed in the USA
BVHW061601100719
553094BV00011B/169/P

9 781912 452507